Allitera Verlag

Georg Queri wurde am 30. April 1879 in Frieding geboren. 1902 begann er seine journalistische Laufbahn als Lokal- und Gerichtsreporter bei den »Münchner Neuesten Nachrichten«; 1908 wurde er Chefredakteur des »Starnberger Land- und Seeboten«, daneben arbeitete er für die Zeitschrift »Jugend«, deren Redaktion er im Januar 1918 bis zu seinem Tod übernahm; im Ersten Weltkrieg arbeitete er eineinhalb Jahre als Kriegsberichterstatter für das »Berliner Tageblatt«. Zu seinen wichtigen literarischen Veröffentlichungen gehören Lieder (»Die weltlichen Gesänge des Egidius Pfanzelter von Polykarpszell«, 1909), Erzählungen (»Die Schnurren des Rochus Mang, Baders, Meßners und Leichenbeschauers zu Fröttmannsau«, 1910), Theaterstücke (»Matheis bricht's Eis«, 1918) und ein posthum erschienener Roman (»Der Kapuziner«, 1920). Literaturgeschichtlich bemerkenswert ist seine zusammen mit Ludwig Thoma herausgegebene erste Anthologie bayerischer Autorinnen und Autoren (»Bayernbuch«, 1913). Mit seinen umfangreichen volkskundlichen Sammlungen (»Bauernerotik und Bauernfehme in Oberbayern«, 1911 und »Kraftbayrisch«, 1912) geriet er ins Visier von Polizei und Staatsanwaltschaft. Wegen eines lebenslangen Leidens, das auf einen tragischen Unfall in frühester Jugend zurückging, starb Queri bereits mit vierzig Jahren am 21. November 1919 in München.

Georg Queri · Werkausgabe in Einzelbänden
Herausgegeben von Michael Stephan

edition monacensia
Herausgeber: Monacensia
Literaturarchiv und Bibliothek
Dr. Elisabeth Tworek

Georg Queri
Kraftbayrisch
Ein Wörterbuch der erotischen und skatologischen
Redensarten der Altbayern

Mit Belegen aus dem Volkslied,
der bäuerlichen Erzählung und dem Volkswitz

Herausgegeben und mit einem Nachwort
von Michael Stephan

Allitera Verlag

Weitere Informationen über den Verlag und sein Programm unter:
www.allitera.de

Bibliographische Information der Deutschen Nationalbibliothek

Die Deutsche Nationalbibliothek verzeichnet diese Publikation in der Deutschen Nationalbibliographie; detaillierte bibliographische Daten sind im Internet über <http://dnb.d-nb.de> abrufbar.

2. Ausgabe April 2010
Allitera Verlag
Ein Verlag der Buch&media GmbH, München
© 2003 für diese Ausgabe: Landeshauptstadt München/Kulturreferat
Münchner Stadtbibliothek
Monacensia Literaturarchiv und Bibliothek
Leitung: Dr. Elisabeth Tworek
und Buch&media GmbH, München
Umschlaggestaltung: Kay Fretwurst, Freienbrink
unter Verwendung einer Zeichnung von Karl Arnold
Herstellung: Books on Demand GmbH, Norderstedt
Printed in Germany · ISBN 978-3-86906-028-6

Inhalt.

Der Städter gegen den Bauern	7
Lieder über den Bauernstand	14
Der Saubayer und anderes	25
Einiges von Mann und Weib, Kindern und Ehhalten	30
Wider den Mann	37
Wider das Weib	46
Dorfrügen. Schmähbriefe	50
Das Mensch	58
Der Busen	64
Die *Menses*	66
Genitalia	68
Fud (die weibliche Scham)	69
Schwangerschaft und Geburt	73
Penis	75
Verblümtes und Unverblümtes	80
Pissen	85
Sexuelle Krankheiten	88
Podex – Anus	92
Cacare	97
Crepitus	107
Unappetitlichkeiten	113
Speranzln	118
Kammerfenster	122
Coïre	138
Begleiterscheinungen	148
Vom Kirta und vom guten Leben	151
Der Bauer trinkt	161
Raufen	166
König Ludwig-Lieder	172
Volkstrachtenvereine, Rauchklubs und Schuhplattler	175
Der billige Jakob	181
Der Lehrer	188
Pfarrergstanzln	192
Breissn!	198
Soldatenlieder	200
Bayrische Kriegspoesie von 1870/71	207
Bauernhochzeit	215

Rotthaler Hochzeit	233
Hochzeitslied.......................................	238
Der Münchner vor dem Standesamt	241
Nachwort: Unzucht oder Wissenschaft?	244
Editorische Notiz	261

Der Städter gegen den Bauern.

Um die zumeist unbegründete und fast durchwegs rohe Verspottung zu charakterisieren, in der sich der gebildete Städter bei seiner Beurteilung des Bauernstandes gefällt, seien eine Reihe von dichterischen Ergüssen abgedruckt, zu denen ein Kommentar nicht notwendig ist.

Ein Bauernsohn, der in Pfersdorf gebürtige Pfarrer Markert, schrieb (nach dem »Würzburg. Journal« vom 8. I. 12) vor seinem Abgang von Himmelstadt nach Schnackenwörth in das Verkündigungsbuch der Kirche von Himmelstadt folgende (bekannte alte) lateinische Charakteristik:

zu deutsch:

Rusticus:	Der Bauer ist
Rex in domo	ein Tyrann im Hause
Ursus in silva	ein Bär im Walde
Sus in lecto	eine Sau im Bette
Taurus in agro	ein Stier auf dem Acker
Idiota in templo	ein Simpel in der Kirche
Caluminator parochorum	ein Lästerer der Pfarrer
Uter in caupona	ein Säufer im Wirtshaus
Simplex in judicio.	ein Dummkopf vor Gericht
Rustica gens:	der Bauer ist
optima flens	am besten, wenn er weint
pessima ridens.	am schlimmsten, wenn er lacht.

Bekannt ist das Schnaderhüpferl:

Was braucht denn a Baua,
a Baua an Huat?
Für an so an gscheertn Spitzbuam
is a Zipflhaubn guat!

Der folgende Spottgesang wurde zur Zeit der Entstehung des Bauernbundes von gegnerischer Seite, dem bekannten (nun verstorben) Dr. Zipperer, Rektor des Gymnasiums zu Münnerstadt, gedichtet:

Bauernbundshymne.

Auf, ös Bauern, rührts enk alli,
loahnts net länger rum wia d' Lalli,
aufhörn muaß's jetzt mit'n Zahln,
gar nix laß ma uns mehr gfalln.
Frisch drauf los, denn mir san gsund,
vivat hoch der Bauernbund!

Nächstns wähln ma uns in d' Kamma,
denn die mehrern Stimman hamma,
nacha zoag ma's eahna schoh,
was a Bauer alles koh.
Frisch etc.

Dee Ministа wern ma kriagn
alli zsamma müassn s' fliagn,
lauter Bauern müassn nei,
müassn Exzellenzn sei.
Frisch etc.

Mir san feste Batznlippi,
zsamma haun ma all zu Krüppi,
mit'n Messer tean ma stupfa,
und an Schmaizla tean ma schnupfa.
Frisch etc.

Schimpfa tean ma spaat und fruah,
mit'n Maßkruag haun ma zua,
unser Schädl, unser Magn,
der konn alleszsamm vertragn.
Frisch etc.

Habern hamma, Heu und Troad,
Foaste Viecher auf der Woad,
Ochsn, Küah und Kaibln hamma,
und dee größtn Viecher samma.
Frisch etc.

Oes Beamtn werds uns gstohln,
enk soll gleih der Teifi holn,
kimmt uns oaner um die Eckn,
springa muaß er übern Steckn.
Frisch etc.

Und an Pfarra setz ma schoh
vor sei Tür an Haufn noh;
Buama, aufpaßt, dees werd fei,
bal er rausgeht, tritt er nei.
Frisch etc.

Ja, mir san und bleibn Lackl,
Rösser hamma, Säu und Fackl,
Goas und Lampl, Schaf und Hammi –
halts nur z'samm, ös gscheertn Rammi.
Frisch etc.

Auf 'n Kirta tean ma tanzn,
Messa renn ma uns in d' Ranzn
fressn, sauffa, nacha speim,
Kartnspieln und Keglscheim.
Frisch etc.

Alli les ma mitanand
Dokter Sigls Vaterland;
wo ma findn so an Breissn,
tean ma'n haun und aussischmeissn.
Frisch etc.

Kimmt uns oaner, der's probiert,
sakra, der werd massakriert,
ganz derwuzlt, ghaut und gfozt,
bis er bluat und speibt und rotzt.
Frisch drauf los, denn mir san gsund,
vivat hoch der Bauernbund!

In ersichtlicher Anlehnung an die Bauernbundshymne schrieb der Münchner Willy Rösch eine ähnlich grobe Sache (Verlag Bauderer, München, Rosenthal):

Setzts enk her, ös gscheerte Henkl!
Setzts enk ummi um den Tisch!
Kellnrin tummel dich a wengl,
bringst für jedn a Maß, recht frisch.
Habts an Schmaizler, habts a's Pfeifi?
Habts schoh enkre Saumägn gefüllt?
Na plärrts mit, ös blödn Teifi,
wenn der Goasbua Zupfgeign spielt!

O, wie schön ist's Bauernleben
Da heraus im Feld und Holz!
Wir san Bauern, darum eben
habn mir auch an solchen Stolz.
In der Stadt habn s' an Kanari,
höchstens noch an Pintscherhund,
mir habn Viecher, dös san rari,
mir san alle foast und gsund.

Und wie schö is 's Mistausbreiten
und wie saftig ist der Dreck,
auf die Aecker, auf die Weiden
bringst die Haxn net vom Fleck.
Jeder Stalldirn ihre Wadel
san ganz starr von Dreck und Mist,
den reibst ab, du neckisch Madel,
wannst auf d' Nacht im Bett drinn bist.

So a Fressn mag der Bauer,
heut hats weiße Knödl gebn,
morgn Kartoffelschnitzln sauer,
na gibt's Küchel mit Ziwebn
andern Tags gibt's dann an Stampfen,
den man Runkelruben heißt,
und den tun mir munter bampfen,
daß's uns schier das Loch zerreißt.

Seht's mir ham an Bürgermeister,
der kann schreibn mit seine Händ.
Hintervordertupfer heißt er.
is a Sau herent und drent.
Alle Tag hat er an Schieba,

nacha prügelt er sei Wei,
und auf d' Nacht, da schlaft er liaber
drinn im Freßtrog bei die Säu!

Jetzt hernach der Politivi
is a ganz a quanter Burscht,
hat a Nasn wie a Zwiefi
und an unlöschbaren Durscht;
ja, dös is a ganz a gschmacher,
den kann gleih der Teifi holn;
wenn der nimmer da is, nachher
wird in unserm Dorf nix gstohln.

Und am Kirta tun wir tanzn,
raffa gleih wia d' Metzgerhund,
's Messer haun ma dir in Ranzn,
daß d' verreckst zur selben Stund.
Unser Doktor ist der Schinder,
der Herr Pfarrer unser Gott,
d' Schul is ganz voll ledge Kinder,
jeder Bauernhof bankrott.

Ja bei uns am Land is's grüabi,
Sommers- und auch Winterszeit,
stinken tuats in unserm Stüabi,
daß dir schier as Leben verleidt.
Kommt mit Fressn, Saufn, Stinkn
dann heran die letzte Stund,
dann laßt man ihn in's Grab nei sink'n,
den armen, gselchtn Bauernhund.

Ebenfalls von Willy Rösch stammt die folgende Grobheit:

Der Bauer:

Der Bauer, der is soviel gscheert,
der is gescheerter als wia sih's ghört;
nach Racherding treibt er sei Kuah
über Flinserlbach in aller Fruah.
Und hat er dees Stück na verkafft,
sauft er, daß eahm der Foam abilafft.
Von der Bäurin kriagt er seine Wichs –

(greller Pfiff durch die Finger)
gel, Bauernhund, sunst feit dir nix!

Die vöder Dirn:

Im Bauerndorf die vöder Dirn
hat a Herz, hat an Arsch und koa Hirn.
Im Kuahstall is's Luader dahoam,
hat d' Haxn voll Kuahdreck und Loam,
im Summer, da schwoaßlt s' grad gnua,
sie frozzlt an Goaßhalter Bua,
doch an Großknecht macht s' freudih sei Schix –
(Pfiff)
gel, Bauernmensch, sunst feit dir nix!

Der Großknecht:

Auf's Feld geht er aussi schö staad,
blos daß's eahm dee Magnwind verwaaht;
und is er am End von der Roas',
so tuat er erleichtert an Schoaß.
Beim Heuaufladn schaut er blos zua,
dee Deanstmadln laßt er koan Ruah,
zwickt in d' Wadl a Madl, a dicks,
(Pfiff)
gel, Bauernhund, sunst feit dir nix!

Das Rösch'sche Gedicht hält sich an ein älteres, viel derberes Original der 80er Jahre, das aus Münchner Jägerkreisen stammt:

Naus gehts in Wald und allwei mit der Bix,
schiaßn mechts, aber treffa teats nix,
d' Stiefi zreißts, saudumm werds –
Bauernrammi, Luada, gscheerts!

's Schiassn steht dir oh, wia der Sau der Frack,
scheissn sollt ma dir in dein Jaagersack!
d' Mistgabi nimm in d' Bratzn, wia's sa sih ghört –
Bauernrammi, Luada, gscheerts!

Wildpratfressn, gel, dees ghört dazua,
Bauernrammi, kriagst denn gar nimma gnua,
Erdöpfi friß und Sauerskraut, dees meist,
Bauernrammi, bis's dih zreißt.

Putzn muaßt dein Gaul und mistn deine Küah,
an Dreck tua weg von deini Saubauernknia,
nacha bist a Kerl, nacha hast an Wert,
Bauernrammi, wia daß as sih ghört.

In da Fruah, wannts aufstehts, koana wascht an Fotz,
's Materi in dee Augn, an Rüassl voller Rotz,
Groadl voller Dreck und d' Haxn voller Mist,
Bauernrammi, wiast schoh bist.

's Radfahrn, gel, dees steckt dir halt in Kopf,
scheissn! sag ih, gscheerta Saubauernkropf,
gscheiter reitst dahoam auf deiner Loas spaziern,
Bauernrammi, oder gar auf deiner Dirn.

Bauernrammi, geh, schaug abi auf dein Bauch,
's Hosentürl steht dir niedertrachti auf,
tuast'n nei, dein Reama, dein Saubauerndreck,
sunst Bauernrammi, schneid ih 'n weg.

In d' Stadt einifahrn, gel, dees taat dir gfalln,
sechs Maß sauffa, drei Halbi zahln,
Menscher verschiabn, bis's finnerisch werds,
Bauernrammi, Luada gscheerts.

Wann ih grad amal da Herrgott waar,
renga taat ih lassn schier dees ganzi Jahr,
bis's dersauffa taats in enkern oagna Dreck,
und schwoabat enk Bauernrammi weg.

Ein Kommentar zu diesen lediglich spöttischen, lediglich beschimpfenden Liedern, in denen der Humor fast völlig vergessen ist, erübrigt sich. Wenn auch der Bauer nur in wenigen Vierzeilern gegen den Städter sich ergeht, so weiß er in dem Wenigen Wahres mit Humor zu sagen. Doch schlägt er die versifizierten städtischen Angriffe in Liedern über seinen Stand, die eine eigentümliche reizvolle Selbstkritik zeigen und trotz des reifen Humors, der sie dichtete, die ernste Grundnote des Bauerndaseins erschöpfen.

Lieder über den Bauernstand.

Zunächst das »Lied der Bauern und Ehhalten« (Dienstboten), das im ober- und niederbayrischen Flachlande früher viel gesungen wurde und heute ab und zu noch fragmentarisch auftaucht. Ich habe es im Sommer 1906 in Garching (bei Freising) aufgezeichnet.

Der Bauer singt:

1.

Ih hab mir was ausgstudiert
und hab mih recht bemüaht,
a paar Wartl muaß ih enk sagn,
därft's ma's net in Übl ham.
Der Bauer, der is voller Verdruß,
der jetz viel Leut ham muaß,
d' Ehhalten ham grobe Fötz
und san recht lötz.[1]

2.

Ih mecht jetz koa Bauer sei,
d'Ehhalten san gar so fei,
ham hundert Gulden Loh,
Trümmer[2] ham s' aa noh droh,
ham Stiefi und ham Schuah,
dees is eahna noh net gnua,
mechtn noh mehra ham,
wolln sih net plagn.

3.

Der Knecht is a grober Gast,
eahm paßt halt nia koa Platz,
bald is eahm dees net recht,
bald is eahm d' Kost wieder z'schlecht,
bald is eahm d' Arbat z'streng
und der Lohn aa wieder z'eng,

---
[1] sie haben grobe Mäuler und sind recht bösartig; [2] vermutlich: Menscher als Anhängsel zum Lohn.

so geht's dees ganz Jahr zua,
nia is koa Ruah.

4.

Der Knecht denkt den ganzn Tag droh,
wia schick ih's heunt wieder oh?
Was mach ih heunt für an Lauf?
Heunt weck ih dees Deandl auf!
Gehn – daß der Stecka kracht,
ausbleibn – die ganze Nacht,
in der Fruah hängan s' da,
bricht eahn' alls ah.[1]

5.

D' Dirn, dee is aa so gsinnt:
wann gen[2] der Mei heunt kimmt?
Wia schick ih's heunt wieder oh,
daß ih'n reilassn koh?
Sie richt an Eingang her,[3]
denkt an koa Arbat mehr,
daß s'n halt einibringt
verstohlns und recht gschwind.

6.

Dröschn tean s' aa so schlecht,
daß ih s' um d' Kost net mecht;[4]
da werd der Drischl umadraaht
und beim Tisch recht dreiblaaht,[5]
der dees weniger aussadrischt,
der is der best beim Tisch.
Und kaam is d' Kost aufziehrt,[6]
san s' schoh wieder stoamüad.

7.

Vom Strohschneidn is gar koa Redn,
wohl aber im Stroh drin legn;[7]

---

[1] in der Frühe sind sie dann schlapp; [2] etwa; [3] sie sorgt dafür, daß er entweder durch die Türe oder über eine Leiter durch's Fenster hereinsteigen kann; [4] sie verdienen nicht einmal die Verköstigung; [5] langsam mit dem Drischel, schnell mit dem Löffel, daß sich der Bauch bläht; [6] kaum ist das Mahl verzehrt; [7] liegen und faulenzen.

schnupft oanar a größere Pris'
als der Fuatterhaufa is.
Sagst a Wartl in der Still,
hoaßt's: is der Lohn aa net viel,
is's Fressn aa so schlecht,
ös kaamts uns recht![1]

8.

Zum Lohnfordern waarn s' net z'fäul,
bei der Arbat hätt's koan Eil,
da werd gleih aufbegehrt,
wenn's eah' a weng z'lang währt,
machn a saudumms Gfrieß[2]
wia der Hund hinter'n Tisch,
der allweil 's Fressn siahgt
und nia gnua kriagt.

9.

Wia laab s'[3] mit'n Aufsteh toan,
dees mechts ja gar net moan,
da ham sie sih so lang z'rührn,
bis s' d' Hosn auffiziahgn,
moan teats, es werd nix mehr,
d' Arbat schaugn s' oh nach zwer[4]
und denka: dees waar rar,
wann's bald Nacht waar!

Die Ehhalten singen:

10.

Aber jetz is s' halt aus, dee Gschicht,
dee ih gegn d' Ehhaltn dicht,
dee halt dee Baurn recht gfreut,
denka s' eahna: dees is gscheidt!
Jetz hab ih aber noh was hint,
Dees ih gegn d' Bauern find,
Dees halt dee Ehhalten gfreut,
meine liabn Leut!

---

[1] Ihr kämt uns gerade recht! [2] Gesicht; [3] zuwider, unlieb aufstehen; [4] nach der Zwerch (Quere): verdrossen.

11.

Wenn oaner a großer Bauer is,
der braucht viel Ehhaltn gwiß,
da hörst allweil die Red:
»woaßt ma koan Vorknecht net?
Mir is der mei davoh,
weil er's nimmer aushaltn koh«. –
»Ih brauhat zwoa für oan
und hab gar koan!«[1]

12.

Am Liachtmeßtag[2] werd's eahna bang,
wann s' koane Leut net ham,
da rennan s' nei in d' Stadt
allweil am Blasitag,[3]
stelln rechte Lumpn ei,
solln s' aa voh Schlampampn[4] sei,
danach fangen s's Jammern oh,
weil s' d' Läus kriagn davoh![5]

13.

D' Feiertäg schaugn s' dir drei,
zähln dir an jedn Brocka ei;[6]
was D' da füri Gsichter siahgst,
wannscht Dir an Knödl aussaziahgst,
weil eahna dee Kost derbarmt!
»In d' Mühl«, sagn s', »müass' ma a wieder fahrn!
deesmal hamma schnell zsammgraamt,
deesmal hat's gschlaant!«[7]

14.

Am Montag, wannst aufstehst in der Früah,
da hascht schoh so a Müah.
da hascht schoh bald vor lauter Eil

---

[1] ich benötige zwei statt eines – der Knechtemangel ist groß; [2] am Lichtmeßtage (2. Februar) ist das Bauerndienstjahr zu Ende; [3] 3. Februar; also gleich am Tag drauf; [4] vom Schlaraffenland, in dem nur geschlampt (gefaulenzt) wird; [5] weil sie ihnen Ungeziefer ins Haus bringen. Auch figürlich: der Bauer haust durch diese Art vom Gesinde so ab, daß er Läuse bekommt (mit der Not wächst die Unreinlichkeit); [6] wenn der Knecht seinen Feiertag hat, reut den Bauer das Essen; [7] mit dem Aufessen der Vorräte hats geschleunt; wir müssen schon wieder Korn in die Mühle fahren, um Mehl zu bekommen.

schier nimmer zum Scheissn derweil,
weil der Baur eh schoh schwitzt,
wann der Knecht am Häusl sitzt,
und allweil reißt im Haar:
»hascht denn noh net bald gar?!«

15.

D' Bauern san leicht z' vosteh,
da kannt's net gschwind gnua geh;
da hat's gar nia koa Ziel,
tuats allwei z'weng statt z'viel.
Tag und Nacht, früah und spaat,
geht's daßt net steh kannst grad,
und dee schlecht Kost dazua,
da oft net gnua.

16.

D' Ehhalten schinden s' her,
das eahna d' Haut werd speer;[1]
mit lauter Plagn und Scheern
muß ma sein Loh verdean,
z'letzt tuan s' oan noh betrüagn,
tean oan vom Loh abziahgn,
Grobheiten kriagst aa recht schö,
nacha konnst geh.

17.

Bauern enk kenn ich gnau,
enk därf koa Ehhalt trau,
mit enkan Toa und Treibn
kann enk koa Ehhalt bleibn,
brauchts all Jahr drei und vier,
koa Richtiger bleibt enk nia,
alle Tag fangts 's jammern oh,
wann Liachtmeß kaam.[2]

18.

San nacha d' Ehhalten guat,
draahn d' Bauern gleich an Huat![3]

---

[1] mager;   [2] aus Angst vor dem Lichtmeßtag; den Hut drehen: die Gesinnung (gegen die Dienstboten) ändern;

aber z'lang geht's net recht,
denkn gleih wieder schlecht.
Da hoaßt's: is 's net a Schand,
der Knecht und d' Dirn kennt anand!
Wenn s' aber an Bauern mecht –
dees waar eahm recht![1]

19.

D' Baurn ham gar koa Lob,
sie tean um's Geld so grob,
sie draahn an Huat und sagn:
Bei mir derf sih koaner plagn,
wer nur grad Du mei Knecht,
hast es net schlecht.

20.

Gelts Baurn, jetz hab ih's enk gsagt,
hab gwiß net Unrecht ghabt,
ja, wenn ih recht nachdenk,
so is 's noh allwei zweng.
A Deanstbot is an armer Narr
dees is mei Lebtag wahr,
drum Baurn, bekehrts enk boid,[2]
daß enk der Teufi net hoit.[3]

Die Strophen 8, 9, 15, 18, 19 und 20 verdanke ich den »Deutschen Gauen« (Zeitschrift des Vereins »Heimat«), Kaufbeuren.

Persönlicher klingt die Klage des

Simberger Bauer.

Das Lied wurde in den »Deutschen Gauen« (Kaufbeuren; Bd. V *pag.* 141 ff) durch *cand. theol.* Zitzelsberger-Freising mitgeteilt. Es ist von dem Hufschmied Thurnhuber aus Schlacht bei Ebersberg ungefähr im Jahre 1820 gedichtet. (Ich habe mir erlaubt, die Dialektschreibweise des Einsenders etwas zu ändern, nachdem ihr wohl das alte Original nicht unterlag.)

---

[1] Knecht und Dirn haben Verkehr miteinander – wenn die Dirn mit dem Bauer sich abgeben würde, hätte er nichts zu tadeln;   [2,3] bald und holt.

Ih bin halt da Simberga Bauer,
ih woaß weder aus oder ei,
ih tua immer so saggerisch trachtn[1] –
Der Teifl mecht jetzt Bauer sei!
Grad jetzt zu dee härtestn Zeitn
sollt oaner halt grad fortarbeitn;
ih arbet mih immer besser in d' Schuld,
so mecht's oan vogeh die Geduld.

Mei Häuserl steht drobn in der Leitn;
koa Stund bin ih sicher dabei:
es kunnts mir da Wind abikeitn[2]
es hat schoh a Spreizn[3], a drei.
Da Dachfirst ist aufghenkt mit Strickn,
der Ofn brauchst aa schoh a weng flickn,
und's Dach brauchat aa schoh a Wart,
dee Tropfn, dee gehn aber, daß's bascht.[4]

A Feld hab ih, aa schoh[5] a magers,
und's Troadl, dees grat mir garit,[6]
der Habern waar endlich basabi,[7]
von Klee hab ih deacht[8] an Fried.
Das Korn das will nia recht gratn,
an Woazn tuat d' Hitz ganz ausbratn;
voh lauter Hitz kann ih mih im Sommer net rührn,
und im Winter möcht oaner dafriern.[9]

Fünf Küah hab ih aa im Stall drinna,
a jede siehgt noh schlechter aus,[10]
ih fiercht ma, sie falln ma zu Trümma,
ih trau s' ma garit z'lassn aus.[11]
An Stier hab ih, aa schob an magern,
für d' Roß hab ih aa schoh koan Habern –
kaam fahr ih a klafterlangs Trumm,[12]
so falln mir dee Häuter schoh um!

---

[1] ich mühe mich sehr ab, aber …; [2] herabwerfen; [3] Holzstütze; [4] es plätschern Tropfen durch das Dach; [5] auch schon; [6] das Getreide gerät mir gar nicht; [7] passabel; [8] endlich; Klee habe ich überhaupt keinen; [9] möchte man fast erfrieren; [10] eine schlechter wie die andere; [11] ich treib' sie nicht auf die Weide, damit sie unterwegs nicht in Trümmer zerfallen; [12] ein kleines Stück Weges.

An Knecht hab ih aa schoh an wening,[1]
waar gscheidter, ih hätt liaber koan,
er vodeant dee ganz Wocha koan Pfening
vor lauter sein Zäunumaloahn;[2]
er is halt a z'sammprügelts Mandl,
hat allwei mit'n nafezn[3] an Handl,
wann er aufsteht, so ranzt er sih aus,[4]
aft[5] geht er schö staad aus mein Haus, [6]

Dee Dirna san grundlose Trümmer,[7]
ih wollt eahna gleih d' Haxn ahschlagn;[8]
zu der Arbet koh ma s' weiter net stimma,[9]
z' Liachtmeßn waarn s' dennert gschwind da.[10]
Schick ih s' in's Holz naus in d' Daxn,[11]
so tean s' mir an Knecht ani schnacksn,[12]
voh der Arbet, so haltn s' ma'n auf,
und so geht oft der halbi Tag drauf.

Oa Dirn hab ih, gar aso a gscheidi,
Dee mecht nix als wia Kartn aufschlagn,[13]
bei der Arbet, da tuat sih wehleidih,
und dürft oana nah dennert[14] nix sagn.
Z' Feirta mecht s' nix als wia tanzn,
dee ganz Nacht im Hoagat rumschwanzn,[15]
dee Buam, dee voführt sie so guat,
daß koana mehr selih wern tuat.

Mei Weiberl is grad aso gsotn,[16]
sie kimmt mir ganz wunderlih vür,
dee schlechtn Leut, dee san seini[17] Botn,
koa guats geht net rei bei da Tür.
Mei Weiberl mecht allawei schlaffa,
wann's aufsteht, mecht's nix als ohschaffa,
ih gieb ihr halt überall nach,
sunst waar ja 'as Feuer am Dach.[18]

---

[1] einen windigen? [2] weil er immer an den Zäunen umherlehnt; [3] muß immer gegen den Schlaf ankämpfen; [4] so dehnt und streckt er sich lange; [5] dann; [6] dann geht er der Arbeit aus dem Wege; [7] faule Weibsbilder; [8] die Füße abschlagen; [9] man kann sie nicht zur Arbeit locken; [10] aber am Tag des Lohnauszahlens sind sie flink da; [11] zum Reisigsammeln; [12] mit dem Knecht Spaß machen; [13] sich aus der Karte wahrsagen; [14] dann dennoch; [15] im Heimgarten sich herumtreiben; [16] gerade so gesotten (geraten); [17] ihre; [18] sonst giebt's Streit.

Und gelts,[1] meine Herrn und Frauna,
ös kinnts allesamm kreuzlustih sei.
(auch: und gelts, meine Landler[2] und Herren,
ös kinnts ja im Landl drunt sei,)
ih bin halt da Simberga Baua,
ih wollt liaber a Schinderknecht sei.
Ih tua mir halt allaweil denka,
Gott werd mir dee Gnad wieder schenka.
Naha kimm ih in Himmi hinauf,
da lach ih enk allesamm aus.

Wenn der »Simberger Bauer« sich selbst mit leisem Spott nicht verschont, so malt sich der »Holzer« im nachstehenden Sang noch in kräftigeren Farben. Trotzdem mag der Sang durch eine gewisse Mäßigung als Pendant gegenüber den viel roheren Tönen der städtischen Ergüsse in Betracht kommen; jedenfalls würde der Städter bei reichlich gröberen Zutaten nicht zu einem gleich humorvollen Gesamtbild kommen.

Der Lori von Kohlgrub, Holzknecht beim Forstamt Oberammergau, hat beim »Holzmeisterschießen« in Linderhof (28. II. 1910) das folgende von ihm verfaßte Holzerlied zum erstenmal gesungen:

In unsrer Hüttn, Bua,
da geht's oft lustih zua,
in der Fruah um halber fünf,
da werd schoh gfluacht und gschimpft,
dem oan is's Wetter net recht,
dem andern is so schlecht,
daß er nix fressn koh –
dees glaab ih schoh.

Denn saufn tuan dee Leut
ja oft, als wia net gscheidt;
sparsam geht's mit'm Kocha
ab dee ganze Wocha,
denn a versuffna Magn
konn in der Früah koan Schmarrn[3] vertragn,
im höchstn Fall, o jeh,
an laarn Tee!

---

[1] nicht wahr? [2] Landleute; [3] eine mit sehr viel Schmalz zubereitete schwer verdauliche Mehlspeise, die fast ausschließlich Morgen-, Mittag- und Abendessen der Holzer ist.

Drauf geht's mit trübm Sinn
wieder an d'Arbat hin,
so mancher denkt sich gar:
ja, wann's no heunt Nacht waar!
Und is dann Feierabend,
oh wie ist so labend,
wenn man kriagt a Maß
ganz frisch vom Faß.

Doch is's a Teuflsgfrett
daß dees net allweil geht,
denn es is der Kassnstand
oft gar so kloa beinand,
man muaß oft gegen sein Willn
den Durscht mit Wasser stilln,
denn's Geld is alles versaat,[1]
so was is fad.

Da hört ma oft oan sagn;
ih tua heut koan Durst net ham,
ih hau mih in d' Klappn nei,[2]
ah, Bruader, dees is fei!
Drauf kemma dee bsuffna Lackl
und macha an Mordsspitakl,
allerhand fallt eahna ei,
dees sollt net sei!

Da wirst gleih kontrolliert,
werd jeder visitiert,
ob er, daß's ja nix giebt,
nach Vorschrift drinna liegt,
hast nur dee Füaß aufzogn,
dem wern s' gschwind grad bogn,
dee Zecha müssn nei,
Ordnung muaß sei![3]

Und is's dann endlich still,
daß jeder schlafn will,

---

[1] versät; [2] in's Bett; [3] die bekannten Arten des nächtlichen Unfugs, wie sie in Kasernen üblich sind.

da steht gar oaner auf
und macht sei Munderl auf;
vom vielen Biergenuß,
da kommt der Überfluß,
und a Bacherl rinnt
halt aa gleih gschwind.

Endlih tuat alles schlaffa,
sie stinka wia a Steign voll Affa
überall tuat's krachn,
Bua, dees san so Sachn
und wo hint am Eck,
da fluacht oaner wia ganz weg,
schimpft und schreit auweh,
mih beissn d' Flöh!

Ein Vergleich ergibt, daß die Persiflagen des Städters lediglich durch den Mangel an *bon ton* zu wirken vermögen; der Bauer dagegen – dem man Grobheiten wohl eher verzeihen möchte – hält in den Liedern über seinen Stand merkwürdig Maß im Wort, während er inhaltlich ein tadelloses Referat über das Bauernleben gibt.

Der Saubayer und anderes.

Im 16. Jahrhundert galt es für üblich, die Bayern südlich der Donau als »Saubayern« zu bezeichnen. Das Wie ist wohl nicht recht ersichtlich; doch dürfte nach dem Sprachgebrauch dieser Zeit eine umfangreiche Schweinezucht der Altbayern das Wortspiel veranlaßt haben.

Hans Sachs spricht des öfteren von einem »Säwbayer«. In einem lateinischen Kodex der Münchener Bibliothek (490, *fol.* 687 b) heißt es: »*Wilhelmus dux Bauariae dixit ad suos aulicos*: saufft, frest, huret: werdet nur nicht Lauterisch: *Sic enim dixit* pro Lutherisch, denn er war ein Sewbair.«

Die Schwaben haben die Bezeichnung Saubayer für Altbayer bis heute festgehalten; doch bringt ein schwäbischer Reimspruch, der sonst nicht gerade in gewählter Sprache verfaßt ist, plötzlich den gemilderten »sauberen« Bayern, so durchsichtig auch seine Sauberkeit geschildert ist:

> Wir Schwaben sind von hoher Art,
> wie wir wissen:
> Es hat uns ein Vögelein
> vom Baum geschissen;
> und aus dem Schwaben seinem Stank
> is kommen der Frank,
> und aus dem Frank seine Eier
> is kommen der saubere Bayer!

Umgekehrt pflegt allerdings auch der Bayer den Schwaben als einen »Sauschwaben« zu bezeichnen, wenn ihm das Wort »Blitzschwab« nicht mehr genügt.

Die Altbayern haben auch unter sich die suffisante Gewohnheit, einzelne Gaue nach bestimmter Richtung zu verdächtigen, so z. B. die Hollertauer und die Waldler. Die Hollertau (richtiger Hallertau), Bayerns berühmtes Hopfenland, liegt ungefähr in dem Viereck zwischen Pfaffenhofen, Abensberg, Moosburg und Freising. Genaueres läßt sich wohl nicht für die Lage angeben. Man sagt, an der Grenze der Hollertau, in der Nähe von Mainburg, habe der Dechant von Siegenburg in den 40er Jahren einem Fragesteller die verzwickte geographische Lage der Hollertau folgendermaßen erklärt:

»Das Feldkreuz sehn Sie; und da, wo unser lieber Herrgott sein Arsch hinstreckt, da ist die Hollertau.«

Den Hollertauern wird nachgesagt, daß sie früher gern Pferde gestohlen haben und daß es sehr notwendig war, in dem kleinen Nandlstadt einen eigenen Galgen zu errichten. An diesen Galgen wurden auch mehrere Roßdiebe gehangen und da er abgetragen war, kam das Pferdestehlen noch nicht außer Schwang. Im März 1861 wurden beispielsweise noch in Berghaselbach Rosse gestohlen.

Der Bauer, dem für sein Pferd wenig geboten wird, sagt: »ih bin koa Hollertauer, ih hab mei Roß net gstohln.« In dem alten Hollertauerlied heißt es:

> O heiliger St. Castulus
> und unsre liabe Frau,
> ös werds uns ja wohl kenna,
> mir samma von der Hollertau.
> San ferten unser neune gwest,
> und heuer san uns drei,
> sechsi san beim Schimmistehln –
> Maria, steh uns bei!

Auch die Waldler sollen fremdes Eigentum nicht verschont haben. Vielleicht sagt mans darum, daß ein Teil des Waldlerlandes in der ärmsten unfruchtbarsten Gegend der Oberpfalz liegt und dessen Söhne gezwungen sind, als vagierende Hausierer ihr Brot zu verdienen. Da kann ihnen ja was in die Quere kommen, was ins Gefängnis führt. Daher man in einzelnen Dörfern sagt: »Da ham s' an Gottsakker als Viechweid verpacht, weil d' Leut alli im Zuchthaus sterbn.« Oder: »ham koan Bürgermoaster, weil a jeder Ehrverlust hat.«

»Geh, Bauer, steh auf«, soll im tiefen Waldlerland eine Bäuerin ihren Mann am frühen Morgen geweckt haben – »beim Nachbarn san s schoh beim Stehln!« (Die Nachbarsleute sind schon zum Stehlen fort.)

Vielleicht hat der Waldler da und dort falsche Eigentumsbegriffe von den nahen böhmischen Hausierern kennen gelernt, den sog. »böhmischen Zirkel« vielleicht. Die Böhmen waren ja früher wegen ihrer diebischen Hände geradezu berüchtigt und die Landschergen griffen sie oft ohne weitere Gründe auf. Was dann mit ihnen geschah, mag des witzigen Kötztinger Arztes Dr. Carl Müller gereimtes Protokoll einer Verhandlung in der Amtskanzlei zu Deggendorf in den 40er Jahren schildern:

> Aktuar:
> Han, Lump, wo hast denn du dein Paß
> bei uns zum Lumpnsammln?
> Ihr Lumpnpack, ihr böhmisches,
> ih will enk's Tor verrammln!
> Wo hast an Paß? Gleih weis'n her!
>
> Böhm:
> O Herr, ih hab'n vergessn!
>
> Aktuar:
> Wart, Lump, jetzt laß ih dir
> a fünfazwanzg naufmessn!
>
> Böhm:
> O Herr, ih bitt um Gotteswilln,
> dees kost mih ja mei Lebn!
>
> Aktuar:
> Du Lump, es is koa Schad für dih,
> warum bist a Böhm!

Vom Bauernstolz: Der Bürgermeister von Leutstetten sagt zu den Leuten, die amtlich zu ihm kommen, »Du«. Ein Schloßbediensteter, der sich das verbat, erhielt einfach die Auskunft: »Du wapplst, und drum sag ih Du zu Dir!« Der Mann also, der gesetzlich verpflichtet ist, Invaliden-»Wapperl« für seine Person zu kleben – zu »wappln« – ist dem freien Bauern gegenüber ein unfreier Knecht.

Vielfach findet man in Bauernhöfen bunte Lithographien, die die verschiedenen Stände und ihre Tätigkeit illustrieren, zumeist mit Inschriften wie:

> Der Kaiser sagt: ich beherrsche euch alle,
> der Edelmann: ich befehlige euch alle,
> der Pfarrer: ich bete für euch alle,
> der Jude: ich nehme von euch allen,

DER SOLDAT: ich verteidige euch alle,
DER BETTLER: ich bekomme Almosen von euch allen,
DER BAUER SAGT: ich laß den lieben Hergott walten,
ich muß euch doch alle erhalten!

Oder:
DER PAPST: Ich bin ein Herr, gar hoch geehrt,
             hab viel Land und Leut bekehrt.
DER KAISER: Ich bin ein Herr von großer Macht,
             hab viel Land und Leut einbracht.
DER BAUER: Wann aber nit der Bauersmann wär,
             wo nähmt Ihr Euer Essen her?

Aber ein GAUKLER schrieb darunter:
O Du stolzer Bauernlümmel,
für uns alle sorgt Gott im Himmel!

Einen »Bauernfünfer« nennt der Städter den breitspurig und geräuschvoll auftretenden Bauern, selten ohne das Epitheton »gscheert«. Der »Gscheerte«, Geschorene, ist ja ein alter Begriff für Bauer, dem es nicht gestattet war, lange Haare zu tragen. »Den Untertanen scheren« hieß nicht nur, ihn zu zwingen, das lange Haar des Freien zu lassen (aus einer Weltchronik des 14. Jahrh.: Und swelich daz verbären, daz si daz Har iht vor uz scheren, di hieten alle den leip verloren.), sondern auch ihn überhaupt bedrücken und vergewaltigen. Das Wort »Bauernfünfer« glaubt Schmeller in bezug zu den älteren Schrannengerichten bringen zu können, bei welchen wenigstens »fünf erber man« oder »fünf Biderman« oder »fünf gsworner gelewmter man« als geschworene Rechtsprecher saßen, die auf dem Land aus dem Bauernstand genommen wurden.

Der Bauer revanchiert sich im Allgemeinen selten für die Schimpfworte des Städters. Die »Stadtfrack« muß man eben reden lassen, diese eingebildeten »Kohldampfschiaber« (Hungerleider; aus der Soldatensprache). Und wenn ein Städter meint, sich »gmoa macha«, sich herablassen zu müssen, und den Bauern duzt, so kanns ihm leicht passieren, daß man ihm kaltblütig sagt: »kunnt mih net erinnern, wann ih mit Deiner (Dir) Sau ghüat hätt!« Und das vielleicht selbst einem der »Gottsöbersten« gegenüber, vom Gendarmeriekommandanten also aufwärts. Denn »so dumm san ma doch net, daß ma d' Hosn mit der Beißzang ohziahgn!«

Ein Schnaderhüpferl erzählt übrigens, daß der Bauer auch eine Städterschwäche kennt, die nicht ohne Bedeutung ist und die Verirrungen von Sommerfrischlerinnen anzudeuten scheint:

Von dee Baurnleut zu dee Stadtleut
geht a schöni Straßn,
und jetz muaß ih mein Sabl
wieder schleifn laßn.

Einiges von Mann und Weib, Kindern und Ehhalten.

"Der Alte« und »die Alte«: der und die Geliebte. Die Dirn verläßt ihren Dienst und »lafft sein Altn nach«: einem Knecht, der anderswo eingestanden ist. Während der Städter und die Städterin andern gegenüber von »meiner« und »mein Altn« sprechen, bezeichnet der Bauer sein Weib mit »Sie« oder »d' Bäurin«, Freunden gegenüber auch als »die Meinige«. Die Bäurin spricht von ihm: »Er«, »da Baur«, »da Mei«. Die Gastwirtin ist »d' Frau«, der Gastwirt »da Herr«. Eine ältere selten gewordene Bezeichnung für »Frau« ist die »Höppin« (in Volksstücken oft geschrieben »Hobin«, »Hepin«, »Hepe«). Eine Höppin ist eigentlich eine Kröte. Aber wenn eine »dantschige Krott« ein liebes, adrettes Mädel bedeutet, so ist Höppin = Frau nicht allzuschlimm. Der Ton macht die Musik: prügelt der Bauer seine Frau oder nicht? Eine Statistik hierüber wird es wohl nicht geben, und eine Umfrage über das gleiche Thema in städtischen Verhältnissen wird auch etwas heikel zu beantworten sein. Zwar gibt es ein Bauernsprichwort: »D' Weiber und d' Nußbaam wolln gschlagn sei« (man soll den Nußbaum zu Gunsten anderer Obstbäume fällen) – aber das wird kaum als Regel gelten. Und nötigenfalls ist die Bäurin wehrhafter als die Städterin; man studiere ihre Absichten in dem Lied (aus der Freisinger Gegend):

Das geschlagene Weib.

»Gottstausend, Herr Pfarrer, was fang ich denn an,
ich bin ein geschlagenes Weib,
du hast mir gegeben ein versoffenen Mann,
geht all Tag in's Wirtshaus und schreit!« –
»So lass' ihn nur schreien und laufen!« –
»Er tut nichts als fressen und saufen,
er versauft mir mein Geld und all, was ich hab,
Herr Pfarrer, ist das der recht' Mann?
Ich bitt den Herrn Pfarrer, wenn's möglich sein kann,
verschaff' mir ein' anderen Mann,
ich tät dir ja geben ein gutes Glas Wein
und dazu ein recht schönen Lohn!«

»Schau, Weib, was denkst du, was bildst du dir ein,
ein andern Mann kann ich nicht geben,
du mußt damit hausen, mußt bleiben dabei,
so lang dir läßt Gott dein Leben!« –
»Und jetzt will ich's halt noch einmal wagen,
und wenn mein Mann noch einmal so sauft,
dann nimm ich einen Prügel, steh hinter die Tür
und schlag ihn wohl rechtschaffn nauf.
Und jetzt will ich's halt noch einmal wagen
und will meinen Mann verschlagen,
da schlag ich den Teufel, das kostet ihm's Leben;
einen andern Mann mußt du dann geben!«

Immerhin mögen die rustikanen gegenüber den urbanen Umgangsformen in der Familie einige Derbheit voraushaben, gleichwie rustikanes Leben und Ringen. Der Bauer lebt eben in einer rauheren Welt und bedarf einer selbstsüchtigern Lebensanschauung. Er kann seine Kinder – schon wegen Mangel an Zeit – nicht mit weichen Händen durch den ganzen Tag geleiten. Die »Fratzn« und »Schratzn« müssen vielfach schauen, wie sie mit sich selbst fertig werden. Hauptaufgabe des Familienhauptes ist, die vielen »Vaterunserlöcher«, aus denen »allweil die siebte Bitt« kommt, zu stopfen. Und »a großs Hauswesen reißt a großs Maul auf; Bua, dees will gstopft sei!« Die Kinder »fressen oan her«; ein »Rankn Brot« um den andern muß heruntergeschnitten werden. Woher immer das »Platti«* nehmen? Da gibt der Bauer sein Kalb gern dem Metzger, dem trutzigen Schnaderhüpferl ungeachtet:

Metzger in's Gäu gehn tuat,
Kaibi kaffn,
Bauer net hergeben tuat,
selber fressn!

---

* Geld. Es ist irrtümlich, den Ausdruck als aus dem Münchener Maurerjargon stammend zu bezeichnen, wenngleich er heute fast nur mehr in der Münchener Vorstadtsprache vorkommt. (In der übrigens »Blatte« ebenso Geld wie Uhr bedeutet: »Lins' auf's Blatte, ob's noh net bald mittagln tuat« – schau auf die Uhr, ob noch nicht Mittagzeit ist.)
Schmeller führt die Verse an: »Jetz zahln s' brav Burgunda Wei / und gebn noh Blatti droh –« (Lied: Das alte Testament.)
Vermutlich stammt das Wort nach Schm. von placic, zaplatit (bezahlen), zaplata (Bezahlung), aus dem Munde slawonischer oder polnischer Soldaten. Indessen dürfte dieses platit wie das spanische plata (Silber) auf Platte zurückzuführen sein, in welcher Form Edelmetalle zuerst als Geld erschienen.

Wenn der Bauer mit Hilfe seiner vielleicht schon erwachsenen Kinder die ganze Ökonomiearbeit versehen kann, so befindet er sich darum in einem wesentlichen Vorteil, daß er die modernen Forderungen der »Ehhalten« (Dienstboten) – so berechtigt sie auch sind – nicht zu erfüllen braucht. Er kann bei der Mehlkost bleiben und braucht den murrenden Spruch nicht zu hören: »besser a Laus am Kraut, als wie gar koa Fleisch!« Er kann, weil die Kinder doch auf die Vergrößerung ihres Erbes spekulieren, gewissenhaftere Arbeit voraussetzen und weiß, daß ihm die Kinder bleiben. Bei den »Ehhalten« ist's ungewiß – das Lied von den »Bauern und Ehhalten« schildert uns die maßgebenden Verhältnisse gründlich. Vielleicht ist in dem Lied eines Umstandes vergessen:

> Der wo koan Rahm net hat,
> der koh net rühm,
> der wo koan Knecht net hat,
> dem bleibt koa Dirn.

Der Knecht »flaggt« bei der Dirn; der Bauer »liegt« bei seiner Bäurin, aber er »flaggt« bei der Dirn, wenn er »nebenaus geht«. Und dann »eifert« die Bäurin. Sie will's dem Bauern vorhalten; aber der weist auf die Kinder: »Psst! San Schindln am Dach!« Oder »es is a Loch in der Tür!« (Schon A. v. Bucherer schreibt in seinen Mönchsbriefen: »Wenn der Prediger von der Unzucht reden will, muß er's verblümeln wegen der Schindeln, die auf dem Dache sind.«

Und was das streitende Ehepaar anbelangt: »hinter da Duckat« oder »hinter da Hüll wern s' schoh wieder guat« – im Bett also. »'s Bett macht's wieder wett!«

Wie man über verschiedene Körperteile spricht: »der Fotz« ist der Mund; ab und zu auch »die Fotzn«. »Wia, Vada,« sagte ein Sohn zum Vater »du hast a Haar an dein Rüaßl!« – »Wart, Schliffl«, sagt der Vater, »muaßt du dein Vadan sein Fotz an Rüaßl hoaßn?«*

Schmeller führt die heute noch allgemein gebräuchlichen Redensarten an: an Fotz hänga, an Fotz macha (heute vielfach »die Fotzn«), das Maul hängen lassen. An Fotz haltn, schweigen; sich an Fotz verbrenna: das Maul verbrennen (auch figürlich).

Die Bedeutung, die das Wort Voze in Mittel- und Hochdeutschland hat, wird ihr in Bayern nie untergelegt. Wenn es auch den Ausdruck »Fötzerl« für »Mädel« gibt, so ist er vom Mündchen

---
* Der Förster sagt auf der Treibjagd: »In diesem Bogen kommt ein Fuchs vor; die Herren Schützen solln ihr Mäui halten, die Treiber ihr Fotzn!«

als *pars pro toto* übertragen. Stelzhammer dichtet: (Lieder in obderenns'scher Mundart):

> – Geh, leih mar a Busserl,
> du Fötzerl, du süaßs!
> »Heut is ma nöt gustali,
> moring, Mathies!«

Dann sagt Mathies zum Schlusse:

> – Denn ollmol is öbbas,
> is's dös net, is's das,
> und as macht ma das Fötzerl
> mein Fotz hald nie naß.

In dem *Codex germ. Mon. 713, fol. 77* findet Schmeller dagegen den Ausdruck:
> Wer sucht klain fotzen bei großen ersen (podices).

Auch gibt es heute noch das Wort Fotzenhuet (Frauenwart, Eunuche), wenn es auch seine Bedeutung verloren hat und merkwürdigerweise einen Betrüger bezeichnet. Einen Laffen scheint es in der Hausinschrift zu bezeichnen, die nach Schmeller in Wildenroth zu lesen war (ich fand sie nicht; auch Dreselly erwähnt ihrer nicht):

> Was baust du denn, du Fotzenhuet,
> wenn d' nit weißt, was es kosten thuet.

»Gwaff« und »Bleppn« sind Bezeichnungen für Mund wie Antlitz, wenn's gilt, die beiden als unschön erkennen zu lassen. Die »Schnauzn« ist in der Bedeutung »die Schnauze« im Sprachgebrauch selten. Fast immer vertritt der Ausdruck »der Fotz« die Bezeichnung für Mund, selbst in der wegwerfenden Bedeutung des hochdeutschen »Schnauze«. Dagegen: schnauzig redn: jemandem grobschnauzig begegnen. »Der Schnauz« ist der (Schnauz-) Schnurrbart; der mag »wax« sein, stachelig, rauh. Schm.: »S. Hieronymus zoch sich umb mit bloßem leib in schroffen und Dornen und wächsen Steinen.« Einer, der unrasiert ist, fühlt sich im Gesichte »wax« an; wenn die Bauern bloßfüßig über Stoppelfelder gehen, sagen sie »wax is's, höllisch wax!« Das Kind hat in der Schule »waxe« Prügel gekriegt. Schm. zitiert aus Aretin: »in einem Freisinger Hexenprozesse von

1717 bekennt ein armer Teufel, daß er mit dem bösen Feind Unzucht getrieben, so zu ihme in Gestalt eines Weibsbild khommen, und diese an ihrem heimlichen Ort kalt und wächs gewesen«. Das Wort erhält in verschiedenen Anwendungen alle möglichen Bedeutungen: a waxer Winter, a waxer Lehrer, a waxer Wein, a waxs Mannsbild. Auch »haarig« hat dieselbe Bedeutung: »dees is haari teuer!« »Mir geht's haari schlecht.«

Die Augen: »Glotzer«, wenn sie hervorhängend sind. Man schaut »sinnlich«: ausdrucksvoll schauen (ohne erotische Nebenbedeutung). Weinen: rern (röhren?).

Der Bauch, den man scherzweise die »Halsweitn« oder den »Hähndlgottsacker« (bei wohllebenden Menschen) nennt, heißt bei einigem Embonpoint »die Wampn«. Schmeller sagt, das Wort habe keinen verächtlichen Nebensinn; doch hat es diesen heute ebenso wie das gleichbedeutende Wort »der Ranzen« wohl absolut angenommen. Was früher die treuherzige Einfältigkeit von Tyroler Passionsspielern dichtete:

> Longinus mit der Lanzn
> sticht Christus in den Ranzn,
> vorne spitz und hinten breit,
> gepriesen die Dreieinigkeit –

klingt heute selbst dem Bauern lästerlich. Wenn er von einem »Wampeten« spricht, so drückt er damit zugleich einen leisen Tadel über Völlerei aus. Sonst wendet er das Wort nur bei Tieren an, oder in den lustigen Redensarten: »dees is mei wampeter Ernst«, »dees is a wampete Lug!« »Schlampet macht wampet«, sagt er, um die aus Faulheit resultierende Dickbäuchigkeit zu begründen.

»Rauch unter'm Bauch« sein: geschlechtsreif sein (rauh = behaart). »Heuntzutag könna s' es nimmer derwartn, bis s' rauch unter'm Bauch san«, sagte mir eine Garchinger Bäuerin, als von dem sexuellen Verkehr einer Sechzehnjährigen die Rede war. So ein junges Mädchen hat noch das »Duttnpfoad« an, das Vorhemdchen für ganz junge Mädchen.

> Und an alti Bix
> hat an altn Lauf,
> und an alts Weih
> geht nimmer in Kauf,
> aber an alter Moh,

dees glaab ih schoh,
daß der nimmer – baamkraxln koh
bei der Nacht!

Um also von den alten Leuten zu reden, von den »Mannatn« zunächst:

»Bua« ist ein Sammelbegriff für Mannsperson. Schmeller bringt ein lustiges Wortspiel:

»Du, Bua (Mann), sag dein' Buam (Sohn), daß a mein Buam koan Buam mehr hoaßt; mei Bua is koa Bua (Lehrling), mei Bua is a Gsöll!«

Aber im Allgemeinen gilt »Bua!« als vertrauliche Ansprache auch alten Männern gegenüber: »Bua, in der Stadt, da is a Lebn!« Das Mädel nennt ihren Geliebten ihren »Buam«. Bua ist auch Junggeselle:

Lustih is's Buamasei,
ih tausch mit koan Moh;
wann mih's Deandl nimma gfreut,
geh ih wieda davoh.
Lustih is's Buamalebn,
därf ih koa Steuer gebn,*
bal ih mei Deandl zahl (regaliere),
sagt s': bring's ei amal! (entschädige dich bei mir dafür)

Ein »Bua« kann ebenso ein »Trumm Mannsbild«, ein »Zolln«, ein vierschrötiger Klotzmensch, oder ein »alter Schepperer« sein, bei dem man schon die Knochen »scheppern«, klappern zu hören meint.

»A gstandner Moh«, »im schönsten Saft« ist einer, der sich noch bei gut zeugungsfähigem Alter befindet. Doch preisen die Ehestifter, die »Schmuser«, sehr oft Wittwen beschönigend als »im schönsten Saft« an, die recht im gefährlichen Alter stehn. Die alten »Didldadl«, die Zitternden, die in der Stube herum»nocken«, (im Halbschlaf sich befinden) die nichts mehr leisten können als wie »s' Bier verkosten und nachschaugn, wia's Essen schmeckt«, die sollen den Heiratsmarkt lieber verlassen, wenngleich ihnen dieser nach ländlichen Begriffen nicht verschlossen ist. Es heiraten Leute

---

* Das Schnaderhüpferl spricht anscheinend von einer »Junggesellensteuer«; aber da der Ledige zumeist keinen Eigenbesitz und – wenigstens noch bis vor 10 Jahren – kein steuerpflichtiges Einkommen hatte, war mit dem Begriff des Junggesellentums der der Steuerfreiheit verbunden.

oft noch im hohen Alter, und ich weiß aus verbürgten Angaben, daß sie ihre Zeugungskraft nicht selten hoch in den Siebzigern noch bewahrt haben und ausüben. Aber gleichwohl spöttelt das Schnaderhüpferl, das den alten Werber heimschickt:

> Pfüat dih Gott, Didldadl,
> schöns Wetter auf d' Roas,
> und ih mag halt koan Didldadl net
> und koan aufgwarmtn Schoaß.

Die »altn Leut und die hohn Berg san unserm Herrgott am nächstn.« – Das Alter ist dem Himmel und damit dem Tode nahe. Der bejahrte Bauer spricht darum vom Sterben mit aller Gemütsruhe. Man findet es auch nicht roh, mit betagten Leuten vom Sterben zu reden.

»Urschl, nimm dih z'samm und stirb! Du konnst sterbn und magst net – ih mecht sterbn und koh net. König und Kaiser müaßn sterbn – Urschi, nimm dih zsamm und stirb!« sagte der alte Totengräber von Garching im Sommer 1907 zu seiner alten Frau. Aber sie starb nicht.

Es ist einer gestorben: »er hat sich an Arsch auskeglt (luxiert)«; »er hat sein Löffl weggworfn« – er hat keine Bedürfnisse mehr; »es hat'n über's Stangl abi g'haut« wie den Vogel im Käfig; »er hat seine siebn Zwetschgn z'sammpackt« oder kurz: »er hat z'sammpackt«. In einem Kouplet aus den 30er Jahren, »das ärztliche Consilium« (von Dr. C. Müller, Kötzting), heißt es:

> »Glaubn S', Herr Collega, der Kerl packt z'samm?
> Schaun S' nur sei Fotzn an,
> därfet nur d' Augn zutan,
> so schaut er aus.
> Den bring man net davoh,
> steht net drei Wocha oh,
> tragn s'n schoh naus.«

WIDER DEN MANN.

Den Dummen nennt man »a Roß Gottes!« – einen Esel also, auf dem Jesus in Jerusalem einritt. Ihm fehlt es »zwoa Zwerchfinger oberhalb der Nasn« – im Hirn; an ihm »is Chrisam (chrisma, geweihtes Tauföl) und Tauf verlorn«; man könnte ihn »beim Arsch ohkentn (anzünden), er mirkt's net!« Man sagt zu ihm scherzweise:

> Du konnst an heilin Geist aa net macha! –
> Warum nacha net?
> Weil da heili Geist a Taubn is und koa Rindviech, wia du!

Der Dumme ist ein »Leal« (Lienel, Leonhard), unbeholfen wie der schwere Holzklotz, den man zur Leonhardifahrt bußhalber mittrug und nach dem Heiligen den »Leal« nannte; ein »Loamlippi«, »Loamsiader«, »Lalli«[1], eine »Letschfeign« (Arschgesicht), ein »Loamarsch«[2], ein »Schneebrunzer«, ein »Batznlippi«, ein »Toagaff«[3], ein »Papierner«, ein »Soachbeudl«[4], der auf »d' Hennan z' schwaar und auf d' Menscher z' g'ring« ist. Er »kann aa net von Elfi bis auf Mittag denka« – um elf Uhr beginnt bereits die ländliche Mahlzeit. »Leut gibts, dene därf ma mit'm Holzschlegl deutn und mit'm Stadltor winka – net hörn s' oan geh; fehlt's halt am Verstehst mih.« Er ist »von da drom her, wo ma's Hosntürl mit dee Stoa aufklopft und wo ma buxbaamene Öfn hat!«

»Er macht a Bappn« oder »a Trenschn, als wann eahm d' Hennan 's Futter gstohln hättn«; »er geht langsam, frißt schnell und begreift

---

[1] Ein Maulaffe, ein Laffe. Weiblich: Lalln. Ähnlich das männliche Lelaps. Der Ausdruck »Lappdirl« kommt von Latinderl, Lateinerl, wohl darum, daß bei den Ladinern in Tirol zahlreiche Kretins existieren. [2] Ein Bursch, der mit den Mädchen nicht zu reden wagt, »steht da und halt d' Zung im Mäui, daß s' eahm net auskimmt«; er soll hingehen und »'s Schnadern bei dee Gäns lerna, wann s'n net grea ohscheißn«. [3] Der »Teigaffe«, ein Backwerk zum Nikolaustage. [4] Ein energieloser Bursche, der seinen Penis nur zum Pissen benützt. Ein landläufiger Scherz lautet: »Is an alter Moh vor der Soachrinna gstandn und hat in seiner Falln (Hosenlatz) gsuacht und gsuacht und find'n halt net. Fangt er 's Fluacha oh und sagt: Geh ausser, ih brauch dih ja nur zum Soacha!«

nix«; er »steht da wia da Sankt Neff (Nepomuk?) im Krautgartn, den ham d' Buam mit der Pelzkappn derworfn«; er »studiert wia der Karpf im Voglhäusl«; er schaut drein »wia a abgstochner Goaßbock«, »wia a Schaf unter Mittag« (ermattet in der heißen Sonne), »wia a Denglhammer«, »wia der Arsch, wann er putzt werd«, »wia's Stöffls Goaß«, »wia a Schwaiberl«.

Körperliche Mängel: »a Plattn (Glatze) ham«; es könnte einer »seine (große) Plattn als Bauplatz verkaffa«; »hell auf der Plattn« oder »a Plattnberger« sein, durchtrieben sein. »D' Höll is mit Pfaffnplattln (Tonsuren) pflastert.« »An schelchhaxatn Gang«, krumm gehen; »hatschn«, hinken; »schiaggln«, »scheanggln«, schielen; »gazn«, »gagezn«, stottern; »zaurackerdürr« sein.

Ein »Springginkerl« ist entweder ein Leichtfuß oder ein Bursch mit geziertem Benehmen, der »Geckerln macht«, durch geckenhafte Dinge auffällt; »a gspreizter Mensch«, ein Großtuer, der breitspurig (mit gespreizten Beinen) dasteht und schließlich auch noch »gschwolln daherredt«, schwülstig prahlt, dieser »Gschwollkopf«, dieser aufgeblasene. Aber »man halt oan oft für fett (reich), und er is doch blos gschwolln«. Er ist ein »Brotz« (Kröte), ein Kraftprotz, ein Geldprotz. »Protzenau« nannten die Münchner seinerzeit das nördliche Westufer des Starnberger Sees und diesen den »Protzenweiher«.

Der »Ruach« ist ein nimmersatter Geizhals,; er »ruacht« sein Geld »z'samm« wie ein Fresser die Speisen »recht neiruacht«. Der »Gausterer«, ein unruhiger Mensch, der alles hastig und unordentlich tut, der »umanandgaustert«.

Arme Leute sind »arme Niggl«* (Nikolaus), »Notniggl«, »die voller Not steckn«; »wo da Schmalhans Kuchlmoaster is, da wern kloane Dreckerl gschissn«. Die Armen, die sich einen Hund halten, brauchen ihn »zum Schuldnfressn und Kreditbelln«; sie haben nur ein »Klüftl«, ein schlechtes Gewand (Gelüftel), durch das der Wind leicht durchbläst; sie zahlen »am St. Nimmerlstag« *ad calendas Graecas*. Und trotzdem sind sie oft »voller Faxn – aber am andern Tag lassn s' den Fotz bis auf'n Erdbodn hänga«, wenn sie sich wieder »'s Maul an's Tischeck hinschlagn« müssen, um satt zu werden. Darum dürfen sie sich auch nicht »aufmanndeln«, nicht in eine Her-

---

* Es gibt auch noch einen »Sauniggl« (Schweine-Igel ist anderer Herkunft: Swinegel), der unflätig redet oder handelt; einen »Pumpaniggl« (das Wort hat mit der niederdeutschen Bezeichnung einer Brotart nichts zu tun), ein kleines, dickes Persönchen; »schö runkat, schö pumpat wia a Haslnußkern ...«

renrolle verfallen. Sie haben »abg'haust«, ihr Vermögen ist »maschkera* ganga« – es geht maskiert in anderer Leute Gewänder. »Wo a Geld is, da is da Teufi; aber wo koans is, da is er zwoamal!« »Wer zu neunafufzg Kreuzer erschaffn is, der bringt's zu koan Guldn!« sagt das resignierte Sprichwort. Kismet: »was hilft's, wann d' Laus an Taler gilt und ma hat koani!«

»Der Schlamper« ist (nicht analog dem Weiblichen »der Schlampn«: die Hure) ein unreinlicher, sich vernachlässigender Mensch; er ist in der Kleidung »schlampert«, »schlampig« und »schlampt« sein Essen hinein wie der Hund; er »schlampt« in schmutzigen Kleidern daher. Auf ihn würde die folgende Beschreibung (Dr. C. Müller 1838) passen: »... auf der Brust hat er nach drei Täg ausgschaugt wia a abgfitzlter (abgewetzter) Gamsbauch und dazua hat er dann a Nankin(g)hosn ghabt, die vor lauter Dreck gstanden is.« Kaum wegen solcher prononcierter Äußerlichkeiten haben seinerzeit in München die Augustinermönche im Gegensatz zu den Chorherrn oder Canonicis dieses Ordens »schlampete Augustiner« geheißen (Schmeller).

Lebensuntüchtige Menschen: »an alter Spitaler«, ein alter Mann, matt wie ein Spitalinsasse; er »rafft wia a alter Spitaler«; ein »alter Krauterer« (eigentlich eine *contradictio in adjecto*, weil der Mann eben kein »Kraut«, Schneid, hat.) Ein »Zoanl« oder ein »Zeanl«, ein langweiliger, unbeholfener Mensch, der seine Zeit vertrödelt; ein »Marterer«, der sich mit der geringsten Arbeit schon »abmartert«; ein »Trenzer«, der, wie er beim Essen »trenzt« (verträntt), verschüttet, auch in körperlichen Anstrengungen hilflos ist; ein »Bauxl«, ein ganz kleiner schwacher Mann.

Von zornigen, beleidigten Leuten: »dem raucht« oder »stinkt er!« – der ärgert sich; bei dem »hab ih an Verschmach aufghobn« – den hab' ich verdrossen; auch »a Sau aufghobn«; der wird jetzt »an Hoa'l auf mih ham«: einen (versteckten) Zorn auf mich haben. Das Wort hat seine ursprüngliche Bedeutung verloren, die Schmeller noch folgendermaßen gibt: Hainel, Haindel, Heinrich; Appellativ für einen einfältigen Menschen, besonders für einen Ehemann, der sein liebes Weib gewähren läßt. An Hoa'l ham, einen Verdruß haben.

---

* »maschkera gehn«: bankrott machen; auch sterben. Maschkera: die Maske, die maskierte Person. Ein kleiner Münchener Bub wird gefragt: wer is denn dei Vata? – »A Maschkera« – eine Redoutenbekanntschaft, die ihr Inkognito zu lüften vergaß.

Ein adäquater Ausdruck für »an Hoa'l ham«: jemand »auf der Muck ham«: wider einen schlecht gesinnt sein und den Moment erwarten, da man dem Feind beikommen kann. Das Bild ist so: Die Muck' (Mücke) am Büchsenlauf im Aug halten, um im rechten Moment loszuschießen.

Die Steigerung des Grolls: »winni wern«, wütend, zornig. Schmeller zitiert aus einem Bauernlied der Türkenzeit:

> Dabey is ä gwösn dä pulackhische Kini,
> dä hät schlet drei ghacket, oß wen ä wä wini.

»Wirsch wern«: aufgebracht werden; trotzdem die eigentlich das Gegenteil ausdrückende Vorsilbe von dem städtischen »unwirsch« weggefallen ist, besagt der Ausdruck das gleiche.

»Dee kloan Haferl laffn bald über«, sagt man; die kleinen Leute geraten sehr schnell in die Siedehitze des Zorns. Es braucht also keine große Schimpferei vorausgegangen zu sein; vielleicht genügten auf harmlose Fragen barsche Abweisungen in der Form: »Schmeck's, Kropfeter!« – »An Kaas!« – »An Pfiffkaas!« – »An Dreck auf zwoa Schoatn!« – »An Schmarrn!«

Oder es ist einer frech geworden, »hat sich krautig (schneidig) gmacht«, hat ihm »s' Mäui ohghängt«, hat »aufbegehrt«, hat ihm (Schimpf-) »Nama gebn«, hat ihn »derbleckt«, verspottet, »verheamplt«, wie einen »Hampel« (Hanswurst) behandelt, hat »sei frechi Goschn recht aufgrissen«, hat ihn »gfotzlt«, »gfrozzlt«, »gfoppt«, hat ihn »einpapierlt«, zum Besten gehalten.

Es gibt ja allerlei Suffisancen, die nicht sehr beleidigend klingen, die aber genügend aufreizen. Z. B. man unterbricht eine Rede, in die sich ein »Wenn« eingeschlichen hat, mit der schnöden Bemerkung: »ja, wann das Wenn net waar, na waar da Kuahdreck aa a Schmalz!« – »Wenn der Hund net gschissn hätt, na hätt er den Hasn gfangt« – auch abgekürzt: »is's dir ganga, wia an Grafen Arco sein Hund?« oder »woaßt die Gschicht vom Grafn Arco? Sunst müaßt ihs verzähln!« Eine andere schnoddrige Redensart: »lass' dih hoam-geign!« eine Umschreibung von: »Geh hoam!« Der Ausdruck stammt von dem hauptsächlich bei Hochzeitsfesten üblichen Brauch, sich heimspielen zu lassen, wie sich's reiche Bauern früher gegen gute Bezahlung erlaubten. »Laß dih hoamgeign, du Kletznseppi!« – Du armer Sepperl, der zuhause nur von gedörrtem Obst mager leben muß. »Oan stimma«, ihn zum besten haben, foppen. Schmeller erzählt die sehr hübsche Anekdote von dem bayrischen

Trompeter, dem im russischen Feldzug (1812) eine matte Kugel der Russen das Mundstück an seiner Trompete wegnahm. »Geh, du stimmst mih grad,« sagte der Trompeter, »ih hab schoh noh oans!« Und setzte ein anderes Mundstück auf.

Von einem sehr stimmbegabten Schreier und Schimpfer sagt man: »dem muaß ma als a Toter an Fotz noh mit'n Bratschlegl herhaun, sunst is koa Ruah net!«

Die Hinterlistigen: er »is gar a süaßer!« gar ein Süßtuender; aber »ih hör dih schoh geh – hast Filzschuh oh!« ich höre dein heimtückisches Heranschleichen. Umgekehrt, wenn einer sehr deutlich seine Vorwürfe bringt und der andere will's absichtlich nicht verstehen, »der hört net, der hat zwoa Paar Socka oh!« Und er »schnauft koa Wörtl«, soviel auch der andere »aufmährig macht«, bekannt gibt und wenn er ihm auch das »Haberfeld«* gründlich »treibt« und ihm »alles fürrupft«.

»Aber dees is a Huatera!« sagt man von einem verschlagenen Menschen, von einem »Feinspinner«, »der's schö ohbringt«, was er einem vor die Nase reiben will. Wieso das Gewerbe der »Huterer«, der Hutmacher, für heimliche Listen vorbildlich ist, vermag ich nicht zu erklären. Schmeller bringt über einen ungerechten Richter den Ausdruck: »Ein richter, der das recht verkürzt und ein hütlein darüber stürzt« (*Cod. Germ. Mon. 713, f.29*). Daselbst f. 27, 176: »Wenn man ein armen das recht verquent und im ein hutlein für die augen went.« Aber der »Huatera«? Er muß jedenfalls um irgend einer besonderen Historie willen zum »Kanuff«, geworden sein, zu einem Spitzbuben, der nach dem hebräischen »chanaf« schmeichelt und heuchelt. Oder zum »Kalfakter«, der nach Schmeller aus dem simplen Ofenheizer der Schulen bis zum 18. Jahrh. plötzlich zum heimlichen Wohldiener, zum Zuträger, Müßiggänger und Schlingel geworden ist. (Übrigens ist der »Kalfaktor« heute ein lustiger Spitzbub, der weder Unanständiges noch Schädliches in seinen Streichen beabsichtigt.)

Zu den einigermaßen leidlichen Bösewichtern gehören noch der »Tropf«, der »Schliffl« (auch für *penis*), der »Schlankl« (do.), der »Stroach«, ein Tunichtgut, der voller Streiche steckt und die »guatn Lehrn abbeudlt wia der Hund d' Flöh«.

---

* Haberfeldtreiben; es ist wohl nicht notwendig, daß ich mich an diesem Orte über den Ausdruck verbreite. Ich verweise auf mein hauptsächlich den alten Brauch behandelndes Buch »Bauernerotik und Bauernfehme in Oberbayern«.

> Waarst wohl a schöns Büabei,
> hättst wohl a schöns Gwand,
> aber dei Stroach, der is größer,
> als wia's Salzburgerland!

Das »Luader«* (vom hochdeutschen Luder; der Berliner hat sich aus dem gleichbedeutenden Wort Aas ein Epitheton gemacht, das ebenso tadeln wie schmeicheln kann). Mit einem »Schindluader treibn«, einem einen beleidigenden oder ärgerlich machenden Schabernack antun. Ein »Luaderlebn« kann ein abstoßendes, aber auch ein lustiges sein.

Ein »Luader«, »Schinderluader« (beides männlich wie weiblich gebraucht) ist – den tadelnden Sinn des Wortes vorausgesetzt – der Übergang zum groben Spitzbuben. Aber auch der ist nicht mit einem feststehenden Epitheton zu belegen, nachdem selbst ein Ausdruck wie »Galgnbazi« ebenso den für den Galgen reifen Gauner benennt wie er in freundschaftlichstem Tone und sogar mit einer gewissen Zärtlichkeit gegen jemand gebraucht wird, der eine lustige Spitzbüberei begangen hat. Es liegt eben in der Sondernatur der bäuerlichen Geselligkeit, daß sie sich in Derbheiten gefällt. So bestimmt lediglich der Ton die Musik, den Charakter der Epitheta. Und darum kann jemand in mehreren Graden unangenehm sein; er kann »lötz« (böse), »lacklhaft«, »grob«, »bumpfgrob«, »stoagrob« und »saugrob« sein. Mit derselben Gewißheit, mit der ich bekenne, diese Einzelbegriffe nicht mit prägnanten Beispielen belegen zu können – mit derselben Gewißheit wird im gegebenen Fall das Gefühl des gleichgebildeten Altbayern dem gleichgebildeten Altbayern gegenüber den Grad der Grobheit feststellen können. Und unsere Gerichte, die die Beleidigungsklagen der Bauern nie besonders tragisch nehmen, handeln in weiser Erkenntnis des derben ländlichen Sprachschatzes.

Freilich, was zu grob ist, wird schließlich doch auch auf dem Lande zu stark: es führt zum Lochstopfen, zum Maulverhauen. Laut höllischem Beispiel, das uns die Redensart erzählt: »Was grob is, is stark, hat der Teufi gsagt, und hat mit ara Sperrkettn seiner Muatter's Loch zuagnaaht.« (Das schimpfende Maul oder den *anus*?)

---

* Der Norddeutsche verwechselt gern »Luder« und »Loder«. Ein Spaßvogel hat den Unterschied zwischen beiden Worten ganz richtig mit dem zwischen »Gustav« und »Gasthof« verglichen. Der »Loder« ist der »Lotter« der älteren Sprache, ein dem lustigen »Lotterleben« ergebener Mensch; später, heute, der gewöhnliche Ausdruck für »Bursche« schlechthin.

Es gibt einige bestimmtere Begriffe: der »Saumagn« ist ein liederlicher Mensch, der sich über seinen Lebenswandel keine Sorgen macht. Sein moralisches Empfinden verdaut wie ein Saumagen. »Is der Vater a Saumagn, so is der Bua a Saumagl.«

Der »Lackl«, ein flegelhafter Mensch. Schmeller erklärt die Herkunft des Wortes folgendermaßen: Lackel, beliebter Name für größere, besonders Metzgerhunde, vielleicht statt Melackel (vom franz. General Melac). Melac, der durch seine Mordbrennerei in der Pfalz (1688) berüchtigt ist, wurde später Kommandant von Landau; dort hatte er immer ein Cortège von grimmigen Hunden um sich, wenn er spazieren ritt, und es unterhielt ihn sehr, wenn diese die Leute anfielen.

Und doch kann man »Saumagn« (besonders im Schwäbischen) und »Lackl« auch in nicht beleidigendem Sinne hören. Anders ist es mit dem Worte »der Hach«, das einen ungeschlachten groben Bauermenschen bezeichnet. (Die Herkunft des Wortes ist wohl dunkel.) »Aber dees san Hachn, dee Mintrachinger!« sagte mir der Neuwirt von Garching, als zwei Mintrachinger Knechte bei ihm zu raufen begannen. Der »Hach« ist für den Münchner ein besonders plumper Bauer, ein »Gloifi«. Was aber ist »Gloifi«? Das Wort wird wohl mit »Kloiben« zusammenhängen und ein ungeklobenes, ungeschlachtes Stück Mannsbild vorstellen.

Zum »Gloifi« wäre noch der »Krawatt« zu nennen, ein ungeschlachter, ungeberdiger Mensch mit all den Untugenden der »Krawattn« (Kroaten) des Erbfolgekrieges. Und zum »Krawattn« der »Schlawiner«. Ein aus Slovene verderbtes Wort wahrscheinlich Wiener Ursprungs, wenn es nicht auch in der Zeit des bayrisch-österreichischen Erbfolgekriegs entstand. »Schlawiner« ist zunächst ein verlumpter, verlotterter Mensch, dann ein Zuhälter; er geht mit einem »Schlawinermensch«. Das Wort »Schlawiner« habe ich übrigens in einem Café Münchens, das von slawischen Malern viel besucht wird, in lustigerer Bedeutung gehört; ein Russe bestellte schwarzen Kaffee. Die Kellnerin ging an's Buffett und bestellte »an Schlawiner«.

Zum Schluß einige Bezeichnungen über die der weiblichen Prostitution nahestehenden männlichen Herrschaften, soweit diese für die bäuerliche Sphäre in Betracht kommen. Es handelt sich also um »ausgeschaamte« Menschen, die sich nur »in d' Augn nei schaama – und in d' Schweinsäugerl geht net viel nei«; um Männer, die kynisch behaupten: »Ih hab mih oamal gschaamt und nix dafür kriagt – ih schaam mih nimmer!«

Es kommt im allgemeinen selten vor, daß ein Dienstknecht in der Stadt auf Abwege gerät und Zuhälter wird, »Zuatreiber«, »Zuadrucker«, ein »Kerl«. Das Wort »Kerl« hat auf dem platten Lande eine außerordentlich verächtliche Bedeutung. Man mag von dem »Beschälhengst«, von dem »Zuareiter« oder in irgend einer andern sehr rohen Weise über den Geliebten eines Mädchens sprechen – das Wort »Kerl« ist immer das gemeinste, weil es jeder Witzigkeit entbehrt, die sonst immer freundlich aufgenommen wird, selbst im derbsten Wortspiel. »Dir gib ih fei koan Kerl net ab!« sagt der Bursche bedrohend. Von einer als dirnenhaft bekannten ländlichen Schönen sagt man: »was hat s' denn jetz für an Kerl?« – »Is schoh wieder a Kerl in seiner (ihrer) Kammer?«

Die ländlichen Begriffe für berüchtigte Erotomanen beschränken sich auf »Jodl«, den Kosenamen (Jodokus oder Georg-Jo'l) für den »Gmoastier«, oder auf den »Katzerer« (im bayrischen Wald), der allen Weibern nachstellt (Schmeller):

> Bist a rechter Katzerer,
> a Spatznfanga,
> bist mir heunt Nacht
> zu mein Deandl ganga.

Die Ausdrücke »Frischai« (Frischling), »Fackei« (Ferkel), »Bär« (Eber), und »Loos« oder »Loas« (Mutterschwein) werden natürlich auch den verschiedenen Graden von schweinischen Menschen angepaßt. Eine »Enzioh-Sau« ist eine Mords-, eine Riesensau. Eine solche »Enzioh-Sau« sollte man »dengeln«: wie einen Hengst durch Abhämmern der Hoden kastriern. Oder wie's in den Haberfeldtreiben zur Formel geworden ist:

> Bal der Hurnkerl sei Hurn net bald aufgeit,
> tean ma'n zum Tierarzt auf X.,
> daß a eahm an Beudl wegschneidt.

Sodomitische Verirrungen deuten Ausdrücke wie »Küahhupfer«, »Goaßspringer« an. Leider passieren solche Dinge dann und wann; ich habe selber einmal einen verirrten armen Teufel, der Schweine zu hüten hatte, in einer scheußlichen Situation gesehen. Er war ein alter läppischer Mensch.

Der Begriff »Katzlmacher« deutet wohl keine sodomitischen Vergehen an. Schmeller nennt den Ausdruck einen scherzhaften

Übernamen, den man herumwandernden italienischen Krämern usw. und wohl auch allen Italienern gibt. Etwa auf den italienischen Lieblingsausruf und den gewöhnlichen Fluch *cazzo! (penis)* bezüglich?

Heute indessen ist Katzlmacher für uns die Bezeichnung für Wälschtyroler und in weiterem sogar für verschiedene halbtyroler Ortsinsassen im bayerischen Gebirge.

Wider das Weib.

Bei dieser unruebigen Welt« (wie ein Chronist im Jahre 1569 von den »ungrüabigen«, ungemütlichen Menschen schreibt), mag es nimmer drauf ankommen, wenn hier ein ganzes Schimpfwörterkapitel *in feminas* niedergelegt wird, *sine ira et studio* natürlich.

Bei der Jungschönen angefangen: sie hat »a Toa«, ein Tun, »a Bar«, ein Gebahren, »an Furm« oder »an Unfurm« – in ihrem Benehmen liegt irgend etwas Auffälliges, etwas Geziertes, und man sagt ihr warnend: »gwöhn dir dee Unfürm (Unformen) ab!« Sie tut »fitscheln«, »fitschelfatschln«, unbeständig hin und her flattern, »flitscheln« (flügeln), kurzum, sie gilt als »Flitscherl«, als ein leichtsinniges junges Mädel; sie ziert sich »wia a Docka« (Puppe), sie ist darum wohl »dockerlnett«, puppenhaft hübsch, aber vielleicht »außn hui und innan pfui« und hat wohl »a Pfoad oh, daß hundert Katzn koa Maus fanga könna« – so zerlöchert ist das Hemd. Sie ist eine »gstroachte (nichtsnutzigen Streichen nachhängende) Du'l« (Dorothea, Duredl, Durl) und »schmierbih (schmierig) bis dortnaus!«

Dazu kämen noch äußerliche Unannehmlichkeiten: »drapft« sein (beträuft, begossen), blödsinnig sein, oder »a drapfts Luader« sein, ein verrücktes (in der Bedeutung übermütiges) Frauenzimmer sein; sie ist »gralawatschad« (greitlwatschelnd), mit auseinanderstehenden Knien gehend; sie »is vorn mager und hint dürr«; sie ist »roßmuckad« (voller Sommersprossen) und überhaupt »loadschialih«, leidhäßlich. Dazu ein rechtes »Gnauz«, das den ganzen Tag »gnauzt«, in einem singenden widerlichen Tonfall redet.

Die möcht' ich nicht zum »Kniabasl«, zur Geliebten. Schmeller deutet zwar den Ausdruck Kniebase anders: »die Sippe nach den Gliedern gezählt«. Somit wäre also das Kniabasl in einem entfernten Verwandtschaftsgrad zu einem »Vetter«, der einen sexuellen Verkehr zwischen beiden schon erlaubt. Der Ausdruck ist indessen humoristisch aufzufassen. Wenn ein Bursche über ein Mädl befragt wird, mit dem man ihn irgendwo gesehen hat, so wird er vielleicht verlegen sagen: »Es is a Basl voh mir ...« Die Antwort: »ja freilih, a Kniabasl!« Also ein Mädchen, mit dem er lediglich durch intimen Umgang verwandt ist.

Dieselbe Grundlage hat der Ausdruck »Kniaschwager«.

Wenn die Schuhe junger Mädchen beim Gehen »garrezn«, dann steht ihnen baldige Heirat bevor. Schmeller bringt den vielleicht von einer wirklichen Begebenheit genommenen Ausdruck: »Die hat an Schuster aa zwee Kreuza gebn, daß a ihr an Garrezer in d' Schuech macht.«

Ein altes Weib hat »neun Häut wia a Zwiefl«.

Die folgende Inschrift auf einer Schützenscheibe in der Schießstatt zu Reichenhall erklärt diese neun Häute unter drastischen bildlichen Schilderungen:

> Man sagt, daß Ein Jedes Weib
> Habe Neun Heutt an Ihrem Laib.
>
> Die erste Tuedt Wie stockfisch mocken
> Deßhalben mueß man sie Schlagen und klokhen.
>
> Die andter ist von einen Bern
> Du Wirst sie auch balt Brumlen Hern.
>
> Die dritte ist ein gantz Haut Eben,
> Zu schnattern Wird sie balt anheben.
>
> Die Vierte kennt man an den Mundt,
> Sie Befzt und kallt alß Wie ein Hundt.
>
> Die Fünffte ist ein Hasen Balckh,
> Sie Laufft darvon und schreit du Schalkh.
>
> Die Sechst ist ein Roßhaut mit grauß,
> Sie schlagt Vor und Hindten auß.
>
> Die Siebent ist von einer katzen,
> Sie fällt dich an und will dich kratzen.
>
> Auf die achte Eben schau,
> Sie kirt und schreit als wie ein sau.
>
> Zum Neunden sich die Menschlich Hie
> Sie fällt nieder auf ihr Knie
> Und Bitt, mit außgespanten armen:
> Ach liebster Mann thue dich Erbarmen.

Ich Will nit mehr wie vorhero sein,
(Will tun nach dem Willen dein),
Weill du mir acht Heutt zogen ab,
Will ich dich lieben Biß ins grab.
  Ein Jeder Mann,
  Der sein Weib die Heutt abziegt,
  Von Mundt auff in den Himel fliegt.
(Deutsche Gaue X, 242.)

»Er hat a rechti Wettermacherin gheirat«: eine grimmige Frau, die gerne wettert, eine »Beißzang«, eine »Bißgurrn« (die »Gurr« ist eine unbrauchbare Stute); sie ist ein (sächlich) »Muff«, ein mürrisches Weib, »wo ma sich beim Stuhlfest schoh auf'n dreißigstn freut« – bei der Verlobung freut man sich schon auf den letzten Seelengottesdienst nach dem Tod der Gattin. Sie »is a Drack«, ein Drache (mit der Nebenbedeutung von plump, faul und gefräßig). In summa: »a bös's Wei is a Schauer (Hagelwetter) im Haus!« Und was noch auf das Konto der bösen Sieben zu schreiben wäre: »wann's Leutausrichten net waar – was hättn dee weibatn Leut für a Freud auf der Welt?« Sie sind »wia a Kamihkehra, der kratzt, wo's 'n net beißt!«

Gröberes Geschütz »Schinderluader« (Luader = Aas), »Hafa« oder gar »Trankhafa« (der Topf für das Schweinefutter), »fauls Laster«, »wampete Molln« (Molln ist das Weiche im Brot; mollet: mollig; »a mollets Deandl« – aber »wampete Molln« ist das ungeschlachte Gegenteil), »alte Schartekn«, »alter Scherbn«, »wampete Loas« (Mutterschwein), das »Gschlerf« (von schlarfen, »schlerfn«), »alts Rafflscheit« (Raffel: Schuppendach) und – »Schoaßtrumml«.
  Der Ausdruck »Tschumpl«, »Tschumpi« führt in die Reihe der erotischen Schimpfwörter hinüber. Schmeller kennt den Ausdruck »Schumpel« für *vulva* und leitet ihn vom tschechischen Žumpa (Pumpe, Wasserbehältnis) her. Der Ausdruck ist auf dem Lande selten geworden, während er sich im Münchner Vorstadtidiom sehr breit gemacht hat; der »Tschumpireiter«: einer, der mit alten Weibern sexuell zu tun hat und möglicherweise auch die Redensart in Betracht zieht: »in Starnberger See konn ma koa Haus neibaun« – ein abgelebtes Frauenzimmer (die große *vulva* mit dem See verglichen) wird nicht mehr geschwängert.
  Ein Frauenzimmer ist »liaderlih«: lüderlich; »a lüaderlichs Tuach«: ein dirnenhaftes Mädchen; »a guattüacherne« bedeutet übrigens dasselbe. »Liaderlih« bezeichnet auch etwas Wertloses oder Gering-

fügiges. »Den sei Stier is mir z' liaderlih«, schreibt Ludwig Thoma in einem Zwiegespräch zwischen Bauer und Bäurin über das Belegen einer Kuh: der Stier ist nicht leistungsfähig.

Die »Schuggsl«, ein flatterhaftes Mädchen (Schicksel?); die »Zuchtl« (Zuchtsau); eine »Rutschn« (Allerweltsrutschbahn); »sie is wia a Brunzhaus – da is allweil oana drin«. Eine »Laschn«, »Lasch« (Tasche = *vulva*):

> Hat dee Lasch gheirat,
> is dreizeh Jahr alt,
> konn's Kitzln net leidn,
> was heirat s' so bald.

Sie is »schwanznarrat«, sie hat »Hosntürlaugn«, sie »stiert«, verlangt nach dem Stier; sie »is a Matz«, »a läufige Matz« (Hündin; Metze?); ein »Büchsn«, *vulva* (*pars pro toto*); ein »Hadern«.

Für Hure gibt es eine große Reihe von Benennungen; u. a.: Schnalle, Schlittn, Schlampn, Troadhur, Badhur (aus mittelalterlichen Erinnerungen?), Schnepfe.

»Sie hat a Wurzn«: sie hat ein Verhältnis mit jemandem, den sie finanziell ausnutzt, den sie »herwurzt«. »Musch«: Hure. Schmeller: die Musch, auch Muschel, Benennung einer Weibsperson, die sich hingibt; etwas säuberlicher als Hure. »Dees is an Herr von N. sei Musch.« »Einem a Musch abgebn«: ihm zu Willen sein; a »Soldatenmusch«

Könnte Musch zu *mouche, musca* keine Beziehungen haben?

»Flucken«: Federn; »in d' Flucka geh«, in die Federn kriechen. Flucken sind eine schlechte Qualität von Federn, eine Flucke ein schlechtes Bett, in übertragenem Sinne eine liederliche Weibsperson. Das ländliche Wort ist im Münchener Zuhälterjargon auch bekannt.

Dorfrügen. – Schmähbriefe.

Bei dieser Gelegenheit seien die folgenden Rügverse – die ja auch zum Thema des bäuerlichen Schimpfens Bezug haben – als Nachtrag zu »Rügesitten in Altbayern« (»Bauernerotik und Bauernfehme« *pag.* 3 ff.) gegeben. Zunächst das mir von einem Garmischer Burschen überlassene Manuskript zum

Scheibentreiben zu Garmisch
Ostern 1911.

Eiei, dia[1] Scheibn,
dia will ih eindreibn,
ih woaß schoh, wem ih moa,
dia ganze Garmischa Gmoa:
an N. N. Wappn[2]
und d' X. X. Plattn.[3]
Jujuhujj, da Haggl![4]

Eiei, dia Scheibn,
dia will ih eindreibn,
ich woaß schoh, wem ich moa,
dia ganze Garmischa Gmoa:
's N. N., den schwarzen,
und 's X. X., den Fratzn.[5]
Jujuhujj, da Haggl!

Eiei, dia Scheibn,
Dia will ih eindreibn,
ih woaß schoh, wem ih moa, rt

---

[1] Die, diese; [2] den »Gewappelten«: hochmögenden; [3] (mit der) Platten: den Glatzköpfigen; [4] die Burschen legen dem Wort (Haggl: kleine Hacke) heute keine Bedeutung mehr unter; doch wird der Ausdruck wohl aus einem früheren Sunnwendspruch überliefert sein, in dem es (beim Holzbetteln für die Sunnwendfeier) hieß: Heiliger Sankt Jaggl, schenk uns a Haggl! Und diese Worte wären wieder von einer älteren Fassung abzuleiten: Heiliger Sankt Jakob, schick uns an Hackstock! [5] Fratz: unflügges, aber schon naseweises Mädel, das im gegebenen Fall mit einem schwarzhaarigen Liebhaber zu tun hat.

dia ganze Garmischa Gmoa:
's N. N., den roatn,[1]
und 's X. X., der foastn.[2]
Jujuhujj, da Haggl!

Eiei, dia Scheibn,
dia will ih eindreibn,
ih woaß schoh, wem ih moa,
dia ganze Garmischa Gmoa:
's N. N., der Schean,[3]
und 's X. X. der Grean.[4]
Jujuhujj, da Haggl!

Eiei, dia Scheibn,
dia will ih eindreibn,
ich woaß schoh, wem ich moa,
dia ganze Garmischa Gmoa:
's N. N. Herrischn[5]
und 's X. X.'n finerischn.[6]
Jujuhujj, da Haggl!

Eiei, etc.
's N. N. Bettsoach[7]
und 's X. X. Rippnwoach.[8]
Jujuhujj, etc.

Eiei, etc.
's N. N. dersell Grind,[9]
und 's X. X. voh hint.[10]
Jujuhujj, etc.

Eiei, etc.
der Pfarrer voh ...
der kann's der Köchin net oft gnuag toa.
Jujuhujj, etc.
Eiei, etc.

---

[1] dem roten; [2] der feisten, dicken; [3] der Schönen (verächtlich); [4] der Grünen, Unreifen; [5] des N. N. dem Umgang mit herrischen (städtischen) Damen bezichtigtem (*scil. Penis*) und [6] des X. X. venerischem P.; [7] Bettpisser; [8] der rippenweichen (Hängebusen); [9] häßlicher Kopf; [10] von hinten: ein Mädchen, dem ein Verkehr *a posteriore* nachgesagt wird.

's N. N. Haggn[1]
und X. X. Schnaggn.[2]
Jujuhujj, etc.

Eiei, etc.
An N. N. vom Untern Darf [3]
und X. X. mit der dreckign Larv.[4]
Jujuhujj, etc.

Eiei, etc.
dia schö N. N. von der Schmidgassn,
und 's X. X. Hagglnasn.[5]
jujuhujj, etc.

Eiei, etc.
An N. N. vom ...
und's X. X. Mensch .[6]
Jujuhujj, etc.

Eiei, etc.
's N. N., der Lapp,[7]
und's X. X., der Dapp.[8]
Jujuhujj, etc.

Eiei, etc.
Da N. N. von der Loa
mit die Kellarina[9] von der ganzn Gmoa.
Jujuhujj, etc.

Eiei, etc.
da N. N., der Kloa,
macht Kinda für dee ganz Gmoa.
Jujuhujj, etc.

---

[1] Hackennase; [2] Verrücktheiten (Schnacken: Schnurren); [3] vom unteren Dorf; [4] mit dem dreckigen Gesicht; [5] Hackennase; [6] des X. X. schlecht beleumundeter Tochter; [7,8] läppischer und täppischer Mensch; [9] Kellnerinnen.

Ferner das Manuskript zum

»Jagglschutzn« in Garmisch
Faschingsdienstag 1912.

Es seien einige Erläuterungen zu dem Brauch voraufgesandt: Das Wort »Jaggl« (Jakl, Jakob) drückt zuweilen einen Qualitätsbegriff aus wie auch »Hans«: »dees is a Brot, dees hoaßt Hans! Der bringt a Bier zsamm, dees hoaßt Hans!« Also ein gutes Brot, ein gutes Bier. Der große Hammer in der Schmiede wird der Jagglhammer genannt. Der große bauchige Tonkrug, der zehn Liter faßt und den die Holztrifter in den Bergen für ihre Brotzeit mitnehmen, heißt der Jagglkrug.

Pater Abraham *a Santa Clara*: »Ein Kind, gebohren im Zwilling (im Mai), wird einen Zutritt bey großen Herren haben, durch eine reiche Heyrath zu großen Mitteln gelangen, aber wegen Untreu seines Weibs wird er ein so hartes Stirn bekommen, wie der große Hammer in der Schmidte, der heißt Jakel.«

Jaggl nennt man auch eine ausgeschopfte Puppe, die man am Faschingsdienstag (heute z. B. noch in Garmisch) vor verschiedenen Häusern auf einem Bettlaken prellt. Schmeller kennt den Brauch als speziell von Schmieden und Schlossern ausgeübt. Er schreibt: »Ehemals hatten die Schlosser und Schmiedjungen die Gewohnheit, zur Faßnacht oder am Johannes-des-Täufers-Tag vor den Häusern ihrer Kunden einen solchen Jackel, der wie ein Schmied gekleidet war, mittels eines Leintuchs wechselweise in die Höhe zu werfen und wieder aufzufangen. Dabey sangen sie jedesmal einen Reim vom Kaliber der nachstehenden:

> Mir schutzn an Jackl in alle Höh,
> daß eahm's Weiß in' Augn vergeht,
> oans, zwoa, drei.

> Der Jackl, der hat a groß Paar Augn,
> der taugt uns wohl zum Geldaufklaubn,
> oans, zwoa, drei.

> der Jackl, der hat a große Nasn,
> der taugt uns guat zum Fuirohblasen (Feueranblasen)
> oans, zwoa, drei.

> Der Jackl, der is gar hoch geborn,
> hat wenih Hirn und lange Ohrn,
> oans, zwoa, drei.

Der Jackl macht's wia dee großn Herrn,
er hat dee schöna Menscher gern,
oans, zwoa, drei. etc.

Leider bringt Schmeller die ihm bekannten Jagglverse nicht vollständig. Sie hätten für eine Gegenüberstellung zu heutigen Jagglversen interessiert, wie etwa den nachstehenden, die ich hier buchstabengetreu nach dem bäuerlichen Manuskript wiedergebe, das mir über das Jagglschutzen im Garmischer Fasching 1912 freundlichst vermittelt wurde:

San inzer[1] oaner oder zwea,
wöller will gehn[2] Maideln gea?[3]
I ohber nid[4]
du ohber wohl,
das war (wäre) hübsch und das war doll,[5]
das gefühl[6] dem Maidele wohl.

San inzer zwea oder drei,
wöller holdat s Madele frei?[7]
I ohber nid
du ohber wohl,
das war hübsch und das war doll,
das gefühl dem Maidele wohl.

San inzer drei oder vier,
wöller zoahlt an Madele s Bier?
I ohber nid
du ohber wohl,
das war hübsch und das war doll,
das gefühl dem Madele wohl.

San inzer vier oder fünf,
wöller strickt an Madele Strümf?
I ohber nid
du ohber wohl,
das war hübsch und das war doll,
das gefühl dem Madele wohl.

---

[1] unser einer oder zwei; [2] gegen: zur; [3] welcher will zur Marie gehn? [4] ich aber nicht; [5] toll; [6] gefiele; [7] würde sie freihalten.

San inzer fünf oder sex,
wehler macht an Madele Zäpf?[1]
I ohber nid,
du ohber wohl,
Das war hübsch und das war doll,
das gefühl dem Madele wohl.

San inzer sex oder siebn,
wehler därf bein Madele liegn?
I ohber nid,
du ohber wohl,
das war hübsch und das war doll,
das gefühl dem Madele wohl.

San inzer siebn oder achd,
wöller macht dem Madele s Sach?[2]
I ohber nid,
du ohber wohl,
das war hübsch und das war doll,
das gefühl dem Madele wohl.

San inzer acht oder neun,
wehler will bein Madele sein?
I ohber nid,
du ohber nid,
das war hübsch und das war doll,
das gefühl dem Madele wohl.

San inzer neun oder zehn,
wehler wils Madele sehn?
I ohber nid,
du ohber wohl,
das war hübsch und das war doll,
das gefühl dem Madele wohl.

Zu diesen anscheinend sehr alten herkömmlichen Versen wurden noch einige aktuelle gesungen, die ich leider nicht ermitteln konnte. Das Garmischer Bezirksamt verfolgt die alten Volksbräuche, soweit sie sich (siehe Feuerscheibentreiben) der Praxis der erotischen Rü-

---

[1] Zöpfe; [2] obszön.

gesitten anschließen, sehr intensiv und das darum erwachte Mißtrauen der Burschen hat ihre Mitteilsamkeit wesentlich verringert.

Zum Thema Jagglschutzen erwähnt Schmeller noch einen andern Brauch: »Auch in Spanien ist das Prellen (*mantear*) von Hunden eine Fastnachtbelustigung.«

Auch der anonyme Schmähbrief fällt in das Kapitel »Schimpfen«. Aus rein folkloristischen Gründen habe ich einige dieser Wische gesammelt. Sie sind zumeist schwer verständlich wie die Mehrzahl aller bäuerlichen Briefe; aber vielleicht erhält der Leser mit Hilfe der Fußnoten doch einige Aufklärung über den Inhalt des nachstehenden Schreibens aus dem Chiemgau (Sommer 1911):

An die hochgeschpreiztzte[1] und die Knieeweite[2]
N. N.
Viziköchin[3] in Ratzing Post Prien

Wehrtes Liesl!

Ich häte von dir nicht so dum gehoft, das du dich mit den H. Dirdl[4] von Hitzing so ratschest bis die Geigerdirn richt schö hibsch aus[5] was ich höre. Schämme dich doch du bist ein Lausdirndl noch, dir hengen ja der duzl an wen du wieder in einen Tanz gehst,[6] und weilst auch von mir soviel gewust habt, du und die Burg und Nanni[7] von Hitzing mit diesen geht dir halt auch so da auf keinen kamst wie Sö du feindest die Geiger Mari wegen den Serfön an um Sonst, meinst Mari mag den Serfön den kanst schon haben is dir vergunt genug solchene sind herin der ist der Kropfniegl Schiechkagstie[8] den kanst du schon haben den möcht i einmal gar nie. Gib di nur mit H.dirdl an da komst schon recht hin, kein noch irgere ratschen kantest du nicht finden wie sie über andere Schimpfen so Schimpfens auch wieder über dich. Hörst schon sö die Geiger Cili wegen den Albert, wies so viele schimpfen üst auch ein Lüge von innen und erst über dich und du Cili die H. Nani von Hitzing was ich gehört habe.

ja grosartig zu leichter meini mächt er noch noch die Cili wie Nani die H. sind Ersteklase verschrien,[9] so das gar koan mir kring und du damit. zum ersten a rascht, zum zweiten nicht schön, zum

---

[1] hochgespreizt, hochmütig; [2] knieweit: mit auseinandergehenden Knieen (zum Geschlechtsgenuß bereit); [3] Hilfsköchin; [4] Dirndl; [5] sie erzählte Schlechtes von dir; [6] der Kindsschnuller hängt dir noch beim Tanzen um den Hals (du bist viel zu jung zum Tanzen); [7] Walburga und Anna.; [8] der Kropfige mit den häßlichen Beinen (schief gehaxt); [9] sind erster Klass' (durchaus) verschrieen.

dritten Saudum und doch recht viel einbilden und auch nicht mehr haben wie ein anders und überal wo was is lafft mit wie eine Leifiger Hund.[1] Einen Solchen wie den Grigst und keinen andern du und Haisen Dirndl Weil ihr gar so gescheit seid.

---

[1] sie läuft überall hin (wo Burschen sind), wie eine läufige Hündin.

Das Mensch.

Über diesen in der bäuerlichen Sprache für Frauenzimmer feststehenden Ausdruck schreibt Schmeller: der Ausdruck erscheint schon im Jahre 1324 (*Mon. Boica* VI, 414): »Fünfe mensche die unser aigen leut gewesen sint, daz ist Mathilt die Weberin, jr zwo tochter Reikart und Agnes die Schererin und derselben chint, daz Ch... (vermutlich auch ein weiblicher Name) gehaizzen ist, und jr mueme Diemuhde.« Ein nettes Wortspiel in Stelzhamers »Da Mansüchtö« (der Mondsüchtige) p. 49:

»Und as schreit aa kain Mensch, mein!
'n Menschern is's recht,
wann ma kraxlt und steigt,
daß ma's Gnack bröcha mecht.«

»Mensch« ist dann eine unverheiratete Weibsperson, ein erwachsenes lediges Mädchen, im Gegensatz zur ledigen Mannsperson (dem Buben), auf dem Lande ohne allen verächtlichen Nebenbegriff. D' Rouwecker Menscher, die Rohrbacher Mädchen; der Bua und sei Mensch, der Bursch und sein Mädchen; a schöns, a saubers, a wüasts, a wilds, a schiachs, a schialichs Mensch.

Schon 1580 ward (nach *Lic.* Müller in seiner Anordnung zur Fronleichnamsprozession, Westenrieder: Beiträge V *pag.* 124) von der Jungfrau, welche die Maria unterm Kreuz am kläglichsten vorstellte, allgemein gesagt: »diß Mensch wirt glickh haben, diß Mensch ziert die Procession nit wenig.« Als Rebekka wird ebendaselbst (*pag.* 145) des N. N. »Kechinn gar ein froms zichtigs wohlbettendes schöns Mensch« angeführt.

»Das gab mir das mensch mein« (meine Geliebte), *Cod. germ. Monac.* 714, *fol.* 209.

Im Sprachgebrauch des bayr. Waldes bedeutet Mensch selbst ein jüngeres Mädchen: »Ma Vada hat drei Boum und drei Menscha« (Töchter).

Endlich ist Mensch das Dienstmädchen, die Magd, die Dirne; das Obermensch, das Andermensch, das Kindsmensch usw. »Ihr

Dienstmägd und Frauenzimmer-Menscher habt (zu Patroninnen) die h. Agatoclia, die h. Dula, die h. Blandina, die h. Christina«, Pater Abraham *à santa Clara*: Gack, Gack, Gack. »Eine fürnehme Fürstin zu Wien schickte ihr Kammermensch ins Augustiner-Kloster, zu fragen, von was P. Abraham künftigen Sonntag predigen werde«, Schreger's Zeitvertreiber.

In den Städten (und in neuerer Zeit mehr und mehr auch auf dem Land) hat der Ausdruck »Mensch« wie im Hochdeutschen eine verächtliche Bedeutung.

Die Menscherkammer: die Mägdekammer. »In der Menscherkammer hat's gweitzt!« (gespenstert), sagt man, um einen männlichen Besuch bei einer Magd anzudeuten. »Da hast d' Ehhalten gsehgn, wann sich in der Menscherkammer nix rührt!« – Die Dienstboten laufen davon, wenn sie keine Gelegenheit zum Beischlaf haben.

In den folgenden beiden Vierzeilern (aus einer älteren Ammergauer Liederhandschrift) wird »Dirndl« und »Mensch« so gegenübergestellt, daß der letztere Begriff fast eine Nebenbedeutung gewinnt:

Aen schon Röden abfel
ein Stingl obin auf
in der samstä nacht han ih
mein Diendöl ferkhaufft.
ie hanß ia ferkhaufft
um än schönin dugatin
sö dä hast du dei gelt
ih kans schmensch nid khradin.

(Einen schön roten Apfel,
einen Stengel oben auf,
in der Samstagnacht hab ich
mein Dirndel verkauft;
ich hab's ja verkauft
um einen schönen Dukaten,
sieh', da hast du dein Geld,
ich kann's Mensch nit geraten!)

Überhaupt scheint das Wort »Mensch« im Vierzeiler seine harmlose Bedeutung zu verlieren; während das rein lyrische, das verliebte und freudige Schnadahüpferl vom »Deandl«, vom »Schatzerl« und vom »Madl« singt, bringt das dramatische, trutzige, beleidigte oder

frech erotische fast stets den Ausdruck »Mensch«. Drei aus vielen
Beispielen:

> Und wia will ih denn heiratn,
> und wia pack ih's denn oh –
> und sie ham dee schön Menscher
> in's Kloster neitoh.
>
> Aber aus is's mit mir,
> und mei Haus hat koa Tür,
> und mei Tür hat koa Gschloß
> und mei Mensch bin ih los!
>
> Der Kaiser hat auffigschriebn,
> er brauchat Soldatn,
> mir Salzburger Menscher
> könna d' Büablan net gratn.

Über die Qualitäten eines Mädchens gibt ein Kunstlied im Volkston
Auskunft:

Und a gschnippige, gschnappige, dalkete, dappete, na, da is's aus, muaßt es ham in dein Haus.	eine naseweise, vorlaute, törichte, läppische …
Aber a willige, billige, rührige, gführige, da is 's a Lebn, koh koa lustigers gebn.	willige, rechtschaffene, rührige, anschmiegliche …
Und a grantige, hantige, hitzige, stützige, da dank ih schön und da könnt's oan vergehn.	übelgelaunte, gallige, hitzköpfige, widerspenstige …
Aber a schneidige, freudige, tüchtige, richtige, dee werd mei Wei, ja da bin ih dabei.	frische, freudige …

Dazu noch die Begriffe »resch«, resolut, kernfrisch, »dantschig«, nett (a Dandy?), zutunlich und »patschierlich« (beigeschirrig, sagt Schmeller, von Pferden, die gut nebeneinander gehen; oder von poussierlich?)

»Frauenzimmer«; so üblich das Wort auch einmal war, klingt es im Dialekt von heute fast so übel wie im Hochdeutschen. Darum sagt man von älteren zänkischen Frauen wohl: »dees Fraunzimmer«, »dees Fraunziefer« oder kurzweg »Ziefer« (Ungeziefer?).

»Jungfrau« sagt man zu einem Mädchen nur im Scherze oder bei feierlichen Anlässen, in denen sich der Pfarrer oder der Hochzeitslader des (Bestimmtes bezeichnenden) Ausdruckes bedienen. »A Jungfer is a stoaniger Acker mit an stumpfatn Pfluag« – deutet die Unfruchtbarkeit in guten Vergleichen an.

> Auf der Alm drobn is's lustih,
> is allaweil Dult;
> wann's Deandl noh Jungfrau is,
> ih bin net schuld!
>
> (Bei Schmeller: wann's Dianal koa Jungfrau is,
> bin ih net schuld.)
>
> Aber am Tegernsee
> hat's schon a Eis –
> daß a schöns Deandl Jungfrau bleibt,
> dees kost an Fleiß!
>
> (Entweder eine *contradictio in adjecto*, oder es ist der Fleiß der aufpassenden Eltern gemeint.)

Im Scherz sagt der Bursch zur Kellnerin fast immer »Jungfrau«, wenn er auch bei ihr die gegenteiligen Qualitäten annimmt; denn: »a Kellnarin ohne Kerl is wia a oaschichtiga (einzelner) Arschbacka!«

> Dee gar so schö Kellnarin
> tuat d' Krüagl waschn –
> sie mecht noh a Jungfrau sei,
> tuat allweil naschn.
>
> Und d' Kellnarin liabn,
> und koan Durst nimma leidn,
> und an Wirt schö betrüagn,
> na derspart er sih d' Kreidn.

> Wer a Kellnarin liabt,
> der is zehnmal betrogn;
> wann s' elfmal tuat schwörn,
> na is's zwölfmal verlogn!
>
> Der a Kellnarin liabt,
> Bua, den schaug dir oh:
> Spadifinkerl, Spadifankerl (Teufel),
> du kriagst'n schoh noh.
>
> Der schneeweißi Schaaber (Schurz),
> der hat mi verführt,
> sunst hätt ih meiner Lebtag
> koa Kellnarin gliabt.
>
> Und der Kellnarin sei Britschigaggerl (*vulva*)
> und der Kellnarin sei Kreim (Kreide),
> warum soll a jungs Bürscherl
> koa Oasigl net bleim (bleiben).

Die Sennerinnen, die der schematische oberbayrische Roman als junge, schöne und wohl auch noch über alle Begriffe züchtige Mädchen hinstellt, erweisen sich bei näherer Besichtigung als etwas andere Weiblichkeiten. Es ist selbstverständlich, daß der Bergbauer zunächst ein festes erwachsenes Weibsbild für die manchmal Anstrengungen fordernde Almwirtschaft auserwählt; außerdem zieht er aus begreiflichen Gründen – zum Leidwesen der Jäger und Holzknechte – die ältern und häßlichern vor. Es gab und gibt wohl auch jüngere nicht gerade häßliche Sennerinnen; aber ihr Ruf war und ist darum schon nicht der allerbeste:

> D' Senndinna san lauter Trümmer –
> wer s' net gsehgn hat, der glaabt's nimmer;
> im Schattn sitzn und maultrummln,
> aft beim Buabn ummerschummeln. (Schmeller.)

Etwas übertrieben sind die Aufstellungen in Otto Pflanzl's »Auf da Ofnbänk« (Salzburger Mundart):

> A saubane Sennrin
> triafst seltn wo an.

Meistns auschiach,
koane Zähnt, koane Hoar,
und alt is a niade
zwischn 50 und 70 Joahr.

Ein älterer Tyroler Ausdruck für noch jungfräuliche Mädchen ist »Gitschlan«. (Bei Schmeller bezeichnet »gitscheln« verhätscheln.) In einem Volkslied über die Franzosenzeit heißt es:

Ös Weiber und Gitschlan habts acht,
Daß enk der Franzos net aufacht,
Denn der ischt soviel keck,
der reißt dee Bruschtfleck weg.

Aus dem nachfolgenden kurzen Kartengruße mag man noch eine ganz eigenartige Ansicht über Jungfernschaft kennen lernen:

An
      Freulein Ana X.
      Taubenberghof Post Talham

Liebe Freundin. Hir schicke ich das versprochene Kärthchen mit all unsern Hausbewohnern. dein Ideal[1] gefält mir sehr aber ich hätte keine Schneid mehr ich meine Sie sind alle gleich. Es geth mir Allein besser ich bin seid dieser Zeit ganz unschuldig[2] du hast es nicht so lange ausgehalten. Ich wünsche viel Glück und Segen Grus K.

---

[1] die beiden Dirnen haben ihre Dienstplätze vertauscht und die Kartenschreiberin findet nun den Geliebten ihrer Freundin vor; [2] eigentlich müßte die Schreiberin dieser Redewendung zufolge sieben Jahre keinen sexuellen Verkehr gehabt haben. »Nach siebn Jahr is ma wieder a Jungfrau«, sagt man in Oberbayern.

Der Busen.

Der dem Hochdeutschen angepaßte Ausdruck »Busam« wird selten gehört. Wenn ein Bursch sich Griffe an den weiblichen Busen erlaubt, hört man: »Hand von der Buttn (Bütte), san Weibeerln (Trauben) drin!« In der Regel wird die weibliche Brust das »Herz« genannt. Der Bursch greift der Kellnerin »an's Herzl« und rät ihr – wenn es schlapp ist –: »auffi schiabn, auffi schiabn.«

> Deandl, wannst mih willst liabn,
> muaßt dei Herz auffischiabn.

Ein Mädchen hat »a schöns Herz her«. Schmeller findet den Ausdruck schon im XV. Jahrh. (Nunberger Brevier) in der gleichen Bedeutung: »Sälig sind die frawn di nit gepernt und die hertz dye nit saugent.« In den 80er Jahren halfen »Gummiherzen« den weiblichen Körper vervollständigen, wie der »Pariser Arsch« oder »'s Pariser Quartier« (*cul de Paris*) die Rückfront auch bei ländlichen Schönen verbessern mußte. Ein anderes Mittel:

> Bist du deessell Deandl,
> dees d' Buama so foppt?
> Du hast ja dei Herzl
> mit Sagkleibn ausgschopft!

Schmeller zitiert:

> Dee Madln verbergn
> eahna Herzal net mehr,
> wann s' gleih net viel ham,
> so zoagn sie's her.

Holz bei der Wand haben: starke Brüste haben.

> Schö hoch is's in Bergnan (in den Bergen),
> schö ebn is's im Land,

und an almerischs Deandl
hat Holz bei der Wand!

(Auch wörtlich hat die Almerin einen größeren Holzvorrat an der Sunnwand ihrer Hütte aufgespeichert.)

Vulgäre Ausdrücke: Duttn, Duttln: »'s Deandl hat schier koa Duttn, als wia a galte Bach (unfruchtbares weibliches Schwein)«; Milligschirr; Bunzn; Lampn (eigentlich die Zitzen des Mutterschweins); Schmeller zitiert aus der Sprache des Bayrischen Walds: »Deck dih zua, lass' d' Lampna net so aussa henka«; »d' Lampna auffi schnürn«.

Die Menses.

Mei Vater hat an Huastn,
mei Mutta an Katarrh,
's Deandl hat an Schuaster,
drum is's Hemad so starr.

Der merkwürdige Ausdruck »an Schuaster ham«, »den rotn Schuasta ham«, für die Bezeichnung der monatlichen Zeit, stammt wohl daher, daß die Frauen in diesem Zustand nicht mehr barfuß zu gehen wagen. Wenn eine »in d' Schuach kemma is«, so hat sie ihre Zeit; vielleicht mußte der Schuster vorher zu ihr auf »die Stöhr«, um die Schuhe für diesen Fall auszubessern.

Die bäuerliche Schnurre erzählt: Hat der Veichtl mit der Kathl tanzt, am Kirta z' Höcharoa, und wia s' hoam san auf d' Nacht, hätt er gmoant: »bei der Hollerstaudn, da gaang's!«

»Nana«, hat sie gsagt, »es geht net, i hab mein Schuaster!«

Hat aber da Veichtl aufdraaht: »so Luader, und voh mir laßt dir's Bier und d' Würst zahln und laffst mit so an windign Schuasta?!«

In einem kleinen dramatischen Gedicht läßt Dr. C. Müller den Lehrer fragen:

SCHULLEHRER: Everl, woaßt's sell Gschichterl noh,
was hat der barmherzih Schuaster toh?
EVERL: Er hat den krankn Mann gelabt –
d' Sepherl (Josefa) hat'n gestern ghabt.

Synonyme Ausdrücke: die »Jungfer Kattl ham«, den »rotn Kini ham«, die »Gschicht«, die »Regl ham«; »kotih sei«, kotig: in dem Haberfeldtreiben gegen den Pfarrer von Irschenberg (Queri, »Bauernerotik«, *pag.* 115) sagt der Weber zum zudringlichen Pfarrer:

… koh heunt nit sei,
is Tochter ganz kothig,
koh der Schnückl nit aus und ein …

Sperma: »der kalt Baur« oder die »kaltn Baurn«. Das Wort scheint die ursprüngliche Bedeutung (für Onanie, wie Schmeller noch deutet) vollständig verloren zu haben.

Genitalia.

Das Gmacht: das Gemächte, *genitalia*. Schmeller schreibt: die Gemächten (*plur*). und ein *femin. sing.* die Gemächt voraussetzend, daneben auch das Gemächt, *genitalia* (gleichsam *vis, compotentia*) *viri.* (*cf. Lex Virigoth.* III 5, 7: *castrationem virium perferat.* Graf II, 615, Benecke-Müller I, 9. Weigand Wbch. I, 411 etc. gimacht, *sing. fem.: penis plur.* gimachti, *testiculi, virilia*).

»Wem ain kind zeprochen, der nem Synaw ... hab es also warm zw den gemächten«. »Wem dy gemächt ausgern«, (Wohl Hoden: Hodenbruch) *Cod. germ. Mon.* 4543 *fol.* 84. »N. N. ist an denen Gemächten verschwollen gewesen«; Benno-Mirackel von 1697. Einfacher sagt der Fechtmeister Talhofer die Macht: »Fall im mit dem Knie in sin Macht«. – »Da einen der zagel abfulen wolle: ... ob eime Menschen die macht fulet«; »Macht, *inguen*«; *Voc.* von 1429. Wohl nur *abusive* steht im *Voc.* von 1419: »frawen gemächt, *feminale*«. – »Das weib sol das gemächt oft damit reiben«, (um die Menstruation zu fördern); *Cod. germ. Mon.* 4543, f. 94. »Welche frowe das essen an der macht het«; Aufseß. Handschrift. »Etlichen Jungfrawen wirt ir macht gar wit von der grosse des mans ruotten«; *Cod. germ. Mon.* 4214, f. 51. »leg sie also warm ober die macht des weibes (das chindes nit bald genesen mag)«; *Cod. lat. Mon.* 4395, f. 197.

Das Wort Gmach ist heute selten geworden. Es wird lediglich in Beziehung zum Raufen (»in's Gmach stossn«) oder bei Schilderung eines Leibschadens gebraucht.

Fud (die weibliche Scham).

Schmeller vergleicht mit dem altbayrischen Ausdruck (mhd. vut) das schwedische födslen (*gignere*) und das altsächsische fuodan (*parturire*) und bringt aus älteren Codices die folgenden Belege:

»Man mag sich nütz erdenken
daz sich tiefer müg gesenken
in meines herczen grund und mut
als ain gutu fud tut.«
(Cod. Dresd. 68.)

»Ez wart nie so schoenez wip
und hete si der vut niht,
ir schoene waere gar en wiht.«
(D. weiße Rosendorn, v. d. Hagens Ges. Abent. III. 25.)

»Ein weib nach wunsch
hübsch als ich sag
sol haben ein haubt
hoflich nach brag,
zway prystlein rund
nach oesterreich,
ein peuchlein vain
nach frankreich,
zwai weisse füessel
von dem rein,
von bayrn sol dy fut sein
und ein grosser ars von Schwaben.«
Cod. lat. Mon. 388, fol. 173a.)

»Da lag ein groz wunder an,
daz da haisset weibes schame,
fud ist ir name,
die was braiter dann ain bernhut.«
(Wilhelm v. Or. III., Cod. germ. Mon. 231, fol. 191.)

»Schön frawn augen plickh,
fut hays und ars dickh,
mundlein rein und wanglein rot
pringt manigen in großen not.«
(*Cod. lat. Mon. 11782, fol. 22.*)

»Ein weitz loch und ain clainer nagel,
ain groß fut und ain klainer zagel,
die Ding fügen nicht zusammen.«
(*Cod. germ. Mon. 270, fol. 85.*)

»Ein ay ist ain mundt vol,
das ist ains
ain prüstlin ist ain handt vol,
der sind zwai
ein weib ist ein Arm vol,
der sind drew
ein ars ist ein schos vol,
der sind vierw
ein fud ist ein nymmer vol
der sind funew.«
(*Cod. germ. Mon. 379, fol. 95.*)

»Fut und hunt,
die haben ain weiten slunt.
Wievol sye sint vol
dennoch ist in mit dem genesche wol.«
(*Cod. germ. Mon. 821, fol. 34a.*)

»Wan man jr junge höner bringt, so sprechent sy: plib herhaim als die fud pey meinem pein«, G. Vintler; Grimm, Mythol. (Bauernweiber wollen damit die Hühner an ihren Hof bannen.)

»Seyd man plozz füd sard (bloße Schamteile scheert)
und machet ritter an part.
und weyhet pfaffen ungelert,
seyd hat sich dy werlt verchert.«
(*Cod. germ. Mon. 4611, fol. 54.*)

»Das zaichen tund die wolf und die fuchs und die hasen, welches hoden hat das saicht auß der fart, aber welches ain fud hat das saicht in die vart.« (*Cod. lat. Monac.* 4373, *fol.* 119.)

Fud gilt auf dem platten Lande auch als Bezeichnung für Weibsperson, meistens aber im verächtlichen Sinne. Das »Gfüda«, Kollektiv für Weibspersonen. Besonders wegwerfend ist das Wort, wenn es auf eine Person männlichen Geschlechtes angewandt wird wie das hochdeutsche Wort Hundsfott (Hundsfut). Das Hundsfüdlein: ehemals bei den Frauen eine nachlässig aufgedrehte Haarlocke.

fudnackat: splinternackt. »Thut sie doch selbs so ermklich leben, daß sie schier gar futnacket geht.« (G. Sachs.)
fudneidi: eifersüchtig.
Füdle: die Scham eines Mädchens. »Fiedle« ist der schwäbische Ausdruck für podex.

Eine Scherzfrage: welche fünf Körperteile des Weibes fangen mit »Pf« an?
Antwort: Pfinga, Pfüaß, Pfotzn, Pfut und Pfarz (*Anus*). (In der Aussprache des platten Landes assimilieren sich d'F zu Pf: d'Finger, d'Füaß, d'Fotzen, d'Fut, d'Farz.)
So wie das männliche Glied oft lediglich mit »Er« bezeichnet wird, ist die weibliche Scham »Sie« (– wie im täglichen Leben der Bauer und die Bäurin über einander von »Er« und »Sie« reden: »Dees werd ›Er‹ macha, wann er hoamkimmt;« »d' Hennan genga ›Sie‹ oh«). Man hört auch: das »kloa Schwesterl«, das »kloa Brüaderl« scherzhaft für die Genitalia des Weibes und des Mannes. Wie das »Er« und »Sie« kommt das »Einer« und »Eine« vor:

> Aba's Deandl hat a grossi,
> a verteufiti grossi,
> a mörderische –
> Liab zu sein Buam.

> Und da Bua hat an langa,
> an verteufitn langa,
> an endlanga –
> Weg hi zu ihr.

Unter einer harmlosen Abbildung, die man sehr häufig auf Bierkrügeln findet (Landschaft mit Kapuziner und einem geschämig tuenden Bauernmädchen) steht der Satz: Deandl, magst'n Segn? Der Bauer liest natürlich lächelnd: Deandl, magst'n sehgn?

> Und's Deandl hat oani,
> wo der Wind außergeht,
> und sie brauchat an Buam,
> dem er allaweil steht.

»Heunt geht's mir wieder gar net zsamm«, hat d' Bäurin gsagt, und hat oan Fuaß am Tisch drom ghabt.
»Sie tragt's auf d' Schrann, da kriagt s' mehra« – hörte ich über ein Mädchen erzählen, das im Verdacht stand, mit Sommerfrischlern (daher die städtische Schranne) in intimem Umgang zu stehen.
»Ih schick dir's schoh mit'n Postbot!« – Du bekommst »Sie« nicht.

Um von den sehr zahlreichen scherzhaften oder rohen Bezeichnungen für die Scham des Weibes die hauptsächlichen herauszugreifen: Gridl (Gabel), Wachtl, Fumml, Britschn (eine »faule Britschn«: eine Magd, die lediglich ihren sexuellen Gewohnheiten nachhängt), Taschn (auch für Mädchen angewandt; ein »Taschnmacher« ist der Vater vieler Töchter), Kachl (Geschirr, insbesondere die Soachkachl), Geign (»sie hat d' Geign net vüranand toh«, sagt ein Bursch, der wegen Notzuchtsversuch angeklagt ist), Mullhaubn (Haube mit einer Verbrämung von Katzen-[Mudl-]Pelz), Groadl (wie »Grittl« die Reitlage der Beine: »da muaß der reichst Hof hi wern, wann d' Bäurin d' Groadl in d' Knechtkammer tragt«), Brunzkachl, Pumpl, Klumbsn (Spalte), Wieserl, Wiesiwiesi, Flohgruabn etc. »A Kuahbritschn« ist eine weite Vulva im Gegensatz zur »Zwickabritschn«, einer zusammenzwickenden. Ein »z'klobner Bua« ist ein auseinander geklobener Knabe: ein Mädchen. Das »Pelzl«: die Schamhaare, auch »Mias«, Moos. »Jungfernhäutl«: Hymen. Von einer bereits sehr anrüchigen ländlichen Schönen hörte ich sagen: »dee konn mit ihre Futlappn d' Stubn auswaschn, braucht sih blos an Bodn hikniagln!«

Schwangerschaft und Geburt.

Das Wiesel gilt als das unschuldigste aller Tiere, wohl darum, daß es ein schneeweißes Fell hat. Seiner Keuschheit wegen hatte es die Gabe, den bösen Basilisken durch einen Blick zu töten; es empfängt und gebärt nicht nach anderer Tiere Art: durch's Ohr wird es in geheimnisvoller Weise befruchtet und durch den Mund gebärt es. Diese Legenden gaben wohl Veranlassung zu der Redensart mit der man eine ledige Schwangere belästigt: »hat dih wohl a Wiesl ohblasn?«: d.h. du hast wohl unbefleckt empfangen?

Das Mädel ist also »ohbummst« (angepumpert), »hopps«; sie ist »zuarikemma«, wie die Kuh zum Stier zugekommen ist. D. h. wenn man die Kuh zugetrieben hat, so erfolgte im Stall eine legitime Zeugung; auf der Waid aber ist eben die Kuh »zuarikemma«. Und so sagt man von einem ledigen Mädchen auch: »is halt auf der Woad zuakemma«. Der Bursche, der dran schuld ist, hat »ohbaut« – geackert und gesät. Er ist »z' früah an den Tupfer kemma«, wie ein Schütz, dem ein Schuß zu früh losgeht; er hat »'s Radl laffa lassn, laffts', wia's mag« – das Glücksrad nämlich. Und da ist ihr »der Schurz bucklt worn« und »der Ranzn voll«, oder die »Wampn«.

> Deandl, wannst heiratst,
> so heirat an Schneider,
> werd dir der Kittlzeug z'eng,
> macht er dir'n weiter.

Auch bei verheirateten Leuten gebraucht man einige dieser Ausdrücke; wer mit Kindern in die Ehe tritt, »der hat vorg'haust«, vorgesorgt. Wenn eine Frau jedes Jahr in die Wochen kommt, sagt man von ihrem Manne: »der braucht aa bloß d' Hosn über d' Bettstatt hänga, na hat sie's schoh« – ehe es also überhaupt zum Beischlaf kommt. Das Gegenteil von solch einem Zeugungskräftigen ist der »Blachawascher«, der mit seinem Samen nur die Plache (Bettleinen) beschmiert. Die Frau hat dann umsonst einen »Bettwärmer« geheiratet. Vielleicht hilft ein »Türkl« aus, der nach Türkenart mehrere

Weiber hat und der »d' Schoatn beim Stock laßt«, den Apfel beim Stamm, indem er verheiratete Weiber schwängert.

Dann gibt es Männer, die »d' Ohrwaschl eisaama«, die Ohren des bereits im Mutterleib sich regenden Kindes einsäumen. (Diese Redensart kommt auch im Französischen vor: *faire des oreilles*, siehe *Contes Secrets de la Picardie*, Kryptadia, vol. XI.) – Die Schwangere darf vor keinem Menschen oder Tier erschrecken, weil sie sich sonst »verschaugt« und ein Kind mit Zeichen auf die Welt bringt.

Und nun ist die Frau »hinteri kemma«, sie hat sich zum Zwecke des Entbindens in die hintere Kammer des Hauses zurückgezogen. »Eine Wohlhabende«, schreibt Schmeller, »bleibt sechs Wochen hinten, bis sie wieder fürhin geht.« Oder sie »is nach Rom groast« – eine bildliche Reise. Wenn's einer Pfarrersköchin passiert – und daher kommt das Wortspiel – so verschwindet sie zur rechten Zeit, bevor die Sache »aufmährig« (stadtbekannt) wird, unter der Vorgabe, nach Rom zu wallfahrten.

> Ei, du mit dein Kranzl,
> und jetz muaßt es schoh leidn,
> und jetz muaßt deini Hemmada
> in Windl derschneidn!

Und nun kommt das »Entbinden«, in rohen Redensarten »katzln«, »werfen«, »ausschütten«. »Der Ofa is eigfalln«, sagt der Bauer lustig, wenn ihm ein Kind geboren wurde. Aber wenn ein lediges Mädel vom Wochenbett aufsteht, heißt es: »Unkraut verdirbt net – wern ehnder zwoa draus!« »Sie hat halt net nachgebn, bis s' net an Bammsn (Bankert) derfragt hat«.

Die »Hewammin«, die da und dort auch »Stubnlampifangerin« (Stubenlämmerfängerin) und in Oberammergau das (aus der Kofelhöhle die Kinder bringende) »Koflweible« heißt, tritt in ihr Amt und eine Verwandte »wartet« die Wöchnerin »aus«. Der Sprachschatz der Städter würde das Thema noch weiterführen auf die »Nachgeburt«. Von einem Tunichtgut sagt er: »wär gscheidter gwesn, 's Kind wegwerfn und die Nachgeburt aufziehn«. Von der Geburt der Dummen weiß er zu sagen: »den hat a Esl beim Scheissn verlorn«, oder »den hat a Handwerksbursch an Baam higwichst und d' Sunn hat'n ausbrüat'!«

Penis.

Schmeller schreibt: Das Wort »Schwanz« kommt schon im Mittelhochdeutschen mitunter statt des damals gewöhnlicheren »zagel« vor. »Der trach zoch mit sime swantz dz dirteil der sterne nach üme.« (Haupts Zeitschrift VII, 145.)

> »Der rock ist kurz, da pristet tuoch,
> des sicht man im die swarz bruoch ...
> da schouwet man den liben swantz,
> der henget an dem ruoch
> und ist gelich einem gouch.«
>   Altswert, 52, 24

Was dem mittelhochdeutschen »zagel« und dem altlateinischen »penis«, ist auch userm ursprünglich ganz ehrbaren Wort begegnet: es ist aus einem anfangs nur verblümten hypokoristischen in den niederen Klassen allmählich zum eigentlichen Ausdruck geworden und wird deswegen in der Folge wie das frühere »zagel«, auch in der unverfänglichen Bedeutung, wohl ganz aus der Sprache verschwinden.

Der Ausdruck Schwanz findet sich schon um 1455 bei Georg Zobel (*Cod. Germ. Mon.* 568, *fol.* 258); aber sicher meint der ehrenfeste Ritter Dietrich von Plieningen im gedeutschten Catilina, Kap. 14, sich vor seinem Kaiser und Herzog durch Schwanz noch ehrbar auszudrücken. In dem äußerst züchtigen Arzneibuch Progels (Manuskr. aus dem XV. Jahrh.) heißt *fol.* 113 b eine Rubrik: »Wem sein swantz wee tu von frawn oder sunst.« Eine aus gefüllter Milz bestehende Speise habe ich einmal einen umgekehrten Bauernschwanz nennen hören (diese Art von Milzwurst nennt man heute noch so) von einer kochkundigen weiblichen Person, die wohl noch so unschuldig als jung war. Heutzutage läßt man bereits einen unschuldigen Familiennamen Wagenschwanz in Wagenschwang umdekretieren, und statt Schwanzschraube wird ganz ehrbarlich Schwanschraube gedruckt.

Die gemeine Volkssprache, fährt Schmeller fort, scheint indessen vorderhand noch nicht auf derlei Zimpferlichkeiten eingehen zu wollen. In ihr spielt Schwanz eine nicht minder bedeutende Rolle als *carajo* und *cazzo* in der des Spaniers und Italieners. Es ist zu einer zwar geringschätzigen, aber sonst unbeleidigenden Benennung alles dessen, was männlich ist, geworden (Birlinger 405. Zeitschrift IV, 158). In der bekannten »Schwanzpredig« (einer treffenden Satyre aus den 70er Jahren des 18. Jahrh.) heißt es: »vor allem ist es in dieser Gegend schon der Brauch, daß einer den andern einen Schwanz heißt: ja dieses Wort Schwanz (pfuy Teufel) ist unter euch so eingeschlichen, das selbes im Wirtshaus, auf der Gasse, im Stadl und Stall, und kurzum aller Orten gehört wird. Überall fliegen die Schwänz herum. Die Buben in der Schul haben schon neulich ihren Schulmeister einen Schwanz geheißen, auch sogar in der Kirche oben auf der Bar hat einer am verwichenen Kirchweihtag laut aufgeschrien: du Schwanz, was druckst a so? Es heißt jetzt insgemein, wenn ihr einander drohet: wart du Sauschwanz! oder wann ihr einen mit dem andern rauffen zusehet: wehr dich, du Biberschwanz! oder so ir einen verachten wollt: Schau, du Katzenschwanz! Aber nur Geduld, ich will euch heut schwänzen, daß ihr an mich denken sollt!«

In dem sprachverschwisterten Österreich scheint das fragliche Prädikat nicht so beliebt zu sein als bei uns. Sonst könnten die Eipeldauer Briefe von 1805 nicht sagen: »Itzt habn die Barn 's Griß. Die barischen Hausknecht werden ordentlich verstagert, und je öfter aner sein Herrn an Schwanz heißt, je besser zahlt ern. So hat auch die barisch Sprach 's Pre: man hört schon dort und da von Damen: 's reißt mir im Wamperl, heut tut mir der Schedel weh, und: tretens mir net aufs Haxel, Sie Schwanz!

Du Schwammerling!: du Schelm! Schmeller meint, der Ausdruck sei eine zimperliche Umgehung der Bezeichnung: du Schwanz!

In dieser Bedeutung hörte ich das Wort auch in einem Hochzeitsgstanzl, das der Vater des Bräutigams zum besten gab:

>Mei Schwiegertochter hat a Feini,
>in der Mitt hat s' a Ding,
>da muaß a heunt noh eini,
>der Schwammerling.

Der bekannte »Schwammerling von Dingolfing« wird in obszönen Drucken in der Form eines *Penis* abgebildet, obwohl eigentlich das »Schwammerlinglied« nichts Obszönes an sich hat.

> Drei Stunden hinter Dingolfing,
> da steht ein großer Schwammerling –
> o Schwammerling, o Schwammerling,
> du machst mir schwer das Herze!

Dieser heute noch vielgesungene Vierzeiler hat sich wohl als Fragment des nachfolgenden alten Komikerkouplets erhalten:

> Jüngst stieg ich einen Berg hinan,
> es war im Maienfeste;
> ich hatt mein neues Beinkleid an
> und meine neue Weste.
> Und an dem Pfade, wo ich ging,
> da wuchs ein schöner Schwammerling,
> gestaltet wie ein Herze.
>
> Da dacht ich an mein Liebchen, ach –
> und an ihr treues Herze;
> sie ist jetzt weit von hinnen – ach! –
> zu meinem bittern Schmerze –
> drei Stunden hinter Dingolfing,
> o Schwammerling, o Schwammerling,
> du machst mir schwer das Herze!
>
> Ich hatt die Pfeife in der Hand
> und sie vor sich den Teller,
> als ich die Liebe ihr gestand
> da drauß im Mutzbräukeller,
> und dann sie zärtlich umfing –
> o Schwammerling, o Schwammerling,
> du machst mir schwer das Herze!
>
> Drauf holte ich sie jedesmal
> des Sonntags um halb viere;
> ich trug am Arme ihren Shawl,
> sie zahlte mir das Biere –
> was war die Lor' ein gutes Ding! –
> o Schwammerling, o Schwammerling,
> du machst mir schwer das Herze!

Für das *membrum virile* gibt es natürlich nicht weniger Bezeichnungen als für die *vulva*. Am bekanntesten sind: Schwoaf, Reama, Saureama (Riemen), Fudnagl, Prügl, Zipfl, Paradiesbaam, Stutzl (ein kleiner *penis*), Zipperdäus (Zebedäus), Pippl, Nudl (aus dem Österreichischen), Adamsstecka, Daamerl (Däumling), Schlankl (Spitzbub), Spürtatzla (Spürtätzchen), Hemadlenz (Lorenz im Hemd), Banganett (Bajonett), Klachl (ein großes Membrum) usw. Das Wort Schniggl, das im Schwäbischen »lange Nase« bedeutet, ist im Altbayrischen *penis*.

»Muaßt denn allaweil mit dein Reama arbatn!« schimpfte ein Bauer, als sein Sohn wieder eine Magd geschwängert hatte. Der Sohn: »Vata, mit'n Ingräusch (Eingeweide) geht's net.« *Penis* heißt auch der »Tauberer«, wie das Hosentürchen »Taubnkobl«, Taubenschlag, genannt wird. »An Kobl zuamacha, künnt der Tauberer ausfliagn!« sagt man zu einem, der das Hosentürchen offen hat. Wenn man aber einen alten Mann auf diese Toilettennachlässigkeit aufmerksam macht, heißt es: »wo a Toter im Haus is, muaß ma d' Fenster auf ham!«

Die Hoden heißen »Oar« (Eier), »Gaggerln« (do.), der »Beudl«, der »Seckl«.

Ein Hindelanger Jäger hatte einen sehr hohen Jagdherrn zu begleiten. Als ein schöner Gambsbock in Schußweite kam und der Jagdherr nicht sofort zum Schuß aufzog, ereiferte sich der Hindelanger:

»Schiaß, Regent, bygott, schiaß! Sell ischt a Bock, an Säckhl hat er wia a Stadtpfarrer!«

Der Inhalt zahlreicher erotischer Schnaderhüpferl, in denen das *membrum virile* behandelt wird, ist selbst für den Altbayern nicht ohne Weiteres verständlich. Z. B.

> Drei von Sachsnkamm
> und fünf voh Hartpenning
> ham 21 Mark
> und 22 Pfenning.

Der Leser meiner »Bauernerotik« erinnert sich vielleicht eines auf Seite 141 verzeichneten Schnaderhüpferls:

    17 Schandarm
    und fünf von der Grenz
    ham 21 Beudl
    und 22 Schwänz

– das auf das große Miesbacher Haberfeldtreiben im Jahre 1896 anspielt, bei dem dem Gendarmen Würdinger die Hoden durch einen Schuß so verletzt wurden, daß sie abgenommen werden mußten. Würdinger war in dem im ersten Schnaderhüpferl genannten Sachsenkamm stationiert.

Ein anderes Schnaderhüpferl, in dem das Wort »Schaar« (Schere: die Beinstellung bezeichnend) plötzlich in Charivari verwandelt wird:

    Deandl, da waar ih, waar ih, waar ih –
    leih mir dei Scharischariwari!
    Leichst mir dei Schariwari net,
    verbrunz ih dir's Bett.

Verblümtes und Unverblümtes.

's Deandl voh der Zell
hat a Wiesn und a Feld,
hat a Mühl und a Sag
und an Leinölausschlag.

Alle diese harmlosen Besitztümer des Mädchens von Zell haben ihre erotischen Zweideutigkeiten, von denen die Leinölpresse die interessanteste ist.

Annamirl, Annamirl,
leih mir d' Latern;
is gar aso finster,
is nirgads koa Stern!
Und willst mir s' net leiha,
und willst mih net hörn,
ih kenn a schöns Deandl,
dee leichat's ma gern.
Na konnst du dee ghaltn,
na laßt es halt bleibn,
na scheiß ih dir eini,
es bricht dir koa Scheibn!

Was hier die Laterne bedeuten soll, ist ebenso klar, wie die Bedeutung von Wetzstein im Nachfolgenden:

Ih bin der Hans vom welschen Land,
hab Wetzstoa, Sichl, allerhand,
und was ih in der Kraxn trag,
is lauter guati Waar.
Juhe, juho!
Der Wetzstoahans is da!

Und bal ih in's Gebirg neigeh,
na schreit mir d' Sennrin von der Höh,

sie sagt, sie kennt's am Greiffa gwiß,
was halt a Wetzstoa is.
Juhe, juho!
Der Wetzstoahans is da!

Und's Deandl von der Leitn schreit:
an Wetzstein her, ös liabn Leut!
Der meini is beim Millität,
es muaß a Wetzstoa her!
Juhe, juho!
Der Wetzstoahans is da!

Und wia-r-ih zu der Bäurin kimm,
da halt ih ihr mein Wetzstoa hin;
Dee Bäurin is a rechti Sau,
er is ihr net gnua rauh.
Juhe, juho!
Der Wetzstoahans is da!

Ein anderes Lied vom Wetzstein:

Ih hab an guatn altn Wetzstoa,
mei Muatter sagt, ih sollt'n wegtoa,
mei Vater sagt, ih sollt'n ghaltn,
den Wetzstoa, den guatn altn.

Ih hab an guatn altn Wetzstoa,
mei Deandl sagt: den därfst net wegtoa!
Mei Deandl sagt: den muaßt fei ghaltn,
den Wetzstoa, den guatn altn.

***

's Deandl hat ma's gestan gsagt,
sie mecht an Moh,
der muaß an Dudlsack ham,
wo ma aufdudln koh.

Hon's Schwegerl vergessn,
denk allaweil droh,
tuat mir's Deandl net auf,
wann ih's Schwegerl net ho.

Auch hier haben der Dudelsack wie die »Schwegerl«-Pfeife ihre erotischen Deutungen, wie im Folgenden »Geige«, »Pfanndl«, »Stecka«, »Hund« und »Katz«:

> Und ih randigs Bürscherl,
> ih will lustih sterbn,
> in enker kloas Geigerl
> laß ih mih eischearn.
>
> Mei Schatz is a Metzger
> im Unterland drunt,
> hat an saggrischn Stecka
> und an kohlschwarzn Hund.
>
> 's Deandl in der Almhüttn
> kocht an Buam's Muaß,
> der Dalk glangt a's Pfanndl hi
> und werd voller Ruaß.
>
> D' Bäurin hat d' Katz verlorn,
> woaß net, wo s' is;
> D' Katz is an Kammerl drin,
> paßt auf a Maus.

***

> 's Mensch is voh Böhmen
> und lebt vom Betrug,
> hat ausgestopfte Duttln
> und a blecherne Fud.
>
> Heiraschpln tua ih net,
> is ma noh z'fruah,
> und ih hab für mein Huiraxdax
> Arbat grad gnua.
>
> 's Deandl is woltern nett,
> wann's nur koan Fehler hätt,
> 's Luader stinkt aus'm Loch,
> gern hab ih's doch.
>
> Und ih bin da kloa Zinzinga,
> hab an kloanwinzinga,

an gspitzign Huat,
aber steh tuat a mir guat!

Und da Oasiegl in da Klausn
hat an großn Kittel oh,
aber untern Kittl hat a gar an Knittl
und an Pack droh.

Deandl, tua's Röckei weg
und as Fürta,
daß ih dei Bäucherl siehg
und dei Dada!

Aba Deandl, wo hast denn dei Daudiadldei,
aba Deandl, wo hast denn dei Ding?
Zwischn zwoa Bergal im tiafn Tal,
da hab ih mei Daudiadldei Ding.

Der Hirsch hat zwoa Gweih
und der Jaager zwoa Hund,
und mei Schatz hat zwoa Herzaln,
wie a Kugl so rund.

's Deandl hat an Kreuzer bettlt,
kafft sih an Rahm,
schmiert sih sei Vöglbritscherl,
daß's besser gaang.

Mei Deandl is vo druntn,
von der Sunnawendn,
wägn Duttn 50 Pfund
und da Arsch an Zentn.

Deandl, wo hast es denn,
daß ih's net find,
hast es z'weit vorn
oder hast es z'weit hint?

Ih hab's net z'weit vorn,
und ih hab's net z'weit hint,

ih hab's blos beim Waschn,
weil's gar aso stinkt.

Von der Zenzi ihri Fudlappn
kriagt da Sepp a Pudlkappn;
da schreit da Hans: juhe!
Mir leidts noh a Schileh!

's Deandl is nett,
an dee Duttln is's fett,
und am Bauch hat's an Stern,
daß ma narrat künnt wern!

Mein Votern sei Häusl
hat hölzerne Wänd,
dee hat dir da Bock
mit sein Stutzl eigrennt.

's Deandl hat oani,
wo der Wind aussageht,
und sie brauchat halt oan,
der wo allaweil steht.

Und jetz geht s' halt zum Buam,
dem er allaweil steht,
der stopft eahm's Loch zua,
wo der Wind aussageht.

Hurraxdax,
pack s' bei dee Hax,
aus is der Tanz,
auffi mit'm Kittl,
eini mit'm Knittl,
gfreu dih, mei Schwanz!

Ein Schwabe singt:

Mueß ih denn in Gottes Name
blecherne Hosn macha lau (lassen),
dinne will er gar nit bleiba,
aussa kann ih'n au nit lau!

Pissen.

Das alte deutsche Wort heißt im Altbayrischen »bisln«; häufiger indessen sind die Ausdrücke soacha (seichen) und brunzn. Ein vielgebrauchtes besseres Wort ist »das Wasser abschlagn«, das ebenso umschreiben will wie »d' Hosn umkehrn« für *cacare*. »Fetzn« und »zinserln« hört man seltener. Zu den Kindern sagt man: »tua a schöns Brünnderl« oder »a schöns Bacherl macha«. »Bacherlwarm«: warm wie Pisse. Vom Bier kann man den »kaltn Soach« (dysuria) bekommen.

»Ih rinn aus! hat der Bauer gjammert, da is er an der Dachtrauf gstandn und hat gsoacht – und d' Dachtrauf hat's Rinna net aufghört.«

»Ih muaß mein Lehrbuam beudln«, sagt der Münchner, wenn er auf's Pissoir geht.

»Der is so notih (arm), daß'n koa Hund ohsoacha mag«, oder: »daß er sih net soacha traut«, weil er fürchtet, dadurch eine Verschwendung zu begehen. »Ih hau dih, daßt Baamöl soachst!« Als in München in den modernen Restaurants das bewußte »Fünferl« von den Damen gefordert wurde, kam die folgende Schnurre auf:

Ein Familienvater geht mit vier Töchtern in's Restaurant. Sagt die Erste: »Vater, a Fünferl.« Später die zweite und dritte. Da wird's dem Vatern zu bunt; er wirft ein Markstück auf den Tisch: »Da habts a Markl – versoachts es mitanand!«

»Soachln tuats in der Menscherkammer« – es riecht nach weiblichen Genitalien. Und weil die männlichen hinter dem »Hosntürl« sind, so hat ein mannssüchtiges Mädchen »Hosntürlaugn«. Wer das Hosntürl (oder die »Falln«) nicht schließt, ist »ein Starnberger«. (Mit dem Fall Eulenburg hat diese Ortsneckerei nichts zu tun.) »Der Schnaps riacht schoh besser als wia lederns Hosntürl.«

Die »Bladern«: Blase; »heunt hab ih wieder d' Werktagsbladern eighängt«, sagt einer, der im Wirtshaus oft den Pißort aufsuchen muß: die »Blase für die Werktage« ist für den umfangreichen Biergenuß der Sonntage nicht geaicht. Denn:

es laßt sih net loacha (laichen, betrügen):
wer viel trinkt
muaß viel soacha.

Der Soach: die Pisse. »A Haferl für drei Soach« verlangt die Bäuerin vom Hafner; das ist nicht »für dreimaliges Pissen«, sondern für eine Familie von drei Köpfen.

Kuttenbrunzer; wir wenden den Ausdruck heute den Bettelmönchen gegenüber an. Schmeller indessen sagt: Bauernkinder lernen in Kutten, Kutteln das Gehen, bis sie in die Hosen wachsen (b. W.); daher Kuttenbrunzer.

»Die Heusoacherinnen kommen noch!« sagt der Bauer, wenn er um Mitte Juli das vermutliche Ergebnis seiner Ernte kalkuliert. Denn die Tage Margareth (20. Juli) und Maria Magdalena (22. Juli) sind als Regentage gefürchtet.

Die Ausdrücke »Bettsoacher«, »Soachbeudl«, »Schneebrunzer« usw. siehe in dem Kapitel: »Wider den Mann«.

> Aber's Deandl hat in Rock gsoacht
> und in's Pfoad aa,
> ih hab eahm a Watschn gebn,
> tuat's an Schoaß aa.

> Aber unterhalb'n Nabl
> is's Deandl voll Dreck,
> bal's an Tag zehnmal brunzt,
> bringt's 'n net weg.

> A Sennarin hon ih gsehgn soacha,
> a Stückl Tuach, moan ih, kunnt ma bloacha,
> a Gangl Mühl, moan ih, taat's treibn,
> müaßt noh a Wasserl überi bleibn.

Ein Schwabe jammert:

> Meine Füeßle wolle me nimme trage,
> und meine Zahnle wolle nimme nage,
> und meine Äugle verliere de Schei –
> und mei Jakobele will nimme nei!
> Und zu älle dene böse Zeiche
> kommt noch des langsame Seiche!

Ähnliches im Altbayrischen:

> Und iatz geht's mir hundshäutern,
> ös wißts es schoh wia,
> früaher hon ih auf d' Stiefi brunzt,
> heunt brunz ih auf d' Knia.
>
> Haar grau,
> Schwanz blau,
> langsam soacha –
> sand drei böse Zoacha!

Sexuelle usw. Krankheiten.

machen sich auf dem Lande glücklicherweise noch nicht stark bemerkbar. Es kommt vor, daß einer »z' Münka gwen is und an Trippi (Tripper) aufklaubt hat«, die Geschlechtskrankheit von der Straße aufgeklaubt, wie er eben die Straßenhure »aufklaubt« hat.

In diesem Falle ist er »finerisch« (venerisch), »gselcht« (geräuchert: angesteckt); Syphilis wie Tripper werden auch »die Franzosn« genannt, wenn auch der Ausdruck eigentlich nur die S. bedeutet. Bekannter ist der alle Geschlechtskrankheiten umfassende Ausdruck: »die türkisch Musi«.

Der Erkrankte muß zum Arzt zur »Schwanzparad« (aus der Soldatensprache).

Den »Kniaschnaggler«, schlotternde Kniee hat einer, der ausschweifend gelebt hat. In einem alten Kasernenlied klagt eine junge Frau über das Leiden eines Mannes, »der sei Pulver verschossn hat«:

> Ich bin ein arm jung Weibchen,
> hab einen alten Mann,
> ich hab ein schneeweiß Leibchen,
> mein Mann, der will nicht dran.
>
> Ich koch ihm täglich Eier
> und Sellerie-Salat,
> es bleibt die alte Leier,
> mein Mann ist stets malad.
>
> So oft ich ihm auch spiele
> auf seinem Schneckenhaus,
> der Schneck hat kein Gefühle,
> der Schneck kommt nicht heraus.
>
> Wenn ich ein Kindlein kriege,
> zahl ich den Macherlohn,
> mein Mann steht an der Wiege
> und meint, es ist sein Sohn.

Am ersten Oktoberfestsonntag 1859 sang der Schuhmachermeister Koller die Schwaigerbubn von Kempfenhausen, die vom Münchener Oktoberfest gekommen waren, in der Wirtschaft zu Schloß Berg folgendermaßen aus:

> Dee Schwoagerbuam voh Kempfahausn
> gengan in d' Stadt nei zum Mausn,
> aber zum größtn Malehr
> bringa s' d' Schwanz nimmer her.

***

> Von da san ma her,
> wo ma d' Erdöpfi baut,
> und gselcht san ma selm,
> und beim Nachbern wachst's Kraut.

> Schö is's Oktoberfest,
> san ma gern dortn gwest,
> und zum Angedenka
> laß ma'n (den Penis) abihenka.

Was andere unappetitliche Folgen des Geschlechtsverkehres sind, erzählen uns die nachstehenden Vierzeiler:

> Und ih geh nimmer umi
> zum Nachbern seiner Dirn,
> hat d' Wampn voll Krätzn,
> kunnt i aa etli kriang.

> Und a Kellarin und a Gratlamensch[1]
> und a Weidlarin[2] han ih gliabt
> und ih wer s' net vogessn,
> bis da Kindsbeiß[3] vofliagt.

> In der Au draus
> steht a Zuchthaus,
> sitzt a Madl drin,
> hat a Filzlaus;

---

[1] die Zuhälterin eines Tyroler Hausierers;   [2] eine Hausierin oder Bahntaglöhnerin aus dem bayrischen Wald;   [3] Läuse.

> was sitzt dees Madl
> in dem Zuchthaus?
> Zwenga dera
> dumma Filzlaus.

Der »Leibschaden«: Leistenbruch. Ein dummer Mensch hat »an Leibschadn im Hirn«.

Das »Zipperlein« – Podagra – ist trotz der argen Pein, die es über den Kranken bringt, die am meisten bespottete Krankheit. »Es hat einen der Spitzl bissn« oder es ist einem »a Dachrinn auf d' Zecha gfalln« oder gar nur eine »Flaamfeder«. Der Spott ist nur dann verständlich, wenn man weiß, daß das Volk im Podagra nur eine Strafe für's »allzugute Leben« sieht; das Zipperl kommt vom »Hähndlessn« und vom »Gurglschwoabn«. Das nachfolgende alte Lied, das ich in einer alten handschriftlichen Hanswurstkomödie in Oberammergau fand, ist ebenfalls auf einen spöttischen Ton gestimmt. Es will den armen Podagricis Mittel zur Gesundung empfehlen:

> ach glaubt doch liebe Herzen,
> man sicht Vnd Erfahret ia,
> wie Vill große schmerzen
> bringt das höllisch botagrab
> aus mit leiden hat beweget
> Endtlich mitl die bewerth,
> spaß ein ieder nach belieben,
> schreib es vor dem ders begerth,
>
> Erstlich nimb ein Marmorsteinne
> schneidt die leber im heraus,
> Von eim floch das feder beinne,
> Vnd das milz Von einer laus,
> dieses alles woll gesodten.
> Vnd auf ein mall gnommen ein,
> Ehe ein halbe stundt verflossen
> wirst du schon befreiet sein.

khanst du dieses nicht bekhomen
nimb ein halb loth Vogel gsang.
Vnd zu disen wirth genommen,
anderthalb loth seithen Klang.
Vnd zu disen zweyen stuckhen
khert ein halb mas schnegen blueth[1],
trinckh es ligent auf dem Rugen[2]
ist bewerth Vnd trefflich gueth.

oder an ein spiez gebratten,
trey mas milch Von einner gans,
darzue 6 loth khillen schadten[3],
Vnd ein halb loth faßnachttanz,
dises woll Vnder ein ander grieret,
hilft gewis es braucht nit vill.
d' hendt Vnd fies dar mit geschmieret
sagt mirs wans nit helfen will,

trey Pfundt speckh Von einem Zwiffel[4],
trey bis Viehr loth össel wiz[5],
las woll sieden in ein Stiffel
Riehr es mit ein Nadel spiz,
nimb gedankhen Von Jungfrauen
in der gleichen weiber list,
las woll wieder zue offt schauen,
ob als voll gesotten ist,

trey Pfundt khracher Von der bixen,
trey bis Viehr loth blumen gschmach[6],
sex Pfundt schleicher von den fixen,
Und daraus ein Pflaster gmacht.
will dis alles nit verfangen
lieber freindt so rath ich dir,
schlickh hinab ein hopfenstangen
so wirth gwißlich gholffen dir.

---

[1] Schneckenblut; [2] Rücken; [3] kühlen Schatten; [4] Zwiebel; [5] Eselswitz; [6] Blumenduft.

Podex – Anus.

Im Arsch dahint is's finster,
is's finster, is's finster.
Und sollt's im Arsch net finster sei,
scheint's ganze Jahr koa Sunn net nei.

Im Arsch dahint is's dreckat,
is's dreckat, is's dreckat.
Und sollt's im Arsch net dreckat sei,
kimmt's ganze Jahr koa Wasser nei.

Im Arsch dahint is's haarig,
is's haarig, is's haarig.
Und sollt's im Arsch net haarig sei,
kimmt's ganze Jahr koa Bader nei.

Der fettn Sau an Arsch mit Butter schmiern: reichen Leuten Geld anhängen; ih moa gleih, ih muaß an Arsch d' Augn rausreißn: ich möchte mich zu Tode ärgern; die alt Heinlin hat sih an Arsch auskeglt: ist gestorben; ih bin dir aa net vom Arsch gfalln: ich bin auch jemand, so gut wie du; du bist mir um des net am Arsch gwachsn: wegen dieser Kleinigkeit bist du mir doch lieb und wert; der hat sih sein Arsch schö verbrennt: der hat seinen Fürwitz büßen müssen; gschiecht dir in Arsch nei recht: ganz recht geschieht dir; schaam dih in Arsch nei: schäme dich in die Haut hinein; an ganzn Arsch voll: eine ganze Menge.

Das »Mistbeet«: Krenkl hatte sich – durchfroren, wie er von langer Schlittenfahrt kam – mit der Kehrseite an den Kachelofen gestellt.
»Wärmst dei Mistbeet auf?« frug der Pschorr.
»Ja. Und der erst Spargl, der rauskimmt, ghört dei!«

Arschling: rückwärts, verkehrt; arschling muaßt geh: du mußt zurückgehen; etwas arschling anfangen: verkehrt anfangen.

Bin hoch auffigstiegen,
hab eini gschnagglt,
und a bißl hat sie sih grührt,
aba hinterarschling.

(Bin hoch hinaufgestiegen und hab mich am Fenster durch Fingerschnalzen bemerkbar gemacht – aber die Antwort der Geliebten kam von hinten.)

Der Mann mit dem allzurunden Gesicht schaut zum Fenster heraus.
    Krenkl: »Sie, steckn S' fei a Ziehgarn in's Maul!«
    »Warum denn?«
    »Der König werd gleih vorbeifahrn. Der sieght so schlecht und laßt eahna eisperrn, weil er dees net leidn koh, wann oana an nackatn Arsch zum Fenster rausstreckt!«

»Dem kunnt ih gleih mit'n nakatn Arsch in's Gesicht fahrn!« sagt man, wenn man von einem recht geärgert worden ist.

»A Deandl muaß richti g'ärscht sei!« sie muß Hüften haben:

Und vom Erdöpfifressn,
da werd da Bauch dick,
aber's Deandl, wo koan Arsch net hat,
dee hat koa Glück.

Zu dem Spruche Götz von Berlichingens zitiert Schmeller die alte Groteske im Küchenlatein:

In toto mundo lex, ars, Mars cuncta gubernant,
Certa mihi lex, ars, sic quoque lex mihi Mars.
In bello mihi Mars lex est, in pace sit ars lex,
Lex huic, lex illi, lex mihi, lexque tibi.
Quid rides, Germane? Tibi si displicet ars haec,
Est mihi Mars, lex, ars mihi lex, mihi Mars.

Der wohl nicht ganz lobenswerte Ausdruck »Leck mih im Arsch!« wird sehr häufig gebraucht, oft nur aus purer Gewohnheit, ohne beleidigende Absicht. Z. B. als Ausruf des Staunens: »was gheirat hast – ah, mih leckst im Arsch, ih hab gar nix davoh ghört.« – Der

Bauer sagt »im« A.; der verstorbene Weinwirt Strassersepp hat einmal an einem seiner berühmten Strasserabende in einem längeren Vortrag dieses »im« mit der Gründlichkeit des Deutschen in Zusammenhang gebracht und seine Hörer verpflichtet, das gedankenlose »am« zu vermeiden. Besondere Kraftausdrücke: »du konnst mih kreuzweis und überzwerch …« »Leck mih im Arsch, na brauchst koa Brotzeit!« »Leck d' Frösch in Arsch, na brauchst koan Schwanz net aufhebn!« Die Kinder, die diese Aufforderung auch nicht selten gebrauchen, kennen eine lustige Antwort:

>»Wannst mir dei Zunga leichst
>und dein Arsch mit Honig streichst!«

In Schliersee hab ich in einem Liebhabertheater ein Duett gehört, das die Werbung eines Berliners um ein Bauernmädchen behandelte; die Berliner Redensarten waren etwas überspannt – es kam etwas von einer Göttin vor, was das Mädchen folgendermaßen apostrophierte:

>»Trautl hoaß ih,
>gar net woaß ih,
>was a Göttin waar für a Tier!
>Und ih woaß schoh, warum,
>und ih bin net so dumm,
>und ih woaß schoh z'weng was –
>und iatz leckst mih im Arsch!«

In einer kleinen Liedersammlung, die in Tölz (bei J. Dewitz) erschien, finde ich den merkwürdigen Sang wieder, aber in den letzten vier Zeilen konzilianter.

Der Bursch, der aus dem Benehmen seines Mädchens den Eindruck gewinnt, als ob sie seiner überdrüssig sei, sagt: »konnst mir's ja anbiatn!« (*scil.* das Arschlecken). Das Schnadahüpferl kleidet diese Szene allerdings in gewählte Worte:

>Deandl, wannst mih nimmer magst,
>hast a Mäui, daß es sagst;
>da Mond scheint so schö,
>daß ih weiter koh geh.

Eine andere Fassung aber heißt:

> hast a Mäui, daßt es sagst,
> hast derzeit, daßt dih buckst und noagst,
> und daßt ma's zoagst –

so gebe ich dir Zeit, dich zu bücken und zu neigen, und mir den Hintern zu zeigen!

Wenn man heute umschreibend sagt: »der hat oan auf'n Kirta gladn«, so hat man früher umgekehrt eine Einladung zur Kirchweih mit der Phrase des Berlichingers umschrieben. Der Windsperger von Mörlbach, ein angesehener Bauer, hat, wie mir mein Vater erzählt, dem Landrichter von Wolfratshausen acht Tage vor der Kirchweih zugerufen: »Gnadn Herr Landrichter, mih leckst am Arsch und am Sunnta is Kirta!« – und der Landrichter erschien tatsächlich zum Kirchweihfeste.

Umschreibende Redensarten: »da geht da Dauma für!« sagt man, wenn man einem die Feige zeigt, um ihm etwas abzuschlagen; »da konnst mir am Dauma reitn!« »A Mark kost mei Stecka!« »Du kannst mir mein Hobl ausblasn!« »Du konnst mih gern ham!« ist genau so grimmig wie im A.l. Oder: »am Buckl hint!« »An Buckl steig mir nauf!« Schmeller bringt einige Verse aus einem alten Singstückchen (oder wohl Singtanz?):

> Bist denn du der Hopfavogl, Hopfavogl,
> bist denn du der Steigaufd'leut, Steigaufd'leut?
> Steig auf mih, hast aa net weit!

Ich glaube Peter Auzinger als Autor für die nachfolgenden acht Zeilen nennen zu können:

> An alter Bauer sagt zur Dirn:
> mir Altn san verwegn,
> mir ham dee dicken Wadln gern –
> geh laß mir s' amal sehgn!
> Was kost's denn, wann ih s' sehgn därf
> bis auffa, da wost brunzt?
> »Leck mih im Arsch«, sagt's Deandl drauf,
> »na siehgst es umasunst!«

In einer Wirtsstube zu Sauerlach. Ein Bauer kommt mürrisch herein.
Die Kellnerin: kriagst a Bier? A Halbi?
– An Dreck, a Maß.
Kriagst was z' essn aa?
– Am Arsch – a Bier!

Ein Student begeht die Unvorsichtigkeit, einer simplen Wirtshausaffäre halber einen alten Münchener zu kontrahieren.
– Wann sind Sie zu treffen?
»Am bestn in der Fruah um Siebni – da lieg ih am Bauch, daß S' mih besser im Arsch lecka könna!«

Der Ausdruck m. l. i. A., lediglich als Bekräftigungsformel angewandt, dürfte in seiner ungewollten Grobheit dem im Schwäbischen zumeist nur als bekräftigende Vorsilbe dienenden Wörtchen »Hura« zu vergleichen sein. Ein Beispiel: in der Oberstdorfer Gegend pflegte ein Benefiziat den Religionsunterricht durch unterhaltende und belehrende Erzählungen zu würzen. Zum Dank dafür sagte ihm eines Tages ein Schulmädchen treuherzig: »Sie san doch a Hurabenefiziat – Sie könne so nette Gschichtle verzähle!«

CACARE.

»Aus schalkhaftigen mut
schaiß jm ain aff den hut.«
(H. Sachs.)

Schmeller schreibt: In den Bach scheißen, ausscheißen, ausgeschissen haben bei einem: sein Vertrauen, seine Gunst verlieren. Jetz hamma ausgschissn, nun ist's vorbei, ich will nicht weiter davon hören. (Ich erinnere mich einer anderen Redensart: mir zwoa ham ausgschissn mitanand – das Vertrauen zwischen uns ist weg.) Jetz steht Scheißn im Kalender! Das sind schlimme Aspekten, nun steht's schlimm.

> Da (Helbling IV, 308) die Verbündeten meinen:
> Iz hoeret niemen dan wir vier, sagt der Lauscher:
> Ja schiz! gedacht ich mier.

Ferner die Redensarten (im Seitz Helbling): »Stant schiz bricht den satel niht!« – »Der teufel schize iu in den kragen!«
»Heut hat er's wieder scheißnötih«: notwendig wie ein dringendes Bedürfnis. Der Scheißer (Schiesser): ein kraftloser oder feiger Mensch; das Scheisserl: nur ein kleines Sch. sein, ein kleines Persönchen oder Ding.
Der Ausdruck »beschissen« deckt sich mit dem gleichen hochdeutschen.
Das alte Lied von der Blunzn (Blutwurst) und ihren Folgen ereifert sich über städtische Unfreiheit und ländliche Freiheit im Sch.:

> Znachst bin ih in da Stadt dinnat gwen,
> ja, da is halt a saggrischs Lebn!
> Hab mir a Bluatwurscht kafft,
> dee hat mir saggrisch zrafft;
> kaam bin ih drei Häusl weit gfahrn,
> jetz ist ma schoh's scheißn not warn;
> jetz fahr ih halt aussa auf d' Bruck,

und da sitz ih mih nieder und druck.
Wia ih gnua gschissn ho,
ziahg ih mei Hosn oh,
denk ih mir: jetz is's schoh guat –
daweil kimmt der Standari
und nimmt mir mein Huat!
Ja, hättih mei Zipflhaubn bei mir ghabt,
na hätt ih nach'n Huat gar nix gfragt;
so muaß ih in d' Stockwach nei,
dee ganz Nacht dinnat sei;
dees is noh net dees Irgst gwen,
drei Guldn muaß ih für's Scheissn hergebn.
Jetz fahr ih halt nimma in d' Stadt,
ja weil's mir aso ganga hat.
D' Bluatwurscht is schuld droh,
weil ih so gschissn ho!
Im Baurndorf, da hat's ja koa Ziel,
a jeder scheisst hi, wo er will!

Nach Schmeller nennen die Dienstboten auf dem Lande die eins bis drei Tage, die sie im Hause, das sie zu verlassen gedenken, noch über den Lichtmeßtermin verbleiben müssen, gleichsam, um die durch Scheißen verlorene Zeit hereinzubringen – die Scheißtage oder den Schiß.

Schmeller dürfte sich hierin etwas geirrt haben. Auch ganz alte Bauern, die ich befrug, kennen nur die Zeit am Morgen nach Lichtmeß bis zum Mittagessen als Scheißtag, d. h. als eine Arbeitszeit, in der man das durch Sch. Versäumte wieder einzubringen hat. Denn erst beim Essen zahlt (oder zahlte: die Abrechnung zwischen Bauern und Dienstboten bindet sich nicht mehr an eine Jahresfrist) der Bauer die Ehhalten aus.

Dieser erste Tag nach Lichtmeß ist der »Schlenkertag«, an dem die Ehhalten hinausgeschlenkert werden; der zweite der »Rasttag«, der dritte der »Einstehtag«, an dem die Leute wieder ihre neuen Posten antreten.

Durchfall ist »Lehschiß« (Lindscheiß) oder das »laffad (laufende) Katterl«, also die »schnelle Katherine« oder die *Katarhina celerrima* der Studentensprache. Das einfache Wort »tun« oder »d' Hosn umkehrn«, »schmalzn«, »blädern«: *cacare*. »Guat gschissn is halbat gvöglt« – auch ein schöner Stuhlgang hat sein Angenehmes – sagte der Knecht zum Bauern. Der Bauer: »scheißt halt nohmal, na hast gvöglt und laßt meini Menscher in Ruah!«

Die Kinder »gackn« oder »gackerln«. »Muaßt a Gackerl (Ei) macha, oder blos a Wisiwisi?«

Der »Leckerlscheißer voh Nürnberg« ist »der große Unbekannte«. Von ihm oder von dem Mann, »der z' Giasing über'n Berg runtergschissn hat« stammen Dinge, deren Herkunft man geheim halten will. Andere Redensarten: »Brav mag ih net sei, brav scheißt der Hund!« – »Mih hat's ohgschissn« – ich habe Unglück gehabt. »Vorm Abtritt in d' Hosn scheissn«: im letzten Moment von einem Handel zurücktreten. »In d' Hosn blädern«, in »d' Hosn pfeiffn«, in »d' Hosn toa« – »vor lauter Rausch«, »vor lauter Angst«, »in der Scheißangst«. Von dem Münchener Lohnkutscher und Pferdehändler Xaver Krenkel (gestorb. 26. 4. 1860) erzählt man in der großen Reihe skatologischer Anekdoten, die sein Andenken umschweben, den folgenden merkwürdigen Streich:

Krenkel kam in den Spatenbräu und fiel durch einen penetranten Gestank auf. Sagt der Spatenbräu: »Krenkel, bei dir is's in d' Hosn ganga.« Krenkel: »Und grad net.« – »Wett ma?« – So wetten sie also. Und nachdem der Wettvertrag abgeschlossen ist, ruft Krenkel den Spatenbräuhausknecht: »Du, Hausl, wer hat in mei Hosn gschissn?« Sagt der Hausl: »Ih. Hast es ja guat gnua zahlt ...«

»Einehma zum Scheißn« glaubt der Bauer etlichemale im Jahr zu müssen. Ausgerechnet an hohen Feiertagen – wenn er eben Zeit hat, zur Stadt in die Apotheke zu gehen – wie Dr. Carl Müller klagt:

Der Teufelsapothekerstand,
der fangt mih schoh oh z' hassn,
muaß oana Tag und Nacht grad so
für's Ladl ani passen.
A jeder lumpeter Bauernknecht,
den d' Läus a bißl beißn,
um Ostern, wann d' Ladn alli zua,
da nimmt er ei zum Scheißn.

Einem »in d' Schuach scheißn«, das Amt eines andern übernehmen, ehe es dieser noch verlassen hat. »Red oder scheiß Buachstabn, daß ih mir s' z'sammsetzn koh«. – »Wenn oana an Scheißdreck im Hirn hat (sehr dumm ist), därf er sih net schneizn, sunst kimmt's auf!« – »Du bist an Dreck sei Dreck!« sagt man von einem Gar-Niemand.

In München sah ich auf der Theresienwiese einem Spiel der Vorstadtjugend zu, das im wesentlichen darin bestand, daß ein Kind sich auf den Boden legte, dann einzuschlafen schien und mit Erde bedeckt wurde. Ein anderes, das unvorsichtig angeschlichen kam, betastete dann diese Erde und mußte entsetzte Mienen machen – die begleitenden Verse erklären das Ganze:

> Müde bin ich, geh zur Ruh,
> decke mich mit Scheißdreck zu –
> kommt der böse Feind herein,
> greift er in den Scheißdreck rein.

»Was is schneller wie der Blitz?« frägt der Lehrer.
»Der Gedanke, Herr Lehrer!« schreit der Sepperl.
»Ei, der Sepperl! Und warum, Sepperl?«
»Kaum denkst dir, du muaßt zum Scheißn, da is d' Hosn aa schoh voll!«

Ein lustiges

Verhandlungsprotokoll:

Vor dem kgl. Amtsgerichte München I erschien Herr Sebastian Obermayer, Rentner und Hausbesitzer, in Sachen gegen Josef Schuster, Lehrling bei Bäckermeister Andreas Hinterwimmer in Haidhausen.

Beklagter ist beschuldigt, in gewolltem und bewußten Zusammenhange dreimal das Trottoir vor dem Obermayerschen Hause verunreinigt zu haben, indem er
 1. um fünf Uhr morgens am 4. März 1908,
 2. zwischen 4 und 5 Uhr morgens am 5. März 1908,
 3. gegen 4 Uhr morgens am 6. März 1908
einem natürlichen Bedürfnis absichtlich auf besagtem Trottoir nachkam.

Der Zeuge Obermayer giebt den Tatbestand folgendermaßen an:

Wia ih 's erstemal dahinterkemmen bin, hab ih mir denkt, mei Gott, er kann halt aa nix dafür. Schluckst es abi in Gottsnam, hab ih 'mir denkt.

's zwoatmal hab ih mih geärgert. Aber mei Gott, hab ih mir denkt, steckst es nohmal ei.

Aber 's drittmal bin ih narrat worn. So, hab ih mir denkt, dees ist jetz a Fressn für'n Staatsanwalt!

Der ländliche Abort: »das Häusl«. Da es sich fast nie im Hause des Bauern befindet, sondern einen hölzernen miserablen Anbau dicht am Misthaufen darstellt, ist es zum selbständigen Objekt erhoben. Um eines Menschen Herkunft verächtlich zu machen, sagt man: »dih hat dei Muadan am Häusl verlorn«. Selten hört man noch das Wort »Hoamlihkeit« für Abort.

Es ist eine bekannte Tatsache, daß der Bauer nur ungern sein »Häusl« mit Papier versieht, wohl deshalb, weil er keine Zeitungen hält. So fehlt der nützliche »Arschwisch«, – übrigens ist nach dem Sprichwort »Bettlmanns Hoffahrt an Teifl sei Arschwisch« – und skatologische Inschriften zeigen diesen Mangel auch in Bauernwirtshäusern an.

Im Abort des Gasthauses zur Post in der Jachenau las ich (Juli 1910) die lustige und nach der unangenehmen Sachlage auch richtige Inschrift:

Hir mus es keine Lumpen geben weil es kei Papir gibt –

darunter: Lumpen schon, aber man kann halt kein Papier daraus machen.

Ein philosophischer Spruch gemäß der Redensart: »da (auf dem Häusl) hat der Kaiser 's Recht verlorn«:

> Was is denn der mächti Kini voh ...
> und der Kaiser vom ... schn Land?
> Er butzt'n ja aa net mit Szepter und Kron,
> er butzt'n ja aa mit der Hand!

Es gibt eine Menge Schnurren über die ländliche Art des A.-Wischens, wie der Bauer nachts die Schamhaare seiner Frau ausreißt, wie der Knecht vergißt, den Heuwisch nach Benutzung wegzuwerfen (und wie ihm darum die verlorene Kuh von selbst nachläuft), wie der Meßner den Pfarrer mit einem Maurerpinsel reinigt usw. Ein guter Münchner Spaß:

Als die Königin von N. sich sehr für bayrische Volkssitten interessierte, glaubte sie, das Volk heimlich belauschen zu müssen, um es in unbeengten Situationen zu erkunden. Es gelang ihr, den Moment zu erhaschen, da ein Holzknecht zu einer Almerin an's Fenster kam.

– Miadei!
Was willst denn schoh wieder?
– Putzt dir denn du dein Arsch gar nia?
Warum – was hast denn, du narrats Luader?
– Weil mir allaweil der Beidl so dreckat werd!

Zu diesem Thema bringen umstehend einige Schnaderhüpferl neue Versionen. Von einem »Urlauber« hörte ich zu Starnberg die hochdeutschen Verse:

>Marie, Marie, Marie,
>du hast dein Arsch mit'n Finger gwischt,
>was nimmst denn koa Papier?
>Was nimmst denn koa Papier?
>
>»Ich hab ja schon Papier genommen,
>da is mir der Finger dazwischen gekommen,
>ich kann ja nix dafür,
>ich kann ja nix dafür.«

Der ländliche Humor hat versucht, die menschlichen Exkremente, die »Bolln«, etwas appetitlicher zu benennen, als es gemeinhin der Fall ist: »Häuslforellen«, die sogar im Vierzeiler verewigt sind:

>Und wann d' Kletzn gar san
>und d' Dampfnudln fehln,
>koa Not siehgst uns net oh,
>freß ma Häuslforelln.
>
>Musikantn, teats langsam,
>es is net zum Wolln (nicht zu machen),
>mei Mensch hat tausad Pfund
>mitsamt dee Bolln.

(Es gibt einen »Bollnrock«, der an der bayrisch-schwäbischen Sprachgrenze getragen wird und durch seine vielen »Bolln«-Falten sehr schwer ist.)

Es gibt eine üppige Münchener Dichtung über

Das neue Bier:

>Es geht halt doh nix über's neue Bier,
>da brauchst koan Apotheker und brauchst koa Klystier
>und konnst auf d' Schweizerpilln aa vezichtn,
>denn dees neue Bier, dees tuat Wunder verrichtn.
>Da trinkst a Maßl a siebn, an acht,

bis daß dei Magn an Pumpera macht;
und nachat hörst es siadn und brausn
in deini Darm und na hörst a Sausn –
oh Menschnkind, das is das erste Signal,
sei auf der Huat vor an schlimmern Fall!
Oder aber, Geliebter, verstehst,
es is die höchste Zeit, daßt auf's Häusl gehst.

Denn nicht nur die kloan, sondern aber auch die Großn
wandeln in äußerst empfindlichen Hosn,
in die sie, wie die Weltgeschichte berichtet,
schon manche bedeutende Tat verrichtet.

Na zwazlst mit ganz kloani Schritt davoh,
daß sih unterwegs ja nix ereigna koh;
und bist du ein besonderes Sonntagskind,
so sitzt noh koan anderer am Häusl hint.

Aber oh weh des Jammers, der dir geschah:
es is schoh an anderer da!

Und da hörst du schoh von der Weitn
an andern den nützlichen Dungat bereitn,
und stöhna tuat er und krachzn und schnaufa,
der pflanzt dir so an Haufa!

Und du stehst draußn vor da Tür,
und der Kerl macht dir solchane Gspassettln für!

Und du stehst da mit finstern Mienen,
und der Kerl tuat sich des Papieres bedienen!

»Gehst net gleich aussi ausm Scheißhäuselchen,
sunst begeh ih an Mord, an gräuslichn!«

Aber der ander verputzt z'erst's letzti Papier,
na kimmt er außi durch d' Tür –
und jetz san ma so weit,
Bruderherz, es war dee höchsti Zeit!

So, und jetz tua nur schö krachzn und schnaufa,
und setz an schön Haufa,
und balst fertih bist, na werd's dih nix nutzn,
na muaßt dir dein Arsch mit der Hand ausputzn.
Was macht ma mit ara solchan Hand?
Onischmiern an die weiße Wand!
Und pfeifst auf Sittn und Reinlichkeit
und auf die ganz ewih Selikeit
und gehst außer und lobst dees neue Bier,
da braucht man koan Apotheker und koa Klystier,
und koh auf d' Schweizerpilln aa vezichtn,
denn dees neue Bier tuat Wunder verrichtn!

Schon in Kinderversen kommt die Handlung des Sch. nicht selten vor:

Peter, Peter, Peter,
Hosntrumpeter!

Elisabeth,
scheiß in's Bett,
bis's übergeht.

Der Schneider und sei Frau,
dee lebn ganz genau,
und wann sie nix zum Fressen ham,
dann fressn sie Kohlrabi zsamm –
Kohlrabischnitz, Kohlrabischnitz,
bis daß der Dreck zum Loch nausspritzt.

Student, Student,
hast's Hemad verbrennt,
hast d' Hosn verrissn
und's Hemd verschissn.

Franzl, Franzl, Franz,
dei Hemad, dees is ganz;
es is net verrissn,
es is blos verschissn.

Maulaufreißer,
Hosnscheißer,
is der oa wia der ander –
Alexander.

Von zahlreichen Schnaderhüpferln über das Thema eine kleine Auswahl:

's Deandl hat gschissn,
hat gschissn in Bach,
an Buam ergreift d' Sehnsucht,
er schwimmt an Dreck nach.

Aba's Deandl hat gschissn,
hat gschissn an Stoa,
da Soach, der schwimmt abi,
da Dreck bleibt alloa.

Und's Deandl hat gschissn,
hat gschissn im Zorn,
wischt an Arsch net voh hintn,
sie wischt'n voh vorn.

Und wia-r-ih bin kemma
und wia-r-ih hett megn,
da han ih vor'n Scheißdreck
koa Fud nimma gsehgn.

's Deandl hat gschissn
drei Nudlwalgler dick,
hat eahm's Arschloch net zrissn,
dees Mensch hat a Glück.

Da draußt vor da Tür
fahrt a Gäuwagerl für;
tean ma einischeißn,
geht da Dreck auf Reisn.

Da drobn auf'm Bergl,
wo's donnert und blitzt,
da scheißn drei Bauern,
daß da Dreck aufferspritzt.

Gestern hamma gschissn,
und heunt scheiß' ma aa,
und morgn scheiß' ma wieder
und übermorgn aa.

's Deandl voh der Alm
is in's Scheißhäusl gfalln;
wia's auffi is gstiegn,
hat sa sih weichslbraun gschriebn.

Heunt Nacht hat's mih grissn,
steh ih auf und hab gschissn;
mei Alti reißt's aa,
sie steht auf und scheißt aa.

A Schneider bal scheißn tuat,
na scheißt er fei
und scheißt auf zehn Schuah
in an Fingerhuat nei.

Du alte Stunkunkl,
du alte Latern,
steig auffi an Ofa,
scheiß aber durch d' Röhrn!

CREPITUS.

»Zwischn dee Fufzger und Sechzger Jahr hat ma dee meistn Schoaß schoh glassn!« hat mir ein Bauer aus dem Tegernseer Bezirk versichert: siehe, des Menschen Leben währt usw.

Der Schoaß: *crepitus ventris*. Schmeller: »an Schoaß toa«. – »Der Herren Schaiß stinkt nicht« Seb. Frank.

> Ain Fischer vnd ain Ferg,
> ain Büttel vnd ain Scherg,
> ain Zig vnd ain Gaiß,
> ain Fist vnd ain Schaiß,
> ain Ochs vnd ain Rind,
> die sind all Geschwisterkind.

Der Schoaß, der Furz (auch Pfurz), der Pabst, der Bax, der Tritschler, der Bovist, der Fist, der Pfoser, »da hinter Wind«. Die Sprache ist hier reich an abwägenden Ausdrücken; scheißn, pfarzn, furzen, pfurzen, brandln, einen tun, einen lassen, einen schleichen lassen. Jemand »pfost« – er ist unanständig; aber jemand »pfost schwarr« – er atmet schwer. »Da brandlt's«, es riecht nach Brand, wenn einer usw. »Du hast bei mir ausgfurzt, austoh, ausgschissn« – du bist für mich erledigt. »An alts Wei werd von an Schoaß satt; am Kirta braucht's zwoa.«

Die Farz: der *anus*. In dem Haberfeldtreiben gegen den Pfarrer von Irschenberg (1841) heißt es:

> An Pfarrer sei N. N., dieselbi, die schwarz,
> hat er gvöglt, daß kracht hat, hint bei der Farz.

Wenn der Dorfschreiner ein schönes Himmelbett abliefert, rühmt er seine Ware: »Is schad, wenn a Bauer an Schoaß neituat.« Der Bauer, der in seinen Därmen einen Drang fühlt und nach einem uralten Prinzip der Bauernmedizin solchen Gefühlen freien Lauf läßt, eher sie begünstigt, kündigt an: »jetz hab ih oan auf der Pfann« – in Vorbereitung: gerade wird er aufgewärmt. Der »Schoaßtreiber«

ist ein Schnaps, den man zum Schluß im Wirtshaus noch zu sich nimmt, um das Abgehen der Winde zu erleichtern.

Der Münchner erzählt, wie ein junger Mann mit seiner Geliebten in Gegenwart ihrer Mutter ein Rendezvous verabredete: er hielt fünf Finger hinter die »Scheibe« der alten Frau.

Und pünktlich um 5 Uhr erschien das Mädchen »hinter der alten Schießstatt« (auf der Theresienhöhe).

»Umi springa wia da Schoaß in der Reidn (Sieb), der wo net woaß, bei dem welchern Loch er naus soll«. Wie kann man einen Schoaß »tratzn« (ärgern): man lasse ihn in ein Sieb, dann weiß er net, bei dem welchern Loch usw.

>D' Goaß hat an Bock bracht,
>der Bock hat sih blaaht,
>hat eahm da Schneider
>'s Loch zuagnaaht.

>Was sagst denn, Herr Doktor,
>was sagst denn, Herr Arzt,
>und was hat denn mei Alti,
>daß s' gar aso farzt?

>Aber d' Kuahdirn, dee alt,
>laßt an Schoaß, daß's grad schnallt;
>aber's Deandl ließ oan,
>waar eahm's Loch net viel z'kloan!

>Machts ma auf die siebn Sprüng (ein Bauerntanz)
>mir und meiner Schwarzn;
>Hat dee Narrin 's Hemad vobrennt
>hintn bei der Farzn.

>An hölzern Dukatn,
>in an Büxerl an Schoaß,
>dees is dees ganz Geld,
>dees s' ma gebn ham auf d' Roas'.

>Und ih woaß schoh, was ih woaß,
>an alts Weih tuat koan Schoaß,
>und sie tuat blos an Wisch,
>weil eahm's Loch schoh z'weit ist.

Hab's Deandl neulih gmaust,
pack's beim Arsch mit die Händ,
derweil tuat's an Schoaß,
hat mir an Beudl verbrennt.

's Deandl is winzihkloa,
traut eahm koan Schoaß net toa,
noh blos an Fist, an Fist,
weil's so kloa is.

Und es bleibt schoh beim Altn,
und es bleibt schoh beim Brauch,
und bal sih d' Farz recht bemüaht,
freut sih der Bauch.

's Deandl hat an Tritschler toh
und an Schoaß aa,
in Arsch hab ih's einighaut,
hat's gleih gsoacht aa.

D' Suppn is hoaß,
Der Schneider reit auf der Goaß,
D' Goaß tuat an großn Schoaß,
fallt der Schneider gleih in d' Froaß!

Vom »Saumüller« stammt folgende

Alleruntertänigste treugehorsamste Bitte
des Schullehrers Matthäus Pfiffikus

an die hochwohllöbliche Kreisregierung rücksichtlich des Schulbesuches der Kinder und besonders der Knaben seines Schuldistriktes.
    Wohllöbliche Regierung des Kreises!
Es hat mich zwar bei Euer Hochwohlgeboren in gerechtester Anerkennung meines sechsjährigen langweilen Schuldienstes allergerechtest mit diesem Amte belohnt und ich würde auch mein passabliges Auskommen mit Weib und Kind finden, wenn nicht die hiesigen Einwohner in dieser Beziehung so sehr den Gesetzen zuwiderhandelten, daß ich meine Zuflucht um Hilfe und Abstellung zur löblichen Regierung des Kreises zu nehmen gezwungen bin. Ich unterstehe mich daher, den gegenwärtigen Stand des Schulbesuches allergehorsamst vorzulegen.

1. Der Seifenblasen Wastl laßt 2 gehen und könnte 2 und 3 gehen lassen.
2. Der Kramer Natzi läßt 2 gehen, den 3. vertuscht er.
3. Die Feuchtenbäurin ließ's gehen, aber sie brauchts zum Waschtrocknen.
4. Der Binder Andrädl, der kann seit seiner letzten Krankheit keinen mehr gehen lassen, das weiß man wohl.
5. Der Thanhuber Seppl läßt 1 stillen recht brafen gehen – die sind mir auch die liebsten – allein, er sagt halt, er zahlt nix dafür, sie wärn bisher abgabenfrei gewesen.
6. Die untere Kramerin könnt 3 gehen lassen, aber sie sagt, sie brauchts im Laden, daß das Publikum ordentlich bedient wird.
7. Der obere Wirth, der ließ 1 gehen, aber sein Weib will'n aufhalten.
8. Der Spiel Wastl, der läßt zwar 1 gehen, aber stinkt schon von weitem und steckt mir meine andern an.
9. Der Meßner Toni laßt 2 gehen, der 3. ist militärpflichtig und kommt demnächst unter die Jäger.
10. Der Spandlhof Bauer, der könnt die sein auch fleißiger gehen lassen. Seine Ausrede von des zeitweise großen Wassers bedeut nix, er soll sie nur durchs Wasser gehen lassen, schadet nichts, leiden nichts dabei.
11. Der Boten Seppl soll den sein nicht so rumschießen lassen in der ganzen Gegend; wenn er einmal einem Förster unter d' Nasn kommt so schickt'n der krummgeschlossen zur Hofjagdintendanz zur weiteren Verfügung!

So der gegenwärtige Stand des Schulbesuches in meinem Dorfe: – Und hieraus soll ich meine Nahrung mit Weib und Kind ziehen? – Nicht möglich, wenn's eine königliche Regierung genau betrachten wolle. Ich bitte daher inständigst Eure Exzellenz, hierin doch kräftig mitzuwirken, und vorzüglich die Weiber, die bekanntlich hierin das meiste zu tun vermögen, gesetzlich anzuhalten. Noch lieber wäre es mir freilich, wenn von Seite der königlichen Regierung eine Kommission hier niedergesetzt würde, welche jeden, den ein Bauer gehen lassen kann und will, zu Protokoll nehmen möchte. In welcher Hoffnung gütiger Bittes-Erhör ich in Unterthänigkeit verbleibe etc.

Die skatologischen Wortspiele des »Saumüller« haben in dem folgenden Schrieb des »Schulmeisters Sporn« eine Nachahmung gefunden, für die ich den bekannten Witzbold »Gemming Gustl«

(ein bekanntes Münchener Original der 8oer Jahre) als Verfasser zu erkennen glaube:

»Königliches Landgericht!
Geruhen mir nicht übel zu nehmen, daß ich mich beklagen muß, daß die Untertanen gar keine Kinder in die Schule gehen lassen, obwohl doch jetzt keine Land- und Feldarbeit ist. Mein Salar und meine Accidenzen tragen ein schlechtes ein, so daß ich mich mit Weib und Kind kümmerlich durchbringen muß, und bei der Verteilung der Viehweide bin ich auch ganz vergessen worden.

Der Urban Resch hat 3 Kinder und laßt nur immer einen gehen.

Der Matthias Thaler läßt einen kleinen gehen.

Der Richter Franz läßt einen größeren gehen, das wären nun 3.

Der Philipp Gschwendtner aber hat einen noch größeren gehen lassen, jetzt geht er aber nicht mehr.

Der Hasbauer und der Fürstenluisl haben 3, die sie gehen lassen könnten und tuns doch nicht.

Der Stefan Hiebl wollte gern einen gehen lassen, aber sein Weib läßt ihn nicht.

Der Michael Sixt könnte 5 gehen lassen, will aber nicht.

Der Georg Salm läßt manchmal einen gehen, das wären endlich 5.

Die Regerl läßt stets einen kleinen gehen, das wären schon 6.

Ich hab jüngst den Wallhofer angredt, warum er gar keinen gehen laßt, da hat er kurz geantwort, er kann nicht, und wie ich ihm recht zugeredt hab, da hat er noch eine Weil rumdruckt und hat den großen gehn lassen, das sind jetzt 7.

Der Toni Simhardl traut sich den seinen jetzt nimmer gehen lassen, weil er öfters Abweichen hat.

Der Wirt hat immer einen kleinen heimlich gehen lassen, aber der Frau Wirtin ist er gewaltig in die Nasen gestiegen und hat den Wirt auszankt und hat gesagt, den soll er nur zu Haus lassen bei den Gästen.

Der Totengraber Barthl laßt immer einen nach dem andern gehen, weil er sie doch nicht miteinander gehen lassen kann.

Auch der Thomas Riesenbacher ließ gern einen nach dem andern gehen, aber sein Weib sucht ihn immer davon abzuhalten. Ich meine, wenn einer einen hat, den er gehen lassen kann, so soll ihn sein Weib nicht davon abhalten.

Endlich aber läßt der Johann Nußbauer auch einen gehen, aber der stinkt vor lauter Faulheit.

Und so ist es jetzt beisammen. Und ich sag halt, wenn heut einer einen gehen laßt und morgen wieder nicht, was soll da herauskommen? Jedermann soll die seinen gesetzmäßig zur rechten Zeit, und wenn er alt und fähig genug ist, gehen lassen, denn das Zurückhalten von dieser öffentlichen Anstalt ist höchst nachteilig.

So bitte ich also das wohllöbliche Landgericht, es wolle sich meiner annehmen und unter Strafe befehlen, daß jeder, der einen hat, den er gehen lassen könnte, ihn auch gehen lassen muß. Bitte auch den Weibern zu verbieten, daß sie ihre Kinder nicht so verwöhnen sollten, wie die hiesige Gemeinhalterin, der ihr Mann hat einen neulich gehen lassen und sie hat ihn am Weg aufgefangen.

Hoffe also, das hochwohllöbliche Landgericht werde das beste tun, damit die Bauern alle miteinander gehen lassen, indem ich von leeren Ausreden und von Verheimlichen und Vertuschen und Aufhalten nicht leben kann.«

Pater Marzellin Sturm läßt den Bauern, der Angst hat auf's Beichten, folgende Ode singen:

> ... es zwickt, es schneidt, es brennt wia d' Höll,
> geht doch koa Schoaß, koa Füst,
> ui, ui, wann nur a Fürzerl gang,
> net größer als mei Faust,
> daß mir der Luftballon net z'sprang ...

Das Leben läßt er geschwinder verrauchen, als einen »verzwickten (verhaltenen) Jungfernfurz;« der Mann, der unbescholten gelebt hat, stirbt mit einem »Freudenschoaß.« Nach Schmeller heißt in Großarl ein Büchsenschuß in der Christnacht (in der in der Kirche Christmette ist) ein »Mettenschoaß«. »Schoassln«: nach Fürzen riechen. Hans Sachs (1560: II, IV, 65): »Als sie (die Gaiß) einmal der pfleger sach, das er so übel hielt die gais jagt er dem Schneider ein ein schais und jhn umb zehen kreuzer straft.«

Das Wort furzen oder farzen (auch pfurzen und pfarzen) ist häufiger angewendet. Die Farz oder Pfarz: *anus*.

In einem Münchner Scherz frägt ein Bub den andern: »därfts ihr beim Essen furzen? Mir därffa!«

Ich erinnere mich einer drastischen Szene in einem Kempfenhausener Bauernhofe. Man saß beim Abendessen, Bauer, Bäurin und die Ehhalten. Da passiert's einem Knecht, daß er üble Geräusche verursacht. Sagt die Bäurin gelassen: »San s' hint aa noh auf?«

UNAPPETITLICHKEITEN.
(Kann auch überblättert werden.)

Der verstorbene Weinwirt Straßer-Sepp – ein Tyroler, der um seiner prächtig humorvollen »Straßerabende« willen in München sehr beliebt war, pflegte oft das nachfolgende Lied vom »Kuhduttn(euter)michl« zu singen:

> Der Kuahduttnmichl bin ih aus'm Land Tyroll,
> 's Liabsti, dees ischt mir a Glasl Weinerl woll, woll;
> wann's aa a Räuscherl leidt,
> bin ih deacht voll Seligkeit,
> und wann's na so auaweinalan tuat,
> sell ischt halt guat!
>
> Und draußt mit der Kuahdirn bei der Arbat am Feld,
> da wern oft gar gspassigi Gschichtlan verzählt,
> macht s' na as Miader au,
> wia ih da obaschau!
> Und wann's na so auaschmargalan tuat,
> sell ischt halt guat!
>
> Af z' Mittag friß ih von drei, vier Pfund Mehl an Blentn,
> da brauch ih koan Löffl, den friß ih mit'n Händn,
> zwoa, drei Pfund Kaas dazua,
> na hun ih völli gnua,
> und wann's na so auakasalan tuat,
> sell ischt halt guat!
>
> Mei lederne Buxn, der freut mih net weng,
> oft moan ih ban Fressn, daß ih s' völli zerspreng,
> auf amol werd mir leicht,
> 's werd aa a bissl feucht,
> und wann's na so auaschoassalan tuat,
> sell ischt halt guat.

Für die originellen Bezeichnungen der verschiedenen Gerüche sind gebräuchliche hochdeutsche Synonyma schwer zu finden; auaweinelen: von unten herauf nach Wein riechen; auaschmargalan: heraufschmiergeln; »schwoaßln«, nach Schweiß riechen; auakasalan: heraufkäseln, nach Käse riechn; auaschoassalan: nach Scheiße riechen – alles mit dem Begriffe des Heraufstoßens.

Der »Schluckser«, »Schnaggler«, »Hätscher« oder das »Aufkoppn« ist das unangenehme Aufstoßen nach einer Mahlzeit. Es wird nicht tragisch, wohl aber lustig genommen und der, dem's passiert, betont den Schluckser noch durch einen Scherz. »Epf-Opfiküachl«, sagt er im Moment des Heraufstoßens, »Öpfiküachl (Apfelküchel) iß ih jetz koa mehr.« Oder »Abs-Absalon war ein Königssohn.«

Die Unannehmlichkeiten des Naseninnern sind schon vor zwei Jahrhunderten den Patres Augustinern bedichtenswert erschienen. Schmeller zitiert aus der Faunusrolle in einer von den Patres geschriebenen Komödie:

> I schnupf kain'n Tabak,
> I trag kain Schnupftuch in'n Sack,
> I schneuz mi gleich in d' Hand
> und wirf den Klachel an d' Wand,
> Cäremonien und Compliment
> nutzen ja kain'n Flickrement.

Der Klachel: »Rotzklachl«, Nasenschleim; »der Baur packt'n mit zwoa Finger und schmeißt'n weg, aber d' Stadtleut schieb'n in d' Taschn.« Den kleinen Kindern hängt eine »Rotzglocke« herunter; vielleicht den großen auch:

> mei Alti, mei Alti,
> werst nimma lang taugn,
> es tröpflt dir d' Nasn
> und rinna dir d' Augn!

> Und daß uns d' Nasn rinnt,
> dees macht da (Schnupf-) Tawag,
> und mir vögln dee Menscher,
> dee wo neamad mag.

Pepl: der Nasenschleim. Ein »Rotzpippl« ist ein unreifer Bursche, der einen »Schneuzhadern« oder ein »Fazinettl« (*fazzoletto*) braucht, mit dem ihn ein Erwachsener von den Äußerlichkeiten seiner Unreife befreit. Es gibt ein sehr lustiges schwäbisches Vierzeilerchen:

> Hon emol in's Tischtuch gschnitzn,
> hat mei Vater fürchti tau (arg getan):
> hascht denn du au gar kei Bildung,
> kannscht da Rotz it hänga lau?

Zur »Rotzglocke« die »Sauglocke«, die einer »läutet«, der sich »'s Maul net ausgwaschn hat« – der Zoten auftischt. Der Ausdruck Sauglocke ist übrigens ursprünglich von ganz anderer Bedeutung: nach zahlreichen bayerischen Sagen sind vielfach Glocken durch Schweine aus dem Boden gewühlt worden, u. a. die große »Kaiserglocke« zu Kastl (Oberpfalz), die in Berngau von Schweinen ausgewühlt worden sein soll und deren Geläute darum Folgendes besagt:

> Ih bin voh Berngau,
> ausgewühlt von ara altn Sau.

Die bäuerliche Reinlichkeit wird durch eine Redensart dementiert: »in d' Händ gspiebn und eigschlagn«. Tatsächlich spucken die Bauern oft ganz geräuschvoll in die Hand, wenn sie zur Bekräftigung eines Handels zum Handschlag gehen. Aber sonst ist das *sputum*, der »Speibbatzn« eben doch auch recht minderwertig, und man weist z. B. einen zudringlichen Frager mit den Worten ab: »dees geht dih an Speibbatzn oh.« »Speibn«, sich erbrechen: »er speibt wia a Hochzetshund«, der von den Abfällen des Hochzeitsmahles usw. »Er garbt wia an Lederer sei Hund«, wie des Gerbers Hund, der unbekömmliche Lederabfälle wieder von sich geben muß. Ein ganz merkwürdiger Ausdruck für Erbrechen ist: »den heiligen Ulrich anrufen« oder »nach Augsburg fahrn« (St. U. ist der Patron des Bistums A.). Weigand erklärt die Redensart damit, daß in früherer Zeit Leute, die aus dem von St. Ulrich in der Messe auf Schloß Firmian in Tyrol gebrauchten Silberkelch tranken, von schwerer Beängstigung sich frei machen wollten. »Wülln« (Schmeller führt auch das isl. oela = *vomere* an) heißt in der älteren Sprache »Ekel, Erbrechen verursachen«. »Der (schwangeren) Frau wült gerne«. »Speibn wia a Roaga« (Reiher). Eine sehr häßliche Redensart für Erbrechen: »über d' Zung runterscheißn«.

Z' Minka hon ih a Sulzn gfressn,
z' Sendling hon ih s' gspiebn,
z' Forstnriad hon ih in d' Hosn gschißn,
z' Unterdill bin ih bliebn.

Die Schwaben sollen in der Franzosenzeit einmal mit etwas unappetitlichen Hilfsmitteln den Feind vertrieben haben, wie uns ein Gedicht über die Belagerung von Wunderkingen erzählt:

Ihr Bürger, standet in's Gewehr!
D' Franzosa rucket a,
sie rucket scho da Kreuz und Quer
beim hintra Tearle[1] ra.

Ihr Männer, fasset Muet und List,
sonst gauht's mea hinterschgefür,
verkloibet 's Tearle mit Dreck und Mist,
und schiebet's Riegele für!

Ihr Männer, hurtig d' Spritze raus!
Und Weiber, gumpet nei[2]!
Nau spritze m'r so Strudla raus,
nau traut sih koiner rei.

Der Veit, der Michl und der Leahrt
und's Deigelesbickeles Hans,
dia stand mit'm alta Fuierrohr
scho draußta auf der Schanz.

Und's Untra Böcka Käthr und d'Marie,
und's Obra Wirtes Magd,
dia ziehn mitanander d'Hauptstraß nauf,
d' Kanona ohne Rad[3].

---

[1] Törchen;   [2] pißt;   [3] vierschrötige Weiber werden in obszönem Sinne Kanonen genannt; vergleiche im Altbayrischen (Queri, »Bauernerotik« *pag.* 184.): Im Manöver is's ihr woltern guat ganga, / i da is's an ganzn Tag / mit ihrer Kanon für d' Soldatn higstana;

Der Burgamoischter gauht[1] vora,
der haut[2] Stera! Mordio!
er hat da graua Kittl a
und Franza am Schapoh.

Und's Herrle[3] legt si au no drei,
dear reit sei Räpple fei,
und auf der alte Spiegelkuh
reit d' Köchin hinta drei.

Und hinter deam wohlweisa Rat
gauht der Deaner von der Stadt,
er hat da kloina Säbl a
vom groassa Goliat.

Und fällt a Bombakügale
auf uira Städtle ra,
nau schreiet'r alle: fuirio!
und brunzet drüber na!

[1,2] geht und hat. [3] Pfarrer.

Speanzln.

Speanzln – die Herkunft des Wortes ist schwer nachzuweisen. Vielleicht ist speanzln verdorben aus »speranzln«, das eine Liebhaberei ohne ernstliche Absichten bedeuten würde. (In dem Wort steckt das italienische *speranza* = Hoffnung.) Doch ist einer, der »speanzlt«, eigentlich noch kein Mädchenverführer; er liebäugelt wie jeder, der das Ende seiner Absichten selbst noch nicht weiß. Er macht verliebte Augen, weil er an einer Schönen eben Gefallen findet. Aber der Warner tritt vielleicht gleichwohl auf den Plan und bedeutet dem Mädchen: »Es schaugt nix raus bei dera Speanzlarei!« Der »Speanzler« »schmutzlt«: er lächelt (schmunzelt) eine an:

> Bal schmutz ih, bal lach ih,
> bal schau ih dih oh,
> bal ziahg ih dih zuawa,
> gern hab ih dih schoh.

Also will der Bursch »ohbandln« (anbändeln); er macht einer Schönen die »Stanz«, die Cour, den Hof. Auf die Stanz gehn, auf der Stanz sein: an's Kammerfenster gehen, aber auch zu irgendeinem andern Vergnügen gehen. (»Die Kinder san schoh wieder auf der Stanz, dee Herumflankierer!« klagt die Bäurin, wenn die Kinder von der Schule nicht rechtzeitig heimkommen.)

So hat das »Dechtlmechtl«, der Anfang der Liebschaft, begonnen. Wenn früher (nach Schmeller) das Wort die Bedeutung von Wirrwarr, Durcheinander, Zank hatte, so zeigt es heute das Gegenteil an: die beiden beginnen, »hoamlih« (vertraut) zu werden. Er ist in sie »ganz Aff«, oder sie in ihn und es wird lebhaft »karessiert«. (»Wia a roter Hund karessiern« sagt die Redensart von einem vielseitigen Karesseur.) »Sie weigt's aa oh« – ihr macht die Sache auch Spaß, und so darf er sich wohl herausnehmen, sie »am Koderl« zu »kratzn«, am Kinn zu streicheln. Und das Verhängnis ist fertig: schon »halsen« sie sich und »bussln« sich.

Der Ausdruck »halsen« ist schon in der älteren Sprache gebräuchlich. Schmeller zitiert u.a.: »Da viel sy (die Königin von

Ungarn) nyder auf bayde knye und der kunig eyllt vast zue ir, unnd hueb sy auff und bot ir dy Hanndtt und halset sy ein wenig ...«
»Da ging des kunigs muetter zue dem kunig und gab ym gelügk und halset yn, desgeleichen er sy auch« (Wstr. Beitr. III 123, 131).

> Der Bauer hat d' Bäurin ghalst
> drobn auf der Stiagn;
> is recht, sagt der Knecht,
> so hals' ih halt d' Dirn.

Vielfach hat halsen die Bedeutung von *coïre*. Schmeller zitiert:
»Auch sind vil junkfrawen die vast halsen und doch sprechen sie sin jung frawen«; *Cod. germ. Mon.* 4214, *fol.* 49 b.
»So flußt der som nit uß der matrix zu der zyt so die fraw gehelset wirt«; das. *fol.* 50.
»Dorumb sint etlich frawen und manne die allein ums lusts willen helsen ... darumb das die fut der frawen vil süßigkeit hat«; das. *fol.* 56.
Helsen steht in diesem Sinne immer in den *Problemata Aristotelis* (*Cod. germ. Mon.* 4876: *fol.* 153 ff). »Item welcher man nit helssen mag ... neme loröle und salbe die lenden damit so wird der zagel wider vfstan«; (*Cod. germ.* 591, *fol.* 261).
»Gelb veyel wasser ist guet denen die zu sehr gehalset haben«, *Cod. Germ. Mon.* 4570, *fol.* 37.

Das Mädchen hat nun seinen Schatz, Liebhaber, Gernhaber, sein »Gspusi« (von *sponsa*), den »Ihrigen« oder ihren »Kundn« gefunden. Oft zu früh:

> Kaam, daß's Deandl
> zwölf Jahr is alt,
> hat's schoh an Kuntn,
> Bua! Dees is z' bald.

Frühzeitig hat sie drum gebeten; vielleicht ist sie in der Thomasnacht (21. Dezember) nackt auf ihrem Schemel vor dem Bette gekniet und hat die Beschwörung gesprochen:

> Schami, ih tritt dih,
> heiliga Thamerl, ih bitt dih,
> laß mir heunt Nacht erschein
> den Herzallerliabstn mein!

– und was andere Beschwörungsformeln und -zeiten mehr sind.

Der Geliebte darf nun an's »Fensterl« kommen; sie geht mit ihm zum Tanz, sie beschenkt ihn auf dem Jahrmarkt und wird wieder beschenkt. Sie gehen auch schon »in die Grean«, ins Grüne, in die freie Natur. Weiß Gott, zu welchen Zwecken; Abraham a Santa Clara predigt:

»Spazieren die Menscher statt der Predig in die Grüne, geschicht aber wohl daß ihnen die grüne Farb eine üble Hoffnung bringt, und bleibt ihnen von der Predig nichts anderes übrig als der Verkündzettel.« (Schmeller.)

Das Schnaderhüpferl singt:

> Geng' ma ausser in d' Hollerstaudn,
> geng' ma ausser in d' Grean,
> sitzt der Gicklgockl auf'm Hennabuckl,
> wolln ma sehgn, was dee tean!

Oder deutlicher:

> 's Deandl und der Bua
> hupfa der Staudn zua,
> 's Deandl, dees hat sih gwiehrt,
> daß sö dee Staudn hat grührt.
> Tralala, da paß auf,
> dees geht schö,
> dees muaßt versteh!

Aber schließlich handelt sich's ja vielleicht um Präliminarien zur Ehe, und das Mädchen meint eben zu leicht, schon »das Brautpfoad« (Brauthemd) anzuhaben. Was hilft's dem Mädel, wenn »sie's net hergibt« und »nix drüber komma laßt, als wia d' Schabn – dee derfressn s'« – so mancher will die »Katz im Sack« nicht:

> Ih mecht so gern a Reichi
> mit recht viel Geld und Guat –
> da sagt sie gleih: Du Bettlbua,
> geh du an Teifi zua!

Ih wüßt mir schoh an Armi,
dersell waar anderst schö,
ih kann net runter fressn,
es werd uns sauber geh.

Jetz nimm ih mir a Mittlere,
heunt pack ich s' noh beim Gnack,
was Unprobierts is gar net schöh,
ih kaaf koa Katz im Sack.

Kammerfenster.

Schmeller schreibt darüber:
Das Kammerfenster, auf dem Lande vorzüglich das Fenster an der Kammer, in der ein unverheiratetes, mannbares Mädchen schläft, sie sei nun die Dirne oder die Tochter vom Hause. An diesem Fenster seufzen die noch unerhörten ländlichen Liebhaber, freuen sich ihres Glückes die erhörten, jammern und verzweifeln oder trotzen und schelten die verschmähten.

An oder unter's Kammerfenster geh, oder kurzweg fenstern, fensterln (Fichtelgebirg: schnurrn; Schweiz: chilt gehen oder chilta; Vogesen: schwammen; Kärnthen: brenteln; Steiermark: gasseln; schwäbisch: fugen), des Abends oder Nachts ein Mädchen besuchen, welches meistens in allen Ehren geschieht.

»Ich gierig nach lieb gägengang, als ich vor dicht hett getan. Da ich bekam als man sol stan zu liebs fenster an ain mand, ain clunsen ich da vand«, Cod. germ. Monac. 270, fol. 103 b. »Das ihr zu nacht gefenstert het«; »weil du jhr alle nacht thust fenstern« (Hans Sachs).

Anfenstern: zu Nacht an der Geliebten Fenster klopfen.

»Hast du die Fastenzeit durch nicht gefensterlt?« fragte ein Beichtvater einen ehrlichen Bauernknecht. »Ach nein, Herr Pater, die Zeit ist gar zu heilig; aber nach Ostern, will's Gott, wird's wieder angehen!« (Schreger's Zeitvertreiber). »Daß die Hausväter ihren Kindern und Ehalten das Auslaufen und daß nächtliche Fensterln fürterhin nit gestatten«, Mandat v. 1635. In der Bayreuth. Poliz. Ord. v. 1746 wird der bei Handwerksburschen und Dienstboten eingerissene schändliche Brauch, das Fenstern genannt, bei 5 Gulden Strafe verboten.

Pater Abraham a Santa Clara sagt in einer Predigt: »In einem gewissen Hertzogthumb ist bey den gemeinen Baurengesellen das Buelen, welches sie das Fensterl tauffen, also gemein, daß sie mehrmahlen bey nächtlicher Weil auch im rauchisten Winter über etliche Stund gehen, eine halbe Nacht den Kopf zum Fenster hinein halten und offt ganze Eiszöpff unter der Nasen ziglen; ein teuflisch *Peristasis*, wo Hitz und Kälten in einem Losament.«

> »Wenn öng der Schörg beim Fensterl findt,
> so schreibt er auf d' Verhör euer Sündt,
> da könnt ihr dann brav zahlen müssen,
> oder im Stock und Geigen büßen.«

»Der Obmann fährt auf einem Heuwagen die Fensterl Register von 3 Jahren« (Charfr. Proz. *pag.* 46. 199).

Wegfenstern: den vor dem Fenster stehenden Liebhaber abfertigen (Nürnberg).

Das Kuahfenster treffen: fehlgehen, den Zweck verfehlen. »Haillosen Buechschreibern«, sagt Puterbey, »soll man das Kuefenster zaigen«.

gasseln: fensterln; auf die Gasse gehen.

Schmeller schreibt: Gäßlein gehn, dem geliebten Mädchen vor, und wol auch in ihrem Schlafkämmerlein einen nächtlichen Besuch machen.

> Wenn ih in 's Gassl geh,
> geh ih alloa,
> wann ih gan (zum) Deanal kimm,
> muaß s' mir auftoa.

Gäßeln, auf nächtlichen Besuch zum Liebchen gehen; angäßeln bei einer: bei einer zusprechen.

Der Gaßlbua: Nachtschwärmer.

»O Gässelnascher!« (Predigt von 1460), *Monac. Augustin.* 84, f. 67b). Das Gaßllied oder Gaßlreim, Lieb-, Lob- oder Spottlied, das vor dem Kammerfenster eines Mädchens gesungen wird. (Was in Bayern fast völlig abgekommen ist. Möglicherweise sind die nachstehenden Vierzeiler ehemalige Gasselreime:)

> Wann's bumbert im Kammerl,
> tuat d' Mutter scheltn,
> wann ih sag, dees is d' Katz,
> laßt sie's doh net geltn.

> Steht a Wetter am Himmi,
> aber donnern tuats net,
> steig eini beim Fenster,
> aber lärma därfst net.

> Spiaglhoater, spiaglhoater,
> wia glanzn dee Stern,

und wia geh ih zum herzliabstn
Deandl so gern.

Zum Deandl bin ih ganga,
hab's Fensterl verfeit[1],
hab dreiviertl Stund
an dee Wänd ummakrait[2].

Steig net so laut auffi,
mei Büaberl, sei gscheidt,
geh fei auf dee Zechern[3],
sunst weckst meini Leut.

Geh weg voh mein Fenster,
laß nach mit dein Singa –
wannst a richtiger Bua waarst,
waarst lang schoh herinna!

Hab's Loaterl ohgloant[4]
und bin auffikraxlt,
da Schiargnbua[5] is kemma,
hat mih abighaxlt[6].

A lebfrischer Bua
geht an Almdeandl[7] zua,
a langweiliger Knecht
is fürs Hoamdeandl[8] recht.

Zwischn deiner und meiner
i's Hemad zerrissn,
geh net so gnau zuawa,
kunntst einiwischn.

Zu dir bin ih ganga
drei ganzi Wocha,
bal ih nomal zu dir geh,
wer ih heilih gsprocha.[9]

---

[1] verfehlt; [2] an der Wand gekrallt; [3] Zehen; [4] die Leiter angelehnt; [5] der Scherge (Nachtwächter); [6] bei den Füßen heruntergezogen; [7, 8] Almerin und Hausdirne; [9] so harmlos war die Sache.

Wia höher der Kirchturm,
wia schöner as Gläut,
wia weiter zum Deandl,
wia größer die Freud.

Jetz muaß mir mei Vater
an Schimmi kaufn,
und ih konn net all Nächt
zu mein Deandl laufn.

Zwoa schneeweißi Täuberln,
zwoa Flitscherln, blawi,[1]
geh net so laut eina,
hört's d' Muader abi.

Da steig ih net auffi,
da klopf ih net oh,
da kriagat ih a Glasl,[2]
dees wissat ih schoh.

Wia klüager die Alm,
je klüager da Wind,
und wia klüager das Deandl,
je größer die Sünd.

Deandl, geh her zu mir,
alloa is mir load,
wannst's Kitterl net findst,
gehst her in der Pfoad.[3]

Drei Federn am Huat
und a blawe darunter –
geh net so laut eina,
werd d' Muader munter!

Narreter Bua,
hast an narrischn Sih,
kimmst allmal daher,
wann ih schlaaferih[4] bih!

---

[1] blaue;   [2] einen Korb;   [3] im Hemd;   [4] schläfrig.

Wann ih d' Woch fünfmal geh,
schaut mih d' Melz[1] oh,
sagt mir: du Schlankl,
was hast denn dee ander Weil toh.

Heiratn mag ih net,
is ma noh z'früah,
koan Warmstoa brauch ih net,
kalt is ma nia.

Mit'n Kartln, mit'n Hoagastn,[2]
da han ih koa Glück,
werd da Beutl so mager,
wern d' Menscher so dick.

Und's Deandl hat a Freud,
ja, dees woaß ih voneh,
hat's koa Freud, bal ih kimm,
hat's a Freud, bal ih geh!

Hon ih's net gsagt:
kimmst um halber acht?
Und kimmst um halber Neini!
Dummer Bua, darfst net eini!

's Kreistl[3] is's Bett,
in der Mitt a Grüaberl,
und dee feinigsten Buam
san dee Holzerbüaberl.[4]

Lusti is's gwen
in fertinga[5] Summa,
bei'n Deandl in Kreister
is d' Nacht bald uma.

Und der Gucku im Wald
is a schlaucher Vogl,

---

[1] Melz ist nach Schm. im Süden des Chiemsees ein Mädchen, ledige Weibsperson. Meitz, Mädchen (Melz. oder mladice?), vom tschech. mlaiice, Dirne;   [2] mit Kartenspielen und Visitmachen;   [3] das Sennerinnenbett in der Almhütte, meistens sehr primitiv;   [4] Holzknechte;   [5] im vorigen.

's Deandl paßt auf an Buam,
drum schlaft's so rogl.[1]

Traustoana Metzger,
dee habn a großs Gäu,[2]
ham überall Menscher
und Kinder dabei.

Aff d' Frey[3] bin ih ganga,
ha's Laiterl oaglaint,
ha gsungen und pfiffn,
ma Schatzerl hat gwaint.

Bei der Nacht scheint der Moh,
und beim Tag kraaht der Hoh,
wann ih's Deandl am liabstn hab,
muaß ih davoh!

Aba zu dir bin ih ganga
bein Regn und bein Wind,
und zu dir geh ih nimma,
weil an andana kimmt.

Und balst mih net magst,
und na sag mir's nur gschwind,
und an andane Muattan
hat aa a schöns Kind!

Ih hätt a guats Bett für dih,
därfst es schoh glaubn,
und wannst ma mei Golta z'rüttst,[4]
bach ih dir Straubn.

Deandl hopsasa!
Und wann der Gadern net wa,
und waar der Gadern net für,
so gaang ih eini zu dir.

---

[1] locker, leicht wach werdend. [2] Revier; [3] Freite; [4] wenn du meine Bettdecke aufrüttelst (obszön).

Tanzn und schwanzn,
schöni Gsangl singa,
koan Gadern net auftoa,
frisch überi springa!

Schö san s' schoh,
schöh san s' schoh,
dee Neuwalder Menscher,
aber z' hoch ham s' es drobn,
eahna Kammerfenster.

's Deandl hat birschwarze[1] Äugerln
und wia a Täuberl schaugt's her,
und bal ih beim Fenster an Schnaggler tua,
hoslt's[2] im Hemad daher.

   Z' Alm is guat liegn und guat loan,
   is koa Baur und koa Bäurin dahoam,

Ih bitt ditt dih gar schö, ei du, mei liaber,
und wannst vorbeigehst, so kehrst halt zua,
und wannst moanst, daß ih schlaf,
so wirfst a Stoanderl auf mei Dach!

***

Zu mein Deandl, da sollt ih geh,
vor sein Fenster da sollt ih steh.

»Wer is da draußt, wer klopft so lang,
der wo so staad anklopfn kann?«

»Ja steh nur auf und lass mih eini,
es werd da rechti Bua schoh seini!«

»Ja eini lassn konn ih dih noh net,
weil Vata und Muatta, dee schlaffa ja noh net,

und Vata und Muatta, dee schlaffn eini,
konnst bei mir schlaffn ganz alleini!«

---

[1] beerenschwarze;   [2] hoselt: hüpft.

»Ja einen Taler und den gieb ich dir,
wann ich schlaffa därf heunt Nacht bei dir.«

»Geh, ghalt dein Taler und kaaf dir a Haus
und suach dir an anders Deandl raus!«

»Aber du werst oft trauern, du werst oft woan,
du werst oft denka, waarn ma mitananda hoam!«

»Ih wer net trauern, ih wer net woan,
ih wer net denka, waarn ma mitananda hoam,

aber's Bettstattl hat sih gwendt,
und mit unsera Liabschaft, da hat's an End!«

Die nachstehenden Vierzeiler – grob und fein gemischt – sind für die Art der alten Gasselreime typisch:

Herztausiger Schatz,
und wannst maudast[1] mit mir,
ih führ dih an Sunnta
halt aa net zum Bier.

Mei Liaberl hat's Fiaberl,
hat's alli drei Tag,
ih schaug mir um a Liaberl,
dees's Fiaberl[2] net hat.

Und a Schneeal hat's gschniem,[3]
waar ih gern dahoam bliem,
zwenga[4] zwoa warmi Knia
bin ih net dahoam bliem.

Und a Liab ohne Freud
is a Wagn ohne Rad,
is a Baam ohne Blatt,
is a Bild ohne Gnad.

---

[1] maulen, schmollen;   [2] wohl Anspielung auf die *menses*;   [3] geschneit;   [4] wegen.

Im Winta, da gfriert's,
und im Winta is's kalt,
geh, heirats koan Altn,
es gfriert enk gar bald.

Und's Deandl is krank,
liegt dahoam auf der Bank,
kimmt der Bader[1] dazua,
waar eahm liaber der Bua.

Je höcher der Berg,
je kälter da Wind,
je schwärza[2] da Loda,
je schöner werd's Kind.

Jetz hab ih zwoa Schatzerln,
an alts und a neus,
jetz brauch ih zwoa Herzerln,
a falschs und a treus.

Und wia muaß ih denn toa,
bih zum Heiratn z'kloa,
zum Ledihbleibn z'schlecht,
bih nindast[3] net recht.

Daß ih dih garit mag,
sell sag ih net,
aber wannst a bißl saubra waarst,
schadn kunnt's net.

Und so san s' heuntzutag,
und so is dee kloa Waar,
und san schoh am Tennat,
ham noh koani Haar.[4]

Bal Sunn und Mond arschling geht,
's Roß auf dee Festln[5] steht,

---

[1] der Ortsheilkundige *kat' exochen*; [2] je verwilderter; [3] nirgends; [4] ganz junge Leute gehen schon auf den Tennenboden, um dort in der Verborgenheit zu sündigen – und haben noch kaum Haare (*scil.* an der Scham); [5] Fesseln.

bal da Schneck Baamwoll spinnt,
na liab ih dih gschwind!

Und dee wo koa Fenster hat,
von der woaß ma's gwiß,
daß s' von dee Menscher
dee guattüacher¹ is!

Mach auf, du alts Rafflscheit,²
mach auf, du alts Biß,³
und a Mensch muaß ih dennerst ham,
und wann 's wiaderwöll⁴ is.

Mach auf, du Alti,
ih mach mir nix draus,
ih muaß heunt oani halsn,
schaugts' wiaderwöll aus.

Beim Bachofa draußn
is alles voll Ruaß,
und's Deandl hat Angst,
bal's beichtn geh muaß.

Der Kropf is großmächti
und's Gsicht is zaudürr,
und bal ih's Mensch halsn will,
steht der Kropf für.

Aber's Fenster und's Bett,
dees mag ih gern broat,
und a schlaaferigs⁵ Deandl
is mir allweil verloadt.

Moanst allwei, du bist schö,
is aber net wahr,
bist düpflt⁶ und gmalt⁷
und hast roti Haar.

---

¹ guttüchern; merkwürdigerweise ist ein mit »gutem Tuch« verglichenes Mädchen ein »übelbeleumundetes«;   ², ³ siehe das Kapitel »Wider das Weib«;   ⁴ wie es auch sein wolle;   ⁵ schläfrig;   ⁶, ⁷ Sommersprossen und voll Muttermälern.

Da Baur und da Hund
ham mir's Mensch net vergunnt,
hab's schoh ghabt bei da Pfoad,
ham ma's wieda vojoad.[1]

Dee Passauer Menscher
ham Kopftüachl auf,
hängt der Zipfi auf der Seitn,
steht Lumpamensch drauf.

Ih kenn a schöns Deandl,
dees hat an schön Gang,
mit oan Fuß tuat's Gras maahn,[2]
mit'n andern heugt's[3] zsamm!

Die ursprüngliche naive Auffassung des Fensterlns als einer Art heimlicher nächtlicher aber gleichwohl erlaubter Unterhaltung zwischen Bursch und Mädel kommt in dem nachfolgenden Lied zum Ausdruck:

Heunt is dee Samstanacht,
wo mir mei Herzal lacht,
heunt geht's noh lustih zua,
heunt kimmt mei Bua!

Mein Vatern hab ih schö ohgschmiert,
hab eahm sein Hund eigspirrt,
daß er koan Lärm net macht
heunt bei der Nacht!

Wia mir mei Herzal springt,
wann da Bua zo mir kimmt,
wann er bein Speltnzaun
eina tuat schaun!

Wann da Bua zuawageht
und auf da Greed scho steht,
lacht mir mei Herzal schoh,
redt mi glei oh.

---

[1] verjagt;   [2,3] mähen und heurechen.

Kimmt er zur Hüttn hi,
wo ih schoh drinna bi,
laaf ih glei auf'n zua:
»Grüaß dih Gott, Bua!

D' Zitha liegt auf'n Tisch,
spiel noh gleih landlerisch,
spiel noh und sing aa gleih
Schnadahüpfei!«

Da sagt da Jaagasbua:
»Liadln konn ih grad gnua,
Landler schö staad und fei
spiel ih hint drei.

Deandl, dei Jugnd,
dei schöni Manier
und dei kreuzbravi Tugnd
ham mih hergführt zo dir!

Deandl, dih mag ih,
auf dih gieb ih acht,
und du hast a Guraschi,
a Schneid bei da Nacht!

Obn auf da Alma,
da vogeht da Schnee nia,
und da geit's schöni Kalma
und schwarzbrauni Küah.

Deandl, dih laß ih net
und ih kunnt ja net lebn,
hättst du zon Verdruß
noh an andan danebn!«

»Ih glaub, daß da Vata kimmt,
mach dih nur außa gschwind,
geh deina Hoamat zua,
grüaß dih Gott, Bua!«

Dagegen schildert das bekannte Tanzlied »'s Deandl mit'n rotn Miada« in seiner ersten und in der letzten Strophe die heimliche Unterhaltung und ihre Folgen:

> »'s Deandl mit'n rotn Miada,
> dee is mir dee allaliaba!
> Warum sollt's mir net liaba sei,
> wann ih kumm, laßt's mih ei,
> 's Deandl mit'n rotn Miada,
> dee is mir dee allaliaba.«

> »Jatz hab ih mir a Baamal ausgschaugt
> und hab mir a Wiagal draus ghaut;
> stöß's Wiagal hin und her,
> 's Büabal siegh ih net mehr –
> hätt ih mein Büabal net traut,
> hätt ih koa Wiagal net braucht!«

Einen ganz wunderlichen Singsang über Erlebnisse nach dem Fensterln teilen die »Deutschen Gaue« mit:

1.

Laß mih aus bei der Nacht, laß mih geh bei der Nacht,
denn heut laß ih wieder alles liegn und steh bei der Nacht.
Laß mih fort bei der Nacht, laß mih hin bei der Nacht,
denn mei Deandl wird net wisse, wo ih bin bei der Nacht.
Und der Hund der is mei größter Feind im Haus bei der Nacht,
der Lackl[1], macht Spitakel, dees is aus bei der Nacht.
Refrain: Und ih geh bei der Nacht, gar so gern bei der Nacht,
denn es leucht der ganze Himml voller Stern bei der Nacht.

2.

Freut's dih net bei der Nacht, wann ih kumm bei der Nacht?
Ei, so kehr ih gleih wieder um bei der Nacht.
Ih lauf naus bei der Nacht, zu der Tür, bei der Nacht,
und der Bauer, der steht gleih hinter mir bei der Nacht,
Und der Bauer hat mir oani auffigschmiert[2] bei der Nacht,
und den Flecke voh dem Steckn hab ih gspürt bei der Nacht.

---

[1] Siehe S. 43;   [2] hinaufgeschlagen.

3.

Pfüat dih Gott bei der Nacht, schlaf recht wohl bei der Nacht,
denn wegn deiner hab ih heut mein Buckl voll bei der Nacht,
Ih nimm mein Weg bei der Nacht durch'n Wald bei der Nacht,
da is's gar koa Wunder, wenn ma fallt bei der Nacht.
Wie ih nauskimm, fragn mih d' Holzleut, was ih will bei der Nacht,
und dee Lackl packn d' Hackl gleih beim Stiel bei der Nacht.

4.

Und der Weg bei der Nacht is mei Freud bei der Nacht,
und zum Mühlbachl hab ih nimmer weit bei der Nacht.
Und der Mond bei der Nacht leucht so schö bei der Nacht,
und beim Mühlbachl über's Brückl muaß ih geh bei der Nacht.
Auf amal gibt's mir in mei Herz an Stich bei der Nacht,
auf'm Brückl liegt a Stückl von an Viech bei der Nacht.[1]

5.

Wann ih hör bei der Nacht zwölfi schlagn bei der Nacht,
und da fahrt da Spirifankerl[2] mit seim Wagen bei der Nacht.
Und dees G'spenst bei der Nacht is gar bös bei der Nacht,
dees macht allzeit a Grumpel, a Getös bei der Nacht.
Ueber's Hexnbergl, da bin ih gfohrn bei der Nacht,
hat mei Schimmerl seine Trümmerl[3] grad verlorn bei der Nacht.

6.

Irr ih hin bei der Nacht, irr ih her bei der Nacht,
ih hab Gsichter gmacht, als wann ih neamad wär bei der Nacht,
ih lauf naus bei der Nacht in den Sand[4] bei der Nacht
und erwisch a saubers Madl bei der Hand bei der Nacht.
Die Kellnerin lauft mir nach und schreit halt! bei der Nacht,
Wein und Braten ham Euer Gnaden noch net zahlt bei der Nacht.

---

[1] der bekannte gespenstige »Brückenpudl«; [2] Teufel (mit dem wilden Heer); [3] Hufeisen? Roßäpfel? (dem Pferd geht's in Angstmomenten wohl nicht wie dem Menschen); [4] Grieß? Das Lied muß irgendwo im Isartal entstanden sein, wie Holzknechte, Brückenpudl, Hexenbergl u. a. mehr besagen. In den 50er Jahren wurde es in München viel gesungen. Die obige Fassung ist teils nach den »Deutschen Gauen« mit Änderungen, die mir der 80jährige Schuhmachermeister Koller in Starnberg mitteilte.

Diese nächtlichen Affären, die sich beim Fensterln ereignen, gehen den Tag nichts an. Ludwig Thoma singt ganz richtig:

> Und da Pfarra bei'n Tog
> Ko plärrn wia'r a mog,
> Bal 's d' Leut amal sehgn,
> Is d' Hauptsach scho gschehgn.

Und in der Leutasch heißt es ja:

> »Balst net derwuschn werst,
> na is's koa Sünd!«

So wird also die Sitte, so sehr man ihr auch entgegenarbeitet, wohl kaum auszurotten sein und der »Gernhaber«, »Schatzhauser« oder »Betthas'« – wie man begünstigte Burschen nennt, werden ruhig weiter zum »Hoagartn«, »Hoagascht« oder »Nachtba« gehen, wie das Fensterln und Gasseln weiterhin benannt wird. »Heimgarten« ist dem Leser wohl geläufig, das Wort »Nachtba« ist nicht mit Nachbar identisch, wenn es auch in dem Begriff »auf'n Nachtba geh« (zum Fensterln gehn) so erscheint. Die »Ba(r)« ist Gebahren, Betragen. Eine »Nachtba« haben: eine unangenehme nächtliche Gewohnheit haben – in's Bett pissen.

Das bewußte Fenster, oder besser die Kammer dahinter, sind das »Gäu« des Burschen, der Gau, der ihm allein gehört. »Gäu« in dieser Bedeutung ist das Geschäftsrevier des Metzgers; »oa Metzger soll dem andern net in's Gäu geh« – jeder soll sein Vieh in bestimmten Bezirken aufkaufen. Und wie diese Redewendung auch in Liebesaffären angewandt wird, so treffen wir hier auch auf einen andern Metzgerspruch: »an Metzgergang macha« (vergeblich um Vieh angefragt haben): vergeblich an's Fenster gekommen sein; das Deandl hat sich in der »Liegerstatt« nicht »gemuckst« oder »a Loch in' Barchet grissn« – ein Loch in den Bettüberzug geschnarcht.

Oder der Bauer hat den Burschen »gegamst«, weggejagt, daß er wie eine Gemse gesprungen ist.

Oder er ist »hoamgscheitlt« worden: ein oder mehrere Rivalen haben ihn mit großen Holzscheitern beworfen. Daß derartige Heimtücken oft sehr schlimm ausfallen, beweisen zahlreiche Münchener Strafakten.

Aber das Kapitel soll nicht tragisch schließen; das nachfolgende nächtliche Zwiegespräch zwischen Knecht und Dirn behauptet

Professor G. auf einer seiner Landschafterreisen belauscht zu haben:

– Geh, laß mih eina zu dir!
Na, ih mag net, ih bin so müad!
– Geh, laß mih alt eina!
Mih leckst im Arsch, ih mecht schlaffa!
– Na zahlst mir a Maß Bier, daß ih zum Wirt geh koh.
Ih mag net!
– Konnst mih schoh gern ham aa! Für was hast es denn? In Himmi laßn s' dih net nei damit, in da Höll verbrunzt es und vom Brunzn alloa werd's aa net hi!

Coïre.

Vogel: der weiße Samenfaden im Dotter eines vom Hahn befruchteten Eis.
Vögel im Gesicht haben: Pickelchen (Eitervögl, Materivögl, Wimmerl) i. G. h.
Vögeln (*coïre*); Schmeller bringt die folgenden Auszüge:
 »Da vogelt sich die stoerichinn mit aynem andern storchen und e daz ir man cham do vlog si ab zu dem prvnn und padet sich in dem prvnn daz nicht ir man der storch dez gesmachez der vnchaeusch enpfünd«. *Gesta Romanor.*, Cgm. 54, f. 6b.
 »Die antreichen sint so unkäusch …wa ir nur dan ainr ist und neur ain änt under in ist, die vogelnt si ze tod«, Konrad v. Megenberg, Pfeiffer 169, 20.
 »Der taubhai wirft seinen gewachsen kint auz dem nest, aber e er si herauz werf, so vogelt er si vor«, das. 181, 19.
 »Ez ist auch gewisleich war, daz etleich taubere die art habent, die nümmer gevogelt werdent und käusch beleibent«, das. 181, 31.
 »Diu kränchinn stet, wenne si der kranch vogelt«, das. 192, 9.
 »Er spricht auch, daz kein ai perhaft sei denn der gevogelten sien air, da des ern sam zuo gemischet ist«, das. 195, 10.
 »Si werdent nicht allzeit recht gefügelt, wenn si perhaft air habent«, das. 216, 16.
 »Daz er (der han) der hüener nimer gevogeln mag«, »Arzneybuch«, (Progel's Msc.), f. 85 b.

> »Es ist gar eine boese henn,
> die kosen will bi ainem tenn
> und wonen will bi ainem han
> und sich nit wil füglen lan.
> Daran gedenk, du fromes wip
> und hüt dins schoenes lib
> und aller diner eren.«
>
> (des Teufels Segi herausgeg. v. Barack, *pag.* 73)

Hans Sachs in »der Bauer mit dem Zopf«: (Die Bäuerin)

> »schlich zum Pfaffen herfür an Tennen,
> der thet ihr wie der Hann der Hennen.«

Ebenso häufig wie »vögeln« ist der Ausdruck »mausen«. Ein interessanter Sprachzwiespalt: in Mittel- und Norddeutschland hat »Votze« immer die Bedeutung von *vulva*, im Altbayrischen nie; es bezeichnet bei uns nur den Mund (Fotzn), im weiteren das ganze Gesicht und unter Umständen Maulschelle. »Mausen« dagegen ist droben der unzweideutige Ausdruck für »stehlen«, herunten für *coïre*; lediglich in dem Begriff »die Katz maust« findet man eine Ausnahmedeutung. Bei solchen Sprachumständen ist der folgende Bühnenwitz glaublich: Als in München der Biberpelz von Gerhart Hauptmann zum ersten Male aufgeführt wurde, soll die Zensur den Satz: »stehlen tun wir nicht – nur ein bißchen mausen« folgendermaßen abgeändert haben: nur ein bißchen stibitzen …

Andere Bezeichnungen des Coïtus: pfalzn, falzn (balzn);

> sie schlagt mir gleich sechs Oar in's Schmalz,
> auf daß ih besser wer zum Pfalz. (Schmeller.)

»Er hat ihr an Oarstock aufgrieglt«; »an Dacht (Docht) eiführn«; geigen, »an Fleischbeschauer macha«, »d' Kachl eirührn«, es einer »bsorgn«, bürstln, eine tupfn, tüpfln, springa, reitn, überrenna, zsammdröschn (»daß d' Haar in der Nachbarschaft umanandfliagn«), eine »herstoßn bis auf's hintere Tüpferl, wo der Schoaß wachst«, einer »a Hemad ohmessn« (*a posteriori*: »vonuma a Hemad ohmessn«), »d' Wampn hersteßn«, wetzen, gockln (die Henne treten); eine »reißn« (wohl aufreißen), eine verschiabn (mit einer zum Zwecke des Coitierens sich entfernen; auch nur für *coïre*), schuastern, naglen: zum »Naglschmidtanz« wird gesungen:

> Heirat ih an Kramer,
> muaß ih auf's Land,
> heirat ih an Schinder,
> is's mir a Schand,
> heirat ih an Naglschmied,
> hab ih Tag und Nacht koan Fried –
> gniglt, gnaglt, gnaglt muaß sei.

Trummln (trommeln); Schmeller zitiert: »Herr! I ha'n trummln lassn« – soll sich einmal ein Mädchen reumütig vor dem Priester angeklagt haben, der aber, die Redensart nicht verstehend, ihr trostreich bemerkt habe, das Trommeln sei ja keine Sünde.

»A guata Verrichter« – analog einem brauchbaren Herdestier (Jodl), auf den man diese Redensart anwendet; das Gegenteil wäre: »oamal hinteranand (nur einmal) wia der Jodl«; »dee gibt's gern her«; »Deandl, hau mir's her!« – ähnlich schreibt Hans Sachs, da ein Mädchen den Handschlag auf den Eheverspruch geben soll: »Ach, schöne Junckfraw, schlagt mirs her!«

Schneppern: eigentlich schwatzen. Nach Castelli ist »schnebebaln« gleich beschlafen. In dem Sinne deutet Schmeller auch das nachfolgende Schnaderhüpferl:

> Deandl, was hat dir
> da Schneppermann toh?
> Jetz hat er dih gschneppert,
> jetz is er davoh.

Der »Schnepper« ist die Aderlaßfliege, die dem Vieh auf die Ader gesetzt wird und im Zuschnappen die Ader öffnet. Vielleicht kommt das Wort Schnepperl für Penis, das hier und dort im Schwäbischen üblich ist, daher? Der Ausdruck »Schneppe« für »Schnepfe« (Hure) ist nicht der gleichen Abstammung. Der in der Dämmerung herumstreichende Schnepfenvogel hat wohl Anlaß zu diesem Vergleichswort gegeben. Und wie der Jäger »auf den Schnepfenstrich« geht, so tut's auch der Mädchenjäger. Und der Schnepf wie die Schnepfe »streichen«. Dem Schnepfenstrich hat sich in unserer Zeit ein neuer Trabant zugesellt, der »Strichjunge« (Päderast).

Der Fröschlstecher: der mit einem Mädchen zu tun hat, das an der Scham noch »nackat wia a Frosch« ist.

Der Pelzlstecher: der mit einem schon völlig entwickelten Mädchen zu tun hat, das indessen noch Jungfrau ist. (Beide Ausdrücke sind im Tegernseer Bezirk üblich.)

Z'sammhaun (zusammenhauen) wird abwechselnd mit »mausen« und »vögeln« in der Vulgärsprache gebraucht. Ein Wortwitz:

Die Mutter, die auf ihre hübschen Kinder sehr eitel war, pflegte Schmeichlern gegenüber die in bescheidenem Selbstlob gehaltene Antwort zu geben: »Schöne Haferl gebn halt schöne Scherbn!«

Aber die Antwort eines Spaßvogels lautete: »Kimmt halt drauf oh, wer s' z'sammhaut!«

Schmeller zitiert:

»Aft ham s' (die Dienstboten) ma gleih'n Kumpari (das Darangeld) zruckgschmissn; ih afa nit faul, und han gleih dö Garberin (zweite Dirne), dö aso allweil mit'n Bauknecht a wöck (ein wenig) gschmissn hat (Umgang gehabt hat), afa sinst a fruatagö (rüstige) und a wachsö (resolute) Menschin ist, zsamt ihrn Narrn, 'n Bauknecht, davoh«, v. Kürsinger's Ober-Pinzgau (1841) *pag.* 177.

Eine Garmischer Sprachprobe (ein Mädchen erzählt die Geschichte ihrer Entjungferung): »Da bin ih met 'n Schreina in Tochlberg außi ganga, da hat a mih an Bohn ani gleggd, an Rock aufghöbb und aso a langs Drumm in Bauch eini gschobb – Bua, des hat weah toa!« – da bin ich mit dem Schreiner zum Kochelberg hinausgegangen, da hat er mich auf den Boden hin gelegt, den Rock aufgehoben und so ein langes Trumm in den Bauch hineingestopft – Mensch, das hat weh getan!

(R. i. W., Sept. 1909):

Von einer Bauernhochzeit geht ein Bauer mit einem ihm nicht näher bekannten weiblichen Hochzeitsgast abends durch den Wald heim. Beide traben eine Weile schweigend nebeneinander – dann sagt der Bauer:

– Woaßt, mit'n Redn hab ih's halt gar net!

Beide schweigen wieder, bis der Bauer, erhitzt vom vielen Bier und vom vielen Tanzen des Tages sagt:

– Soll ih'n außer toa?

»D' Nuß aufmacha (einer)«: einer die Jungfernschaft nehmen.

> Drei Nuß ham drei Kern,
> Deandl, mei muaßt noh wern,
> und wann's heunt aa net is,
> an andersmal gwiß.

Rumpeln: etwas mit Geräusch tun. »In der Kammer hat's grumplt und gwaitzt (gespenstert)«; »der in den Himmel au'ergrumplt ischt«, sollen die Tyroler früher im Rosenkranz gebetet haben. »Rumpln« ist auch die selten gewordene ländliche Bezeichnung für donnern. In dem 1662 geschriebenen Manuskript des Oberammergauer Passionstextes finde ich in der Kreuzigungsszene folgende Regiebemerkung:

»Christus naigt sein haubt und stirbt, iezt erhebt sich ein Erdtpidem, sollen stain in ain panzen gethon werden, den soll man walglen, daß es Rumplt, und etliche Pixen abschießen, daß es khracht, und der Rauch ein finsternus macht …«

»Rumpeln« hat auch obszöne Bedeutung: eine rumpeln. Ein »alter Rumplkastn«: ein altes Weib.

Belege aus dem Vierzeilerschatz der Altbayern:

> Zwischn Passau und Schärding,
> da liegt der Wernstoa,
> san d' Madln ganz bucklat
> vor lautern gern toa.

> Zum Fruahstuck a Suppn,
> und Fisch auf Mittag,
> um halbi drei[1] Krebsn
> und Vögln[2] auf d' Nacht.

> Und jetz wern ma schoh sparn,
> und jetz wern ma schoh hausn,
> und d' Katz ham ma gfressn,
> wern selber mausn.

> Da drobn aufm Bergl,
> da vöglt a Jud,
> und bald pritscht da Beidl,
> und bald schmargezt[3] d' Fud.

> In der Fruah um a Drei
> weckt der Förstner sei Weih,
> und da ladt er halt gleih
> und schiaßt nei in d' Türkei.

> Zündhölzl, Feuerschwamm,
> 's Deandl is rieglsam,[4]
> 's Deandl arbat guat,
> ja guat, wann ma's eahm tuat!

> Auf da Alm drom is's lusti,
> tean s' Kaas austaucha,[5]
> und ih tauchat gern d' Senndrin,
> wann's da Brauch waar.

---

[1] halb drei Uhr: zum Vespern;   [2] das Wortspiel liegt zwischen vögeln und Vögeln;   [3] schlürfen;   [4] rührig;   [5] Käse auspressen.

Aber's Deandl, dees kloa,
traut sa's im Steh net z'toa,
will im Bett liegn, dee Sau,
wia-r-a gnä Frau.

Schickserl, heb's Bixerl her,
jetz geht's in Wald,
dei Bixerl, dees muaß ih ham,
weil's aso schnallt!

Wann ma koa Geld ham, was teama,
schöne Menscher teama liabn,
und schiache teama vögln,
wann ma dee schöna net kriagn.

Aber ih und mei Schatz
tean uns allaweil z'kriagn,
er redt gern vom Vögln,
und ih siehg nia koa fliagn.

D' Kellnarin is a grantigi,[1]
hat a gallhantigi,[2]
haarati[3] Fud –
aber vögln tuat s' guat.

D' Kellnarin is a Schlampn,
hat's Kind a da Wampn,
schaugt schoh außa beim Loch,
aba vögln muaß s' doch!

D' Stalldirn tuat's Bluat rührn,
der Bauer hat s' gstocha,
dee Bäurin hat an Schwanz ghebt,
hat's Urtl gsprocha.

Znachst hab ih oani gvöglt
im Taubnkogl drom,
da is mir da Beidl
in Hof abigflogn.

[1–3] zuwider, gallenbitter, haarig.

Is a schöner Soldat
wo koan Schiaßprügl hat
und koa Patronataschn
zum Grittlwaschn.[1]

Bua, wannst opfern willst
bei der Kapelln[2]
wannst mir sechs Kreuzer gibst,
ih laß dih rebelln.

Ih pfeif auf mei Jungfernschaft,
ih pfeif auf mei Lebn,
der Bua, der wo ma s' gnomma hat,
der konn ma s' nimma gebn.

Ih geh net in' Habern,
ich geh net in's Korn
und da hab ih mei ringlrunds
Kranzl verlorn.

Und wer koh's mir verwehrn,
daß ih's aa amal taat,
ih mach ja koa Aufsehn,
ih tua's recht schö staad.

Baruka, Barocka[3], Pavesn[4],
wo san ma denn allawei gwesn?
– Deandl, geht dih gar nix oh,
ih habs wem andern toh!

Mei Vater is a Schuaster,
a Schuaster bin ih;
mei Vater flickt d' Stiefi,
und d'Menscher flick ih.

Der Kaiser hat auffigschriebn
ganz kurios:
d' Buam müassn Reiter wern,
d' Menscher dee Roß.

---
[1] die *vulva* waschen;   [2] obszön;   [3] Perücke (obszön);   [4] eine Nudelart (hier obszön).

Und's Deandl im Stall,
dee trifft's a diamal,
sagt d' Köchin am Herd:
waar dee mei denn nix wert?

Vögl langsam, vögl langsam,
vögl net aso gschwind,
wann's tröpflt, muaß er aussa,
sunst machst mir a Kind.

Auf der Alm drom muaßt schlaffa,
Bua, dees is a Sach,
derfst niglnagln[1], derfst arschwaggln[2]
werd koa Bauer net wach!

1902 sangen sie im Fasching zu Lenggries am hellen Tag:

Der Sagschneider von X.
mit sein langa,
der hat's aa probiert
und hat der Y. sei Tochter verführt.
Der Z. von Westerham,
der haut sei Schwester z'samm,
Dominus vobiscum,
dees waar mir z' dumm.

Widiwischberl, widiwaschberl,
aber heiratn mecht ih gern,
denn mih beißt's Fudikacherl,
daß ih narrisch kunnt wern.

Und so teats ma'n schö nei,
und so fahrts net dernebn,
ih bin an arms Madl
und muaß davoh lebn.

Meini Duttln san hart
und mei Pumperl, dees tropft,
drum mecht ih gern ham,
daß mir's oana verstopft.

---

[1] nageln; [2] mit dem A. sich lebhaft bewegen.

Ih bitt enk recht schö
und so teats mir den Gfalln,
sunst geh ih in d' Stadt nei,
da wer ih a Schnalln.

Der Schmied voh Trippsdrill
koh net toa, was er will,
mit der Schmiedin steht's schlimm,
hat ihr's Loch zuawigschniebn.

Und der Schmied voh Trippsdrill
werd schoh sehgn, was er treibt,
und werd's schoh derwartn,
bis's an Schnee weggatreibt.

Und wannst mir koan Wei net zahlst,
um's Bier is mir aa net viel,
und wannst mih nacha halsn willst,
heb ih dir aa net still.

Jetz geng ma an Mississippi,
da wasch ma unsere Pippi;
ös Menscher, gehts mit
und waschts enkeri Füd.*

Nachstehend ein nicht unbekanntes in der Melodie entzückendes Duett, in dem nach jedem Zweizeiler der Tenor ungefähr folgenden Jodler singt: djeridih dijediriha rukuku (die Schlußlaute sollen das Locken des Tauberers wiedergeben):

– Miadei, magst mit mir auf d' Alma geh –
ih moa, as Weeda waar heunt gar so schö!

»Ja ja, mei Hansei, ja ih geh schoh mit,
aber ohne meina Muadan nit!«

---

* Das etwas weit hergeholte Wort »Mississippi« beweist nicht, daß der Vierzeiler städtischen Ursprungs ist; denn gerade der M. ist im Oberlande bekannt durch die Auswanderung oberbayrischer Bauern, besonders zur Zeit der Habererverfolgung (1896–98).

– Miadei, geh mit mir in Tenna naus,
da suach ma uns ja was zum Dröschn raus!

»Nana, mei Hansei, du mei liaba Bua,
zum Dröschn da is's ja noh z'fruah!«

– Miadei, geh, laß dih zum Pfarra führn,
da laß ma uns ja gleih kopuliern!

»Jaja! Ih hab's an Pfarra ja schoh gsagt,
daß d' Liab zu dir mih sovui plagt!«

's Deandl hat an schöna Bauch,
ganz an weißn,
aber's Deandl hat an Fleck an Bauch,
braun wia's Scheißn;
ih ribbl am Fleck, am Fleck,
net bring ih 'n weg.

Eine sächsische Variante hierzu:

Mein Mädl hat'n weißen Bauch
und druff en schwarzen Fleck,
ich hab die ganze Nacht gebärscht
und bring den Fleck nich weg.
Mein Mädel aber sagte mir,
indem se dazu lacht:
es hätten hundert andere
ihn ooch nich weggebracht!

Begleiterscheinungen.

Der »Schmierer« ist kein ernsthafter Liebhaber. Er »schmiert« an einem Mädchen herum und wenn sie »abgeklaubt« ist, läßt er sie sitzen.

Schmeller zitiert aus einem Metzgerliede:

> Wenn der Metzger braucht a Kalbn,
> geht er auffi auf die Alm;
> D' Senndin tuat just Butter rührn,
> fangt er oh, mit ihr zum Schmiern,
> daß er tuat guat Kalma kriagn.

Ferner:
> Sötli (solche) Stadtleut ham dee größt Freud,
> wann s' mit an Bauerndeandl kinna schmiern.

Und:
> Wann ih furt geh von Haus,
> giebt s' mir's Gloat (Geleite) und a Bußl dazua,
> sagt: bitt dih gar schö, mei Bua,
> schmierb dih sünst (sonst) nindeerst zua.

Ein »Datschler« ist einer, der an allen Weibern »herumgreift«; oft schlägt ihn eine resolute Dirn auf die Finger mit der schnippischen Bemerkung: »is neambd dahoam!« – nicht, daß man hernach sagen könnte: »dee zwoa ham mitnand a Gspielei gmacht«. So ein »Datschler« und »Schmierer« will überall »filzen« (den Mädchen den Busen betasten oder gar ihre Scham berühren) und »Kribbeskrabbes machn« oder gar »Grundausheben« oder »Grund grabn«. Das kann er in der Stadt drinnen tun in einer »Weinboatzn« (Animierkneipe); dann fragt man ihn: »wiaviel Fuader (*scil.* Grunderde) hast denn schoh wieder ausghobn?«

Wer »überall an Schlupf hat«, hat viele Gelegenheiten zum Übernachten; also geht er jeder Einzelnen »nebnnaus«. Er kann »süaß toa« und ist »a rechter Schmauzler«. Das au wird nasal gesprochen, so daß das Wort onomatopoetisch auf süß oder heimlich reden deutet. Schmeller zitiert: »Die Patres werden immer gegen die Wollüste geeifert haben – aber wenn sie auf der Abseiten und einmutterslein mit einer Frau Mutter, einer schönen, jungen geschmauzelt ...«

Sich »an runterwichsn«, »'s Banganett putzn«: onanieren.

»Fotzdudln«; Schmeller schreibt: »Rat Her will von einem Beamten, der lang in der Oberpfalz gewesen, gehört haben, auf Tanzplätzen daselbst werde in der Pause zwischen einem Tanz und dem andern das Licht gelöscht, die Pärchen gäben sich gegenseitig die Zungen und berührten sich die geheimen Teile. Das heiße fotzdudeln.«

Mir ist lediglich durch vorsichtiges Umfragen bekannt geworden, daß das Küssen mit der Zunge ziemlich unbekannt ist, wie überhaupt Perversitäten auf dem platten Lande. Es gibt wohl den Ausdruck »Stangareiterin«: eine, die *a posteriore* sich benützen läßt.

Päderastie treiben: »pusseriern«, »Spinat stecha«. Ein Päderast ist ein »Spinatstecher«, eine »Spinatwachtl«. Die Starnberger Villa des Fürsten Eulenburg heißt im Volksmund »das Spinatgärtl«.

> Drunt im Böhmerwald,
> da geht da Wind so kalt,
> könna d' Vögl nimma pfeiffa;
> und deni Deandaln drinn
> dee gfriert as Kittai (Kittel) zsamm,
> könna s' d' Buama nimma greiffa.

> Greif net so weit auffi,
> wo da Fuaß so dick is,
> sunst kimmst amal hi,
> wo mei Deaschalnest is.

> Und im Unterland Boarn,
> da wachst a schöns Koarn,
> und zweng oan Deandl bin ih
> net aufzogn woarn!

> Und oa Büable liabn
> is gar net mei Schmiß (Art,)
> muaß fünf und sechs ham,
> wia's jetz der Brauch is.

In einem Tyroler halbstädtischen Burschensang werden erotische Tändeleien besungen:

Auf'm Deandl seinem Mund,
auf'm Deandl seinem Mund,
Seppl, da is's gsund,
Seppl, da is's gsund,
auf'm Deandl seinem Mund.

Auf'm Deandl seinem Hals,
Seppl, da hat's a Schmalz,
Seppl' da hat's a Schmalz,
auf'm Deandl seinem Hals.

Auf'm Deandl seiner Bruscht,
Seppl, da is's a Luscht,
Seppl, da is's a Luscht,
auf'm Deandl seiner Bruscht.

Auf'm Deandl seinem Nabbl,
Seppl, da kannst krabbln,
Seppl, da kannst krabbln,
auf'm Deandl seinem Nabbl.

Auf'm Deandl seinem Bauch,
Seppl, da is's rauch,
Seppl, da is's rauch,
auf'm Deandl seinem Bauch.

Zwischn Deandl seine Füaß,
Seppl, da is's süaß,
Seppl, da is's süaß,
Zwischn Deandl seine Füaß.

Zwischn Deandl seine Knia,
Seppl, da geaht's nia,
Seppl, da geaht's nia,
zwischn Deandl seine Knia.

Zwischn Deandl seine Zeahch,
Seppl, da geit's Flöach,
Seppl, da geit's Flöach,
zwischn Deandl seine Zeahch.

Vom Kirta und vom guten Leben.

Das Kapitel mag kurz behandelt sein – wie die Zeit kurz ist, in der sich der Bauer wirklich dem »guatn Lebn« (das nicht wie »guter Lebenswandel« sondern wie »freudenvolle und bauchfüllende Feiertage« gedeutet werden muß) hingeben kann. Ostern, Pfingsten und Weihnachten also und die Kirchweih, die in jüngster Zeit nicht mehr in den »kleinen« – den dem Kirchenheiligen des Ortes – und den »großen« – dem Heiligen der Diözese geweihten – Kirchtag zerfällt und auch nicht mehr drei Tage andauert wie früher, sondern in einem einzigen, allerdings besonders feierlichen Sonntag des Jahres sich erschöpft.

Nach altem Brauche hatte der Kirchweihtag, der auf einen Sonntag fiel, einen »Nachkirta«, der den Montag auch noch zum Festtage werden ließ. Oder noch den Dienstag dazu:

> Drei Täg, drei Täg
> dauert da Kirta;
> Sunnda, Mahda
> und an Irda.

Oder gar:

> A guater Kirta
> dauert bis zum Irta;
> konn sih schicka,
> aa bis zum Micka (Mittwoch).

Der Kirta verlangt – oder verlangte – auf jedem Hof ein Faß Bier, dem auch der Nachbar gelegentlich zusprechen konnte; denn man wanderte an diesem Tage von Haus zu Haus um einen Schluck und um eine Nudel, oder um einen Bissen Geräuchertes. In den Tennen wurde zum Tanze aufgespielt und den Beschluß bildet zumeist eine solenne Rauferei, die, aus welchen momentanen Anlässen sie auch entstand, dennoch nicht so unerwartet kam, weil man sich Prügel irgendwo zurecht gelegt hatte und weil man die haselnussernen

Gehstecken oft wochenlang im Brunnentrog für den speziellen Hauptrauftag hatte »woacha« lassen.

Und wie das Raufen, hatte auch die Liebe am Kirta ihr Wohlvorbereitetes:

> So oft als der Kirta is,
> so oft is koa Ruah,
> z'erst 's Trinka und 's Tanzn,
> und z' letzt kimmt da Bua.

Es wird ja auch eine ganz reizende Schnurre aus dem Beichtstuhl erzählt: Fragt der Pfarrer: »Hansl, Hansl, und wia steht's mit'm sechsten Gebot? Hat sich da nix z'sammgranklt?« – »Na, Herr Pfarra«, sagt der Hans; »aber zum Kirta hamma's im Sinn, ih und mei Bruada!«

Der »Heimkirta«, die Gastfreundschaft von Haus zu Haus, ist da und dort im Oberland noch Sitte. Im Flachland aber ist die Kirchweih heute der große Tag der Wirte. Die Burschen sparen besonders für diesen Termin, an dem das »Aufhauen« den Mann zeigt.

> Lustih is's Luaderlebn,
> 's Geld hat uns d' Muadern gebn,
> wann's uns der Voder geit,
> langt's uns noh weit!

> Bal ma koa Geld net ham,
> geng ma auf d' Eisnbahn,
> da kemma mehra z'samm,
> dee wo koans ham.

> A bissl siggrisch, a bißl saggrisch,
> a bißl vornehm muß ma toa,
> große Taler muaß ma sehgn lassn,
> aber hergebn muaß ma koa!

> Geld ham ma nia viel ghabt,
> Läus als wia d' Küah,
> mit koan Salzburger Bauernbuam
> tausch ma doh nia!

Der Kirta ist der Tag der »Mordsgaudi«; Burschen und Mädel gehen auf »di Gaudé« – zum Tanzen, bis die Schuhe zerfetzt sind.

A lustiger Bua
braucht oft a paar Schuah,
und a trauriger Narr
hat gnua an oan Paar.

Wei, vokaaf d' Antn,
an Buam müaß' ma gwandn,
sunst kriagt unsa Hans
koa Deandl zum Tanz!

Dee erstn drei Tanzerl,
dee andern dazua,
so lang ih a Zithern hör,
gib ih koan Ruah.

Musikantn, machts auf,
mein Schatzerl zon Gfalln,
teats d' Notn net sparn,
ih will s' ja gern zahln!

Niederbayrische Kirchweihgstanzln:

Daridirihoarn!
Wir san ma Niederboarn –
daridirihoarn!
Wir san ma Niederboarn,
morng tean ma Kirtafohrn,
mir, mir, mir Niederboarn,
freß ma üns gnua Brot und Floasch,
rennan ananders Messer an Oarsch.
Daridirihoarn!
Wir san ma Niederboarn –
daridirihoarn!

D' Juristen und der Staatsanwalt,
dee lassn uns ganz kalt,
und an Landrichter fahrn
tean ma net, mir Niederboarn,*
und an Notari schier

---

* Anspielung auf einen gegebenen Fall: die Bauern weigerten sich, dem Landrichter, der wegen einer Rauferei inquirierte, Wagen und Pferde zu stellen.

scheissn ma hin vor d' Tür,
so san mir aufzogn woarn,
mir, mir, mir Niederboarn
's Herz ham ma am rechten Fleck,
san auf und auf voller Dreck.
Daridirihoarn!

Die üblichen Kirchweihfreuden schildert uns ein älterer Sang:

I fre my auf Vnsern Kirchtag,
Er Kumbt schon Nochä zue[1], zue, zue,
didl didl zue,
Wen I das ganz Jahr hunger leid,
da friß I mir halt gnue, Ju hö,
Vndt abermahl
da friß I mir halt gnue.

Die Muetter Kocht Vnß nudl
sye gienge Ihr nit auf, auf, auf,
didl didl auf,
aufm bodn säns Verbrunnä
Vndt abermahl
Vnd dagi[2] obä drauf, Ju hö,
Vnd dagi obä drauf.

Die Muetter kocht Vnß Knödl,
än ganzen haffen Voll, Voll, Voll,
didl, didl voll,
Körts zamä mitm bösä,[3]
sye schmöckhän Vnß gar woll,
Vndt aber mahl
Sye schmöckhän Vnß gar woll.

Die Muetter bradt Vnß ä brädtl,
darzue ä schissl Voll würst, würst, würst,
didl didl würst,
Vrrdt ä guetts sälätl,
da lömä[4] wir a fürst Ju hö,

---

[1] nah heran;   [2] teigig, patzig;   [3] kehrt sie mit dem Besen zusammen;   [4] da leben wir.

Vndt aber mahl
da löma wir ä fürst.

Ihr alle di zue sechen,
ganz höfflich ich euch bitt, bitt, bitt,
didl didl bitt,
geht mit mir doch In Kirchtag
I thue Ey lassen mit[1], Ju hö,
Vndt aber mahl
Ich thue Ey lassn mit.

I hob mir Vnser Köchin
schon längstens humla[2] bstöllt, bstöllt, bstöllt,
didl didl bstöllt,
daß mit mir gett in Kirchtag,
da danzmä daß es schnölt[3], Ju hö
Vndt aber mahl
da danzmä daß es schnöllt.

Und balt sy gett nit mit mä,[4]
so lach I krott[5] dar zue, zue, zue,
didl didl zue.
da nimm I Dettä anna
Vndt danzi mir halt gnue Ju hö
Vndt aber mahl
da danzi mir halt gnuea.

Vndt wan der Kürchtag gar is
so geni wider hum, hum, hum,
didl didl hum,
döß mensch doß mog I nimä,
will Ihr auf dnassn thun[6] Ju hö
Vndt aber mahl
werdt Ihr auf dnassn thuen.

(Aus einer älteren Ammergauer Liederhandschrift.)

Daß »net alli Täg Kirta is«, beweist der folgende »Wochen«sang, in dem alle Kleinigkeiten des bäuerlichen Menüs verliebt aufgezählt werden (Garching 1907):

---

[1] ich lass' euch mithalten; [2] heimlich; [3] da tanzen wir, daß es kracht; [4] und wenn sie nicht mit mir geht; [5] gerade; [6] ich scheisse ihr auf die Nase.

Heut is wieder Montag,
überbliebner Sonntag Sauftag.
Wann nur alli Tag Montag, überbliebner Sonntag
  Sauftag wär,
wo lustige Kameradn beisammen wären!
Solo: Bruder also!
Solo: Was willst du?
Alle: Wolln wir nicht einmal, wolln wir nicht einmal zu der
  Herzallerliebsten gehn!

Heut is wieder Dienstag, da giebts Leberknödl.
O wann nur alli Tag Dienstag Leberknödl, Montag
  überbliebner Sonntag Sauftag wär,
wo lustige etc.

Heut is wieder Mittwoch, da giebts gelbi Ruabn.
O wann nur alli Tag Mittwoch gelbi Ruabn, Dienstag
  Leberknödl, Montag überbliebner Sonntag Sauftag wär
  etc.

Heut is wieder Donnerstag, da giebts Kraut und Fleisch.
O wann nur alli Tag Donnerstag Kraut und Fleisch,
  Mittwoch gelbi Ruabn etc.

Heut is wieder Freitag, da giebts Fastnspeis.
O wann nur alli Tag Freitag Fastnspeis Donnerstag Kraut
  und Fleisch, Mittwoch etc.

Heut is wieder Samstag, da is Zahltag.
O wann nur alli Tag Samstag Zahltag, Freitag Fastnspeis etc.

Und am Sonntag, da is Sauftag.
  O wann nur alli Tag Sonntag Sauftag, Samstag Zahltag,
  Freitag Fastnspeis, Donnerstag Kraut und Fleisch,
  Mittwoch gelbi Ruabn, Dienstag Leberknödl, Montag
  überbliebner Sonntag Sauftag wär,
da wo wir lustigen Brüder beisammen wären!

Und daß dem Bauern die kurzbemessenen Fristen des »guten Lebens« nicht erst in jüngster Zeit mit strenger Predigt angekreidet werden, mag ein anderer Ammergauer Gesang beweisen, das

Lied des Hanswursten.
Aus einem Volksstück um 1750.

Wan ichs betracht ist Unsär löbn,[1]
nichts als ein baurenshaus[2],
Er get gar schnell Und stinckht darnöbn
Er mag sein Klein oder graus,
bist reich, bist arm bist krankh bist gsundt,
o Mensch betracht es doch,
Verröckhä must wie budl hundt[3],
Vnd hast a brott faurn loch[4].

Die Hoffahrth und der khloader[5] pracht
get Machla ä so in sprung[6],
an dem hat d Effa[7] den anfang gmacht,
als d' höbin[8] war hundts Jung,
die Crodt[9] wär gar ä gättin gwöst,
den apfel nums[10] ins maull,
hat aber kum die Zem tron gsözt[11],
schis ihr der Würm ins Maull.

Magst zamben schindn und zambenschabn
Vill Million tugatn[12],
Und solst du dich ins gelt Vergrabn.
so mußt dus endtlich Krottn[13],
der todt der khombt ganz in der still.
fragt nicht nach Ehr und gunst
drumb haben ja schon ziemlich Viell
Vor angst in d' Hossn brunzt.

Gott ist mein nas Kein fiedel nit,
ich sag dirs Cradt ins gsicht,
Es hilft kein Wimmern und hilfft kein bit.
wan anny khumbst auf gricht.
schau so vill narn und Kunner gscheidt,
Zum sindigen sans wie böth,
khern sich in allen sinden Rum,
khradt wir ä sau im trökh.[14]

---

[1] unser Leben; [2] Bauernschoaß; [3] verenden mußt du wie ein Pudelhund; [4] und wenn du auch noch vor dem Arsch ein Stück Brot hast; [5] Kleider; [6] kommt allmählich in Mode; [7] Eva; [8, 9] beides bedeutet Kröte wie Frau; [10] nahm sie; [11] kaum die Zähne daran gesetzt; [12] Dukaten; [13] geraten; [14] gerade wie eine Sau im Dreck.

Im speißen iß iezt gahr ä graus,
da is Kein zweiffel tran
man macht iezt gleich ä handtwerkh traus,
friß Vmba wochar lohn,[1]
offt aunner[2] last imbs schmöckhen woll,
mundt als[3] Verzört mus sein.
offt speibt er ein ganz khrözen[4] voll,
prässens zum vnseren ney.[5]

das Vierth das ist das allerlözt,
das ist der bissig Neidt,
Vergundt khein mensch dem andern nichts.
alhier bey diser Zeit,
wan alles ist verschlossen net,
Und voll Vorspörtt[6] das haus,
glaub wan är s' gelt in arsch ney tett,
Ris imbs der ander Raus,

wilst lebn wies der brief vermag,
Vnd sindige auf im schon
bist sicher Ja Kun aunigen[7] tag
wan wider must dar Von,
ä so khombst nit in himml nein.
du bist weith Vnrecht tran.
sankht better[8] last dich gwis nit nein
khun tröckhla[9] Kriegst daruon.

Wans Eins mals zu dem sterben khombt.
hab offt ghört in der schuell.
man last dir gwis khein ferzen nit.[10]
must firm Richter stuell,
ganz nakhet wie Erschaffen bist,
da fragt gott nichts darnach,
da werdts halt hussen mein Schnee gesicht,
nimb d'handt Verdöckh dein Sach.[11]

---

[1] das Speisen ist zur (Handwerks-) Kunst geworden; es gilt, auf einmal einen Wochenlohn zu verfressen;   [2] einer;   [3] meint, alles muß verfressen sein;   [4] Korb;   [5] als Geschenk zu unserm Essen hinein;   [6] vollständig versperrt;   [7] keinen einzigen;   [8] Sankt Petrus;   [9] kein Drecklein;   [10] man läßt dir nicht einmal Zeit zum furzen;   [11] es wird heißen: Du mit dem bleichgewordenen Gesicht, verdeck deine Scham mit der Hand.

Ein anderes Kirchweihlied aus dem geschriebenen Liederbuch eines Ammergauer Schnitzers:

> Ei, du mein lieber Jackl,
> patsch ein, es bleibt dabei,
> am Freitag stich ihs Fackl,
> am Sonntag ist Kirchweih;
> Du mußt mir aber kömme drauf,
> ih mach a gute Wurst,
> a brauns Bier tust erhalten auch,
> kannst sauffa krad nach Durst.
>
> Nimmst mit dir a de Kasimir
> und Jacklveitls Knecht,
> wenn Stöffl und der Görgl kimmt,
> so ists mir a scho recht;
> dem Bartl hab ihs selber gsagt,
> der Liesl sagts mei Wei,
> der Lenzl hat mih oh scho gfragt,
> ob er nit sei dabei.
>
> Die Musi hab ih a scho bstöllt,
> daß nix abgeha tuat,
> die Pfeiffa, die enk alle gfällt,
> die blast der Stöffl guat,
> den Baß streicht unser Chorregent,
> hat gar ein guatn Strich,
> der Max nimmt d' Geig, der Hans d' Trommel,
> drum freue nun auch dich.
>
> Von Leber- und von Blunzawürst,
> da kriegn ma z'fressn gnua,
> wir wollen leben wia a Fürst
> und sauffa wie a Kuah.
> A schweinisch Saufleisch und a Kraut,
> a Bratl und Salat,
> a Wildpret, Bua, is a scho laut,
> weil dees bei uns koar hat.

Dein Bua alloa, den laßt mir z'Haus,
der hat fert alls verwirrt,
er fraß so garsti bei dem Schmaus,
hat Tuach und Kleid verschmiert.
Und ließ den Krug nie aus der Hand
und trank für alle Gäst,
drauff soff er noch an Branntawein,
der hat ihm d'Zunga glöst.

Er brach an ganzn Haufen Speck,
spie eins aufs andre noh,
da kam der Hund und fraß den Dreck,
a Grausen war es scho.
Drauf habn si alle Gäste kotzt,
war d'Stuba voller Gstank,
bis eins hat unten aufgeputzt,
spie's ander auf die Bank.

Der Bauer trinkt.

Ein eigentliches Zutrinken ist auf dem Lande nicht Sitte. Wenn ab und zu einer ein »sollst leben!« hören läßt, so handelt es sich lediglich um einen Einzelversuch, »herrische« Trinksitten nachzuahmen. Dagegen besteht wohl auch eine gewisse ländliche Trinksitte: einem bekannten oder befreundeten Ankömmling das Glas anzubieten, aus dem dieser dann zunächst stillschweigend trinkt – wenn er nicht aus irgendwelchen grollenden Gründen mit der stereotypen Redensart ablehnt: »Kauf dir net so viel, wannst es net alloa zwingst!« Diese eventuelle Ablehnung hindert nicht, den alten Brauch als eine primitive Form der Gastfreundschaft erkennen zu lassen. Ein knauseriger Bauer weiß diese wohl in einem Umfang auszunützen, daß er in einem bedächtigen Rundgang durch die Wirtsstube sich die Gurgel gründlich »schwoabn« kann.

Ein recht geschmackloser Münchner Trinkgesang hat sich in den letzten fünf Jahren auch auf dem Lande eingebürgert:

> Ein Prosit, ein Prosit
> der Gemüatlichkeit!
> Eins, zwei, drei,
> prost, gsuffa!

Der verstorbene »Wiesenwirt« Lang hatte – wie manche andere Geschmacklosigkeit – diesen Trinkgesang in seiner hauptsächlich von Landsleuten besuchten Riesenhalle auf der Oktoberfestwiese eingeführt und offensichtlich damit Anklang gefunden. Die Burschen wenigstens brachten den in seiner letzten Zeile zu brüllenden Spruch freudig heim und pflegten ihn eifrig, so daß er kaum mehr ausrottbar erscheint.

Dagegen haben die Glasbläser im bayrischen Wald einen originellen Trinkdialog, der aus dem Zutrinken einen Festakt mit feierlichen Präliminarien macht:

– Ih sauf dih oh (an)!
»Sauf hera auf mih!«
– Sollst schoh lebn aa!
»Gilt's dir so wia mir!«
– Deins wia meins! (dein Wohl wie etc.)
»Glasblaser saa aa Leut!«
– Koani Ochsn san s' net!
Beide: Gsuffa!

Schmeller kennt diesen Trinkbrauch in einfacherer Form: die Rotthaler pflegen einander zuzutrinken mit den Formalien: Michl, Hans etc., ih sauf dih oh! Antwort: Sauf her auf mih, Veitl!

Ein »Pfiff« ist das kleinste Getränkmaß älterer Ordnung, etwas verächtliches also. »An Pfiff konnst ham«, sagt man, wenn man jemand etwas abschlägt. Auch: »an Pfiffkaas!«
Die Maß ist das eigentliche altbayrische Biergefäß. Die »alte Maß« enthielt gegenüber der heutigen um 0,069 Liter mehr; sie war der sechzigste Teil eines Eimers, der etwa 64 Liter heutiger Messung enthielt. Die Maß teilte sich in zwei Seidel, die also etwa unserer heutigen »Halbe« gleichkommen. Schmeller schreibt: Schaff n S' a Maß? frägt die Kellnerin den eintretenden Gast nach dem bekannten Grundsatz: »Wer seinen Durst mit Seideln labt, fang lieber gar nicht an«. Auf einen Sitz zwei, drei Maß zu trinken, ist etwas Gewöhnliches, vier, fünf, sechs nichts Außerordentliches. Es gibt Leute, die tagtäglich ihre 10, ja 20 Maßle (das Diminutivum hat hier auf die Quantität keine Beziehung) zu Leibe nehmen.
Das hat sich seit Schmeller wohl nicht besonders geändert; wenn auch der Durchschnittskonsum wesentlich geringer geworden ist, so haben doch die Münchener Bräuhäuser ebenso wie die ländlichen Bierstuben ihre Gewohnheitstrinker, die ganz fabelhafte Quantitäten zu sich zu nehmen pflegen. Daraus resultieren natürlich allerlei Krankheiten, die in dem typischen »Münchener Bierherz« ihre häufigste Art haben. Man nimmt das »Bierherz« leider nicht sehr tragisch; nach dem alten Witz sagt der Trinker zum Arzte, der ihm diese Eröffnung macht: »Sakrasakra, a Bierherz! Und grad jetzt vorm Salvator!«

»Eine Maß zahln« – das Wort »Halbi« habe ich in dieser backschischfordernden Redensart nie gehört. Mit Vergnügen erinnere ich mich an den freundlichen Zettel, den der Hirt von der Enninger

Alm (bei Partenkirchen) an die Alm angeschlagen hatte, als im Februar 1912 die Skifahrer das Holz in seiner Hütte für ihre Behaglichkeit verschwendeten, ohne des Holzhauers zu gedenken:

> Ihr Herrn Skifahrer do däts allerweil lachen
> wenn änk der Enigerhirt dät viel Holz machen
> Dös dat änk gfoln
> Aber von den Herrn möcht kaner a Mos Zohln.
> Grus
> Hirt.

Das Bier kann »süffig« sein, wenn es angenehm hinunterrinnt; manchmal aber ist es auch »soachwarm«, warm wie Pisse, und ab und zu ein »Gschwoabat«: das Geschwaib, eine schlechte Brühe. Ausschwoabn, ausschwanken. Sich die Gurgl ausschwoabn – auch für trinken. »Er hat sei ganz's Geld verschwoabt.«

In der Schenke wird oft »gepantscht« und der »Banznschwinger« – der Schenkkellner – ist ein »Noaglbaron«, der die Neigbierreste zusammenschüttet, ein »Oberpantscher« und, wenn er viel Schaum auf wenig Bier gibt, ein »Bortnfabrikant«, der sich »ein Hotel ersparn« will. Oder der Bräuer braut »an Pantsch und Mantsch überanand, daß's koa Mensch sein ›Plempi‹ sauffa koh.« Dann sind seine Bierfässer »Giftpanzn«.

Neben den Hotels, Restaurants und Wirtschaften gibt es noch die »Schwemm'«, in besseren Münchener Restaurants die abgesonderte Stube für Kutscher und Arbeiter. Fiakerschwemm, ein Fiakerlokal. Dann das »Beißerl«: eine einfache Kneipe; das Weinbeißl: ein Animierlokal. Der Ausdruck stammt aus dem Wiener Jargon.

Wenn einer noch »von gestern bierlt«, so riecht man noch seine gestrige Trinktüchtigkeit. Da hat er wohl zu oft gesagt: »Duck dih, mei Seel, es kimmt a Platzregn« – wenn er das Glas recht ausgiebig ansetzen wollte. Und so einer »versauft sei ganzs Gerschtl« – nicht das Häuflein Gerste, das im Bier ist, sondern sein bissel Geld, weil er eben »allweil mit der Feirtagurgl im Wirtshaus sitzt« – an Werktagen denselben Rausch heimträgt wie an Feiertagen. »Heunt werd d' Feirtagurgl eighängt« – heut will ich mir einen lustigen Tag machen. Wenn aber der Tag nicht ausreicht, so wird der Trinker zum »Nachtliechtl«. Und – betrunken – wird er laut und macht »a Mettn«, einen Lärm. (Die kirchlichen Metten bringen viele laute Gebete.) »Dees is aber a Mettn! A höllische, a Höll-, a Teuflsmettn; a bsuffne Mettn!« Und dann singt er wohl:

A schöni Maß Bier
macht an Foam, an weißn,
und heunt geh' ma net hoam;
bis s' uns außischmeißn.

's Braunbier is bitter,
und's Weißbier is süaß,
und wann ma d' Stiefi versuffa ham,
ham ma noh d' Füaß.

Und a kloans Krüagl koh
oft an großn Mann oh,
und hat oft oan dertränkt,
er hat garit droh denkt.

Ob ih sing, ob ih pfeif,
oder in's Tascherl neigreif,
ob ih pfeif, ob ih sing,
is im Tascherl nix drin.

Kein Geld also – die Kreide muß herhalten; und was andern Tags auf der Tafel steht, das ist nun schon »saures Bier«, weil man an der Bezahlung der Zechschulden so wenig Freude hat wie am Trinken von saurem Bier. »A Griß ham wia's saure Bier« sagt man von einem unansehnlichen Mädel, um das man sich so wenig reißt wie um's saure Bier.

Vom Trinken zum Betrunkensein ist mehr als ein Schritt. Da »sauft einer wie ein Loch«, um dann zuerst die Spuren der Anfangsräusche zu zeigen, die u. a. heißen: »Spitzl«, »Ranzerl«, »Dampas« (Dampf) und »Maschn« (vielleicht eine Masche des großen Netzes der Alkoholbetäubung.) Auch der »Glanz« (das fröhlich glänzende Gesicht) ist noch kein eigentlicher Rausch: »er is nia bsuffa, hat aber alli Täg sein Glanz.« Schlimmer ist es schon, wenn einer »hübsch ruassih« ist oder einen Ruß hat oder »an Hepfa« (Hefe, Bierhefe als *pars pro toto*), oder »an Pemsl« (Pinsel); »hast dih wieder brav ohbemslt?« – mit fröhlichen Rauschfarben dein Gesicht beleuchtet? Auch der »Wurf« und der »Zapfa« sind schon Fortschritte im Rausch.

Das Jesuwiterräuschlein: ein kleiner Rausch, ein Schwipps, »aber doch mehr als ein Spitzlein« (Schmeller). Dagegen ist der

Kapuzinerrausch ein sog. »Fetznrausch« oder ein »Saurausch«, bei dem den Betrunkenen (nach Schmeller) »zwey an der rechten, zwey an der linken Seite führen, und ein fünfter hinten nachschieben muß.«

Ein derartig Betrunkener ist ein »bsuffas Wagscheitl«, weil er schwankt wie das Zünglein an der Wage, ein »Naßkittl«; er ist »bockstarr«, ganz ungelenk, und nun kommt das Sprichwort zu seinem Rechte: »an Rauschign soll a Fuder Heu ausweichn!«

Raufen.

Ein Robler ist eigentlich als Konzertraufer aufzufassen. Das Wort hat sich aus Tyrol auch in Bayern eingebürgert. Nach Schm. ist ein R. ein Bursche, der sich auf seine Stärke und Gewandtheit im Ringen und Raufen etwas zu gute tun darf, ein Raufheld.

Archivrat Bader schreibt in seiner Geschichte vom Mittenwald: »Auf körperliche Kraft und Gewandtheit hält der Gebirgsmann große Stücke und das mit Recht. Denn im täglichen Kampfe mit einer gewaltigen Natur bedarf er ihrer nur zu oft, und täglich findet er Gelegenheit, sie zu üben. Das Gefühl der Kraft und der daraus entspringende Lebensmut reizt zu Abenteuern und will im Kampf sich erproben und in der Gefahr; sie machen ihn stolz und er mag keinen Stärkern neben sich leiden. Daher auch die Rauflust, und das ›Robeln‹, d. h. das Berühmen seiner körperlichen Kraft. Es vergeht kaum ein Sonntag, namentlich zur Sommerszeit, an dem nicht auf irgend einem freien Platze ein Ringen stattfindet.« (Dieses Ringen hat heute allerdings dem Raufen Platz gemacht.)

»Ich kannte noch sehr berühmte Robler, deren Ruf weit über die engen Grenzen der Heimat sich erstreckte. Da kamen z. B. aus der Scharnitz die ›Raggen‹, einer, der Fuchs genannt, und sein Bruder Franzl mit einer Schar anderer Burschen, von Gerold die Kathler, Söhne der Kathel (Katharina), von Krinn (Krün) und Wallgau der Beckle und Scheckenwastl mit vielen Begleitern. In meinem Leben hab ich solche kräftige gedrungene und hochgewachsene Gesellen nicht gesehen, bei denen das Ebenmaß und die Harmonie aller Glieder und des ganzen Körpers in so hohem Grade mit der gewaltigen Größe der Gestalten korrespondiert« usw.

»Alle diese Burschen suchten sich an den Sonntagen zu begegnen, sei es im Wirtshause oder am Schießstand oder Kegelplatz, um ihre Kraft und Gewandtheit gegen einander zu versuchen. Es dauerte nie lange, die Herausforderung kam schnell und ebenso bald war auch ein Kreis geschlossen, innerhalb welchem der Ringkampf stattfinden sollte. Die Regeln wurden genau bestimmt, nach welchen er vor sich gehen mußte, und namentlich jeder unerlaubte Vorteil war hart verpönt. Derjenige, welcher im Kampfe geworfen wurde, konnte solange als unbesiegt gelten, als er seinen Gegner nicht aufforderte, ihn aus seinen Händen und wieder aufstehen zu lassen. Der Ringkampf wurde oft zwei- oder dreimal zwischen denselben Gegnern wiederholt. Gewöhnlich traten alle Hauptrobler auf den Kampfplatz. Selten wurde um einen Preis gerungen; denn der größte Preis war ja ohnehin der Sieg und die Überwindung des Gegners. Solche Kämpfe arten jedoch manchmal in Geräufe aus, wenn sich der eine oder der andere übervorteilt hält oder seine Niederlage nicht gestehen mag. Da parteien sich dann die Robler und es geht ans zuschlagen.«

»Die Alten haben mir erzählt, wie die Robler der Gegend vormals förmliche Ladschreiben zu den Ringkämpfen ausgehen ließen. Und noch zu Anfang (19.) Jahrhunderts ist ein solcher Roblertag in Mittenwald abgehalten worden. Diese Ladschreiben ergingen bis in die Jachenau und Lenggries auf einer, und nach Tyrol auf der andern Seite.«

Der verstorbene Professor Johann Nep. Sepp, ein geborener Tölzer, zählt in seinen »Kriegstaten der Isarwinkler« mit verliebter Feder eine Reihe von gewaltigen Raufern her: den Wirt von Marbach, der in der Franzosenzeit auf der Wache sieben mit dem Gewehrkolben auf einem engen Bachsteg erschlug; den Kammerloher von Kammerloh, der »den starken Wirt von München« schmiß und an dem und seinen Söhnen der Landrichter von Miesbach die ausgesprochene Prügelstrafe nicht vollstrecken lassen konnte – ihrer Wehrhaftigkeit halber; den Lambrechtbuben von Hohenwies, der Eisenstangen zerbrach und dessen jüngster Sohn ein aufgefahrenes Floß, an dem 6 Löder vergebens sich abgemüht hatten, allein in die Isar schob; den Müller Vogl von St. Georgen, der mit dem Stier raufte; den unbekannten Altbayern, der anno 70 einen Turko beim Genick nahm und seinem Hauptmann zutrug: »Herr Hauptmann, ham S' schon an Turko gsehgn? ...«

Als im Jahre 1840 der französische Ringkämpfer Jean Dupuis sieghaft in den großen Städten Deutschlands brillierte, geriet er in München zuerst dem jungen Metzgerburschen Johann Ebner in die Hände – der Junge warf den Franzosen in die Knie, um sofort von dem flinken Ringer besiegt zu werden. Aber da stieg der Maisinger Simmerl, Bierführer im Faberbräu, voll Wut auf die Bühne und griff mit seinen Pranken zu. Ein langer Kampf zwischen zwei Riesen – aber der Bierführer siegte und durfte den Preis von 1000 Gulden einstecken (den allerdings erst die Gerichte dem Franzosen abknöpfen mußten).

Die Raufereien *pro foro* sind in Bayern heute selten geworden. Eine Kette von Regierungsverfügungen hat das Robeln abgeschafft und auch die schönen, schier verabredeten Sonntagsraufereien haben sich wesentlich verringert. Ich höre heute noch mit Vergnügen von den Raufreisen meines Vaters und seiner Brüder (der Schwoagerbuben von Kempfenhausen) erzählen; aber ich erinnere mich nicht, jemals in dem in Betracht kommenden Revier wieder von Raufereien gehört zu haben, die etwa den Charakter bäuerlicher Bestimmungsmensuren getragen haben. Die ländlichen Kirchweihfeste und die Rekrutenmusterungen bringen wohl ab und zu noch Äußerungen der alten bayrischen Rauflust; aber Verfügungen und Verfügungen und eine häßliche Mode, vor Gericht um einiger Schrammen willen zu klagen, lassen die Meinung zum Kraftmessen seltener werden.

Eine Rauferei hebt an: zuerst ein bißl »mentisch« tun, »mentieren« (sakramentieren), fluchen mit »Saxnsaxn!«, »Kreuzsaxn«, »Sakra«, »Sakrasixn« und anderen Umschreibungen. Schmeller zitiert:

> Da wirft man halt, sollt aa net sei,
> im Zorn gar oft an Sakra drei,
> und's ment wischt aa mit nei.

Anton von Bucher bringt in seiner »Kinderlehre« die folgende Anekdote: Der Beichtvater fragt: »hast gscholtn (g'flucht), Hans?« – »Ja, Sakra – aber: ment hab ich nicht dazu gsagt!« – »Mit oder ohne ment, Hans, gscholtn is gscholtn. Ist grad als wennst Einem eine Watschen gäbst, hättst aber keinen Fotzring.«

Nach dem »Mentieren« ein »Gschrei, du moanst Aus is' und Amen!« Irgendeiner hat einen »Pick« auf einen andern und sagt: »mir zwoa wern noh a Wartl mitanand redn heunt!« – Der ander: »geh, zapf dih! Sunst beudl ih dih raus aus dein persern (baumwollen, armselig) Gwandl!« Und so kommt's »vom Wartln (Wortwechseln) zum Raffa«. Der eine mit den »Masn« (Narben) »is a ganz a Gaacher« (Jäher, Zorniger), der andere ist aber auch »raß« (scharf, mutig) und verfügt über »Irxnschmalz« (Achselschmalz, Kraft). Der »haut oan durch Sonn und Mond, daß eahm d' Fixstern im Arsch steckn bleibn«, der »stürt eahm oani«, eine »Watschn«, eine »Bretschn«, eine »Fotzn«, eine »Tachtl«, der »haut'n her, daß er Baamöl soacht«, »daß eahm d' Schwartn kracht«, »daß er an Himmi für a Baßgeign ohschaugt«, der »verdrischt'n«, »laßt'n rum«, »fotzt'n her«, der »zerdruckt'n zu lauter Baaz« (Brei), der »laßt'n durch« (*scil.* eine Prügelmaschine gehen), er »verdrischaggt« (verdrischt) ihn, der »laßt eahm oani (*scil.* Maulschelle) runterfliagn«, er »schmiert eahm oani«, er »stößt eahm an Bodnsack (Blinddarm) ei«, gibt ihm »an Arschknödl (Stoß mit dem Knie in den Hintern), »kraglt« (drosselt) ihn, daß man meint er will ihn »abkragln« (erwürgen), er »nußt« ihn mit Püffen auf den Kopf, er »ruckt über eahm her« und gibt »eahm seine Schmiergl«, daß ihm »d' Soß runterrinnt«, er »beudlt'n, daß er d' Engl singa hört«, er gibt ihm »Strixn« (Prügel), er »tuat eahm dee Zeitign runter« (die reifen [Ohr-] Feigen), er »hat'n a Vaterunserlang beim Krawattl«, dann gibt's ein »Ohrwaschlrennats« (ein ungestümes Hin- und Herziehen der Ohren), »er zoagt eahm Paris«, indem er ihn von hinten an den Ohren in die Höhe hebt, er »laßt an Watschbaam umfalln« (den Ohrfeigenbaum: den Arm), daß der andere »blaue Fenster davohtragt« und wenn der andere »noh net luck laßt« (sich ergibt), so »barzt er eahm d' Augn aus« (die Augen mit den Daumen ausdrücken; eine frühere Tyroler Sitte), packt ihn und »kait« oder »feuert« ihn zur Tür hinaus. »Er is eahm Herr worn.«

Raufwerkzeuge sind eventuell der »Haselnusserne« (*scil.* Stekken), den man vielleicht eine ganze Woche in's Wasser legt, daß er bis zum nächsten Rauftag »schö mürb« wird, der am kleinen Finger zu tragende »Fotzring« aus Silber oder Blei mit schwerer Kappe, der bekannte »Schlagring«, der »Ochsnfiel« oder »Zehm« (Ziemer), der in den Bauernwirtschaften durch den Arm des »Hausls« (Hausknechtes) zur *ultima ratio* bei großen Raufereien wird. Der »Zehm« ist das getrocknete *membrum* des Ochsen, das fast der furchtbaren Nilpferdpeitsche an Wirkung gleichkommt. Das Messer ist selten; in Niederbayern kommt das »Wampnstupfen« (Bauchstechen) leider manchmal vor.

Die Sitte des »Trutz«-Singens ist bekannt. Ich begnüge mich, hier einige seltenere Trutzgsangl wiederzugeben:

> Aber du randigs Bürscherl,
> dih nimm ih a d' Hand –
> bippadi, bappadi,
> bist a Fliagnschiß a da Wand!

> Da draußn am Ackerl,
> da wachsn d' Ruabn,
> da scheißn drei Jaager
> an Lenggrießer Buam!

A frischer Bua bin ih,
a gliederwoacha,
geh her, wannst a Schneid hast,
du Hosnsoacha!

Und vorn auffi Federn
und hintauffi koa,
und ih laß ma dee vördern
net hintauffi toa!

Und d' Leut, dee hat's gfreut,
daß's bei uns so weit feit,
aber d' Leut wißn an Dreck,
bei uns feit's so weit net!

Da drobn auf der Alm
hat a Wildschütz gschissn,
der nimmt an Büschl Jaaga
zum Lochauswischn.

Den mecht ih segn,
der wo mir was taat,
dem flicket ih d' Hosn,
und klopfet eahm d' Naht!

Für'n Wildschütz a Flaxnsalbn,[1]
für'n Maschnrichter[2] d' Würst,
aba für'n Jaager a Sauduttn,[3]
weil'n gar aso dürst!

Die »Trutzfeder« ist eine Spielhahnfeder, die der Bursche verwegen vorne am Hute trägt und die besagt, daß er's gerne mit einem aufnehmen will. Zwei Federn oder gar mehr verlangen ein größeres Kontingent von Turnierlustigen. Daher stammt die Redensart: »dem habn ma's runtertoh« (*scil.* die Feder): den haben wir besiegt. Die Raufer sind im allgemeinen auch zum Prahlen zu haben; so wie sie in ihren Trutzgsangln den Mund etwas voll nehmen, so pflegen sie auch sonst sich gerne zu rühmen. Der Münchner heißt das: »Nä-

---

[1] gutes frisches Bier (Flechsensalbe);   [2] Schlingen- und Netzleger;   [3] die Zitzen einer Sau.

gel runterhau'n«. Dieses vielfach gebräuchliche Münchner Sprichwort gilt als sanfte Ablehnung von großmauligen Erzählungen. Berichte über großen Kapitalsbesitz oder über seltsame Jagdabenteuer wird der Münchner mit den Worten abtun: »Aber der haut Näg'l runter!« Die Herkunft dieser Redensart wird sich wohl schwer nachweisen lassen; doch sei einer Vermutung Raum gegeben, die berechtigt erscheint: im Durchgang zum Brunnenhof der Residenz sind bekanntlich die Kraftproben des Herzog Christoph verewigt. Ein Denkspruch sagt dazu u. a.:

> Drey Nägel steckhen hie vor Augen,
> Die mag ain jeder Springer schauen,
> Der höchste Zwelf schuech von der Erdt,
> Den Hertzog Christoph Ehrnwerdt
> Mit seinem fueß herab thet schlagen ...

Das schier Unglaubliche der Leistung mag wohl schon vor Zeiten Skeptikern Veranlassung gegeben haben, den Reimspruch ins tägliche Leben zu übernehmen – für besondere Fälle. Uns wird ja heute die Leistung des Herzogs Christoph in einer anderen Form überliefert: »Wie hoch er sprang«, ohne die Pointe des Superlativs seiner Kraftleistung, den uns das merkwürdige Sprichwort zu überliefern scheint.

In Garmisch und Partenkirchen wird das »Raunzn« (raunzen: mit verstellter Stimme sprechen) gepflegt: im Fasching laufen maskierte Raunzer umher, die (in ihrer Person unkenntlich) einem allerlei Unangenehmes zu sagen wissen. Zumeist trägt der Raunzer eine Holzmaske, die in der Regel deutliche Spuren von Stockhieben zeigt.

König Ludwig-Lieder.

Die Volkstrachtenduselei steht mit der Legendenbildung über Ludwig II. in mehr als losem Zusammenhang. Der rechtschaffen kitschige Volkstrachtler hält auf seiner Kravattennadel, auf einem Hutschmuckknopf oder auf einem Medaillon an seiner Uhrkette das Porträt des toten Königs für unbedingt notwendig. Er kauft die schönen Romane, die über den »Einsiedler am Starnberger See« – oder wie die sensationellen Titel alle heißen mögen – erschienen, in unzähligen Lieferungen zu je zehn Pfennig und erkennt die Schilderungen, die hier von einem sächsischen Schmierer über bayrisches Berglerleben entworfen werden, als richtig und vorbildlich an. Der ganze Episodenreichtum dieser Romane erscheint ihm als eine Folge von historischen Wahrheiten, die er beim Bier weitergibt. Und schon sind neue Legendenbildungen angeregt. Und dann kommt der Dichter aus dem Volk und fabriziert einen Singsang über den toten König.

Und dann – ich erlaube mir ein höchst sonderbares Resultat aus all diesen Schwärmereien zu verzeichnen – erscheint plötzlich in den kleinen Blättchen des Oberlandes das folgende Resultat (März 1912):

100 Mark

bezahlen wir demjenigen, der uns das alleinige und ausschließliche Urheberrecht (also das Druckrecht usw.) von dem Neuschwansteinoder König-Ludwig II.-Lied verschafft.

1. Vers:
Auf den Bergen wohnt die Freiheit,
Auf den Bergen ist es schön,
Wo dem König Ludwig II.
Alle seine Schlösser stehn.

Ferner 10 Mark

bezahlen wir demjenigen, der uns einwandfrei nachweist, in welchem Jahre obiges Liede zuerst gesungen wurde. Offerten unter M. F. 3426 an Rudolf Mosse, München.

Es handelt sich hier um einen urheberrechtlichen Streit zweier Münchner Musikalienverleger (Westermayer und Bauderer). Der erste behauptet, von dem zu Hamburg lebenden Zitherspieler Josef Doisl aus Bad Tölz – dem Dichter des Liedes – das Verlagsrecht erworben zu haben; der andere hat's bereits gedruckt und verlegt und will den Nachweis liefern, daß das Lied zu einer Zeit (1892) schon gesungen wurde, da der angebliche Dichter noch ein Knabe war.

Aber das Interessante an der Sache ist, daß das Lied in seiner ursprünglichen Gestalt überhaupt von keinem der beiden Verleger herausgegeben werden kann, weil es dann »staatsgefährlich« erscheinen würde. Gleichwohl seien die Verse des nun in Hamburg akklimatisierten Tölzer Sängers hier einem kleinen kritischen Leserkreis unterbreitet:

> Auf den Bergen ist die Freiheit,
> ja, auf den Bergen ist es schön,
> wo unserm König Ludwig Zweiten
> alle seine Schlösser stehn.
>
> Allzufrüh mußt er sich trennen,
> man nahm in fort mit der Gewalt,
> von Neuschwanstein, stolze Veste,
> des Königs Lieblingsaufenthalt.
>
> Nach Schloß Berg wurdst du gefahren,
> war deine letzte Lebensnacht,
> da wurdest du zum Tode verurteilt
> in derselben grauen Nacht.
>
> Mit Bandarsch und Kloriforme
> rückten sie behendig aus
> nach Neuschwanstein, edler König,
> nimmermehr kommst du hinaus.
>
> Denn du bautest ja nur Schlösser
> zu des Volkes Wohlergehn,
> doch das schönste ist Neuschwanstein
> das die Bayern je gesehn.

Nun, hier ruhst du, edler König
in dem stillen Erdgeschoß,
hoch da droben kannst du nicht mehr
auf dein väterliches Schloß.

Kann kein Freund dich mehr besorgen,
kann kein Fried mehr zu dir hinauf;
und Neuschwanstein blickt als Waise
sehnsuchtsvoll zu dir hinauf.

Ich habe die vielleicht inkriminirenden Strophen 3 und 4 nicht unterdrückt. Warum die lächerlichen Gerüchte, die über den Tod Ludwig II. kursieren, nicht tiefer hängen? Traurig ist nur, wenn solches Geschwätz aus gewinnsüchtigen Motiven publiziert wird, wie es in München sehr häufig der Fall ist. Der Drucker, Dichter und Verleger des Skandalblattes »Grobian«, der in Artikelserien »Das Verbrechen am Starnberger See« behandelt, hat nun zweimal in seinem Blättchen ein Bild gebracht, das die folgende Handlung schildert: König Ludwig ringt mit zwei maskirten Herrn, von denen der eine ihm mit einem »Cloroform«-Fläschchen beikommen will, in den Fluten des Sees ... Die Nummer ist bei den Bauern sehr verbreitet und fördert natürlich die Legendenbildung sehr.

Es ist mir eine Reihe von König-Ludwig-Liedern bekannt, die in der Diktion dem oben mitgeteilten ebenbürtig sind und als »Kunstlieder im Volksmunde«, wie John Meyer sie charakterisieren würde, natürlich viel lieber gesungen werden als die wirklichen schönen Volkslieder. Abermals eine Sünde wider Sitte und Brauch, an der die Trachtenvereine mitschuldig sind, die laut ihrem Liederbuche in einer verderblichen Vorliebe für das Kitschige das »Kunstlied« auf dem Lande geradezu protegieren.

Volkstrachtenvereine, Rauchklubs und Schuhplattler.

Es braucht wohl an dieser Stelle keine Geschichte der Volkstrachtenvereine gegeben zu werden. Wie alles Kitschige – das Grammophon als Ersatz für den Volksgesang, die billigen Volkscouplets für die guten alten Volkslieder, die Möbel der Abzahlungsgeschäfte als Surrogat für die feinen individuellen Arbeiten der ländlichen Schreiner und Maler usw. usw. – so mußte der Landbevölkerung, die in Dingen des Geschmacks außerordentlich leicht irre zu leiten ist, die in einen lustigen Vereinsrahmen gezwängte neue Kleiderordnung rasch imponieren. In mehreren hundert Dörfern wurde plötzlich die »Miasbecker Wichs«, die vordem nur ein ganz beschränktes Verbreitungsgebiet hatte, durch eine unglaubliche Vereinsmeierei groß gemacht, während die bunte Reihe interessanter ortseigentümlicher Trachten mehr und mehr in den Hintergrund trat.

Es ist dem Eingeweihten wohl bekannt, daß dieser allgemein begangene Fehltritt heute nicht nur mehr von den alten Bauern allein mit scheelen Augen betrachtet wird; mehr und mehr erheben sich Stimmen gegen die unvernünftige Verallgemeinerung einer speziellen Ortstracht, die durch unsere Bauerntheater schon längst ihre Originalität verloren hat und zumeist nur eine in Kniehosen wandelnde Fremdenindustrie darstellt. Man hat leider nur zu viele Beweise dafür, daß ländliche Burschen der besonderen Wirkungen ihrer Kniehosen sich sehr bewußt sind und wohl auch schon in einer ganz erbärmlichen Weise die Tracht zu Spekulationen mißbraucht haben, die fast auf das Gebiet der männlichen Prostitution führen. Liegt nun die Schuld an den teils naiven, teils erotomanen Städterinnen, die durch ein echtes oder verlogenes Naturburschentum sich gekitzelt fühlen, oder an den Kniehöslern, die als spekulative Verführer oder als geschmeichelte Verführte erscheinen – auf jeden Fall sind erotische Beziehungen zwischen den beiden Gesellschaftskreisen geschmacklos zu nennen. Wenn sie aber – wie ein Garmischer Volkssänger im jüngsten Sommer bewies, zum »Wurzen«, zum Erpressen führen, dann scheint ein Zeitpunkt gegeben zu sein, der den Volkstrachtenvereinen, selbst wenn sie an solchen Einzelfällen völlig schuldlos sind, die letzten Sympathieen nimmt. Diese Vereine haben unter allen Umständen den Vorwurf zu tragen, daß sie die Vergnügungssucht des Landvolkes wesentlich gesteigert haben. Die Bauern klagen sehr darüber, und in letzter Zeit hat sich auch die Geistlichkeit in's Mittel gelegt – als es bereits zu spät war.

In diesem speziellen Falle zeigt sich wieder die Unzulänglichkeit der ländlichen Erziehung deutlich: sie bleibt programmatisch bei Religion, Lesen, Schreiben und Rechnen und vergißt, die gesunden Traditionen weiter zu pflegen, aus denen noch bis vor vierzig Jahren die Volksbräuche, die Tracht, der Hausbau und der gute ländliche Geschmack in der Bauernstube hervorgingen. Und auch eine relative Sittlichkeit.

Um dem Titel gerecht zu werden, sei dem Volkstrachtenverein der ländliche Rauchklub mit seinen zahlreichen Vergnügungen gleich gestellt. Rekords im Langsamrauchen, im Schnellrauchen, Bälle, vielleicht gar eine Fahnenweihe als Höhepunkte im Vereinsleben. Und Zeit und Geld verschwinden.

Da fällt mir ein schreiender Vereinstitel ein, den ich in einer Einladung zu einer Silvesterfeier im Tutzinger Lokalblatte las: »Tischgesellschaft die zünftigen Dreckhund« usw.

Diesen neuen ländlich-gesellschaftlichen Verhältnissen gegenüber wirken die Kraftsprüche wirklich erheiternd, die der Oberlehrer von Milbertshofen, Herr Franz Fiedler, in seinem herzlich überflüssigen Büchlein »Der Schuhplattler« verschwendet:

»Dem Älpler« – Herr Fiedler scheint die Bayern südlich von Deisenhofen unter diesem Sammelnamen zusammenzufassen – »ist als herrliches Ideal die Liebe zur heimatlichen Scholle angeboren.«

»Wie die Liebe zur Heimat, so ist dem Sohne der Berge« – die Söhne der Berge sind wiederum südlich von Deisenhofen zu suchen – »auch die Liebe zum Vaterlande und zu seinem angestammten Fürstenhause eigen.« Es war ungemein wichtig, diesen Satz in einem Büchlein niederzulegen, das über den Schuhplattler geschrieben werden mußte.

»Dem Bestreben der Volkstrachtenvereine, welche auf ihre Fahne geschrieben haben: Die Sitt' und Tracht der Alten wollen wir erhalten! ist deshalb von Herzen beizustimmen.« (Warum nicht voll und ganz, Herr Oberlehrer?) »Wie dem Soldaten die Uniform, des Königs Rock, ein Heiligtum ist, so darf auch der Älpler seine Tracht mit gleichem Stolz tragen. Gibt es wohl ein anmutigeres Bild, als wenn der frische Bursche in kurzer Wichs mit den Krachledernen und Grobg'nagelten, mit dem verwegenen Gamsbarthütl, der Flaum- oder Spielhahnfeder auf dem grünen Hute und mit grauer Jacke neben dem reschen und feschen Deandl daherschreitet, das angetan ist mit fußfreiem, dunklem, faltigem Rocke, dem schwarzen, mit silberner »G'schnürkette« versehenen Mieder und der farbigen Schürze! Dazu ein buntseidenes Brusttuch und ein Hütl mit goldener Schnur. Letzteres ist wie das Mieder mit frischem bunten Blumenbusch geziert. So tritt das Paar schnackerlfidel zum Tanze und zeigt besonders im Schuhplattler seine außerordentliche Geschicklichkeit neben natürlicher Grazie und keckem Übermut.«

Selbst die Gartenlaube müßte sich einer derartigen Sammlung von Gemeinplätzen schämen, Herr Oberlehrer! Das darf eventuell Frau Auguste Schulze aus Pankow schreiben – zu unserer herzlichen Freude – aber von einem Sohne unseres Stammes erwarten wir eine andere Auffassung der Dinge und eine andere Sprache.

Und was Sie über den Schuhplattler schreiben, Herr Oberlehrer, das schließt sich diesen Tiraden ziemlich an. Die Schnaderhüpferl, die Sie zitieren, sind uns längst bekannt – an Ihnen lag's aber, uns den Schuhplattler zu schildern. Sie verwendeten fast vier Seiten ihres Büchleins zu Ihren eigenen Meinungen über diesen interessanten Tanz, und schrieben zum Schluß mit einer Schüchternheit, die Ihr Wissen über südländische Tänze erklärt: »... liegt in diesen Tänzen eine starke Sinnlichkeit, ähnlich wie in den Tänzen der Südländer, im Saltarello, Fandango und Bolero. Doch tritt sie in diesen raffinierter auf, auch fehlt ihnen das Chevalereske.« (Wem fehlt das Chevalereske? Dem Fandango?)

Ihr ganzes Werkchen, Herr Oberlehrer, rettet eine längere Anleihe aus Ganghofer: die Beschreibung einer Birkhahnfalz, die wirklich gut ist, und der Sie mit edler Naivität den Satz beifügen: »Ähnlich macht es auch der echte Schuhplattlertänzer.«

Das Wie zu diesem »Ähnlich« blieb Ihnen aber unbeschreiblich. Es ginge mir nicht anders wie Ihnen, wenn ich viele Worte drüber machen müßte.

Ich zitiere auch lieber – nur eine Kleinigkeit, die ich in einem Feuilleton Anton von Perfalls in der »Jugend« finde:

»... so geht es auch mit der Hahnfalz, kein Morgen gleicht dem andern, der eine wird zum unvergeßlichen Erlebnis, der andere verflüchtigt sehr rasch ... Es gibt eben auch unter den Hähnen allerhand Herren; eingefleischte Romantiker, die nur auf uralten Wetterfichten falzen, mit weitem Ausblick auf das dämmernde Land, und fade Spießbürger, die nur auf dem Boden unter ihren Hennen ihr Spiel treiben, wie irgend ein bunter Bauerngockl auf dem Misthaufen. Erotiker voll wilder Glut in ihren Strophen, Schlafmützen, die nur im Halbschlaf lallen, schüchterne Werber und kühne Kämpfer um den Preis ... nur die Hennen sind sich immer gleich, immer verliebt, immer dasselbe Gegacker.«

Gestatten Sie, Herr Oberlehrer, daß ich diese wundervolle Schilderung auf den Schuhplattler anwende:

Man tanzt den Schuhplattler heute wohl allenthalben und er bringt dem Beschauer immer Reize; Sensationen ab und zu, interessante Tanzbilder im Durchschnitt. Denn kein Tanz ist mehr von dem Pulsschlag des Tänzers abhängig als gerade der Schuhplattler. Ein Bursch, der die Heimlichkeiten seiner Minnewerbung höchstens den selbst im Tanze beschäftigten Leutchen in einer kleinen bäuerlichen Tanzstube anvertrauen will, tanzt anders als der professionelle Plattler vor den Sommerfrischlern auf einem Volkstrachtenfest. Und der dem Flachländer mühsam einstudierte Tanz, die lustigen Sprünge und Mätzchen eines alten Loders und die leidenschaftlichen Impromptus eines von Begierden gejagten Liebhabers – drei wunderliche Arten einer und derselben Sache.

Und wann da Spielhoh d' Hennan kloaweis zua r eahm bringt,
bal er falzt und gruglt,
bal er tanzt und springt,
schaug, so lern ih droma voh dem Spielhoh halt,
was im Tal herunt dee Deandln gfallt.
Denn d' Deandl, dee macha's grad netta wia dee oan,
der net tanzt und net falzt,
der kimmt nindersch zu koan!

Der Tänzer spielt den werbenden Spielhahn; nur daß er nicht mit Blasen, Rodeln oder Grugeln auf den Plan tritt, um durch diese Art von Liebesseufzern eine Henne anzulocken. Die Hennen harren schon des Hahnes und verlangen Tanzsitten. So muß der Bursche auffordern wie der Städter, nur daß er etwas freiere Formen hierbei anwendet: ein sehniger Kerl kommt wohl mit einigen Sprüngen daher, um mit einem Purzelbaum zu den Füßen der Tänzerin zu landen; oder er geht gemächlich zu ihr und dreht sein Hütl in einer ganz graziösen Art mit beiden Händen über seinem Kopfe; oder er schleicht an wie der huschende Birkhahn, der auf seinem Falzplatz eingefallen ist und nun vorsichtig das Terrain sondiert; oder er kommt mit einem derben Scherzwort auf den Lippen. Oder aber gar: aus einiger Entfernung macht er seine Liebste durch ein grellen Pfiff und durch einen fast paschamäßigen Wink darauf aufmerksam, daß er gewillt sei, abermals einen zu tanzen.

Einige Runden im Walzertempo und in Walzerart – der Tänzer setzt seine Tänzerin durch eine letzte kräftige Drehung in rascheren Schwung. Und während das Mädchen nun gleichförmig sich um einen Außenkreis weiterdreht, tritt der Bursche plattelnd und möglicherweise das Blasen, Rodeln oder Grugeln des Birkhahns imitierend in die Mitte.

Er stampft derb auf den Boden, um den Auftakt zum Plattln zu gewinnen. Und dann plattelt er je nach dem Maße seiner Gelenkigkeit auf den Schuhsohlen, den Knieen, den Oberschenkeln und auf dem Sitzteil und bemüht sich, diese Geräusche durch Zungenschnalzen, durch ein indianischen Kriegsrufen nicht unähnliches Gurren, durch Fingerschnagglen und durch manchen Juhschrei zu mehren. Und unablässig müssen seine Augen die Tänzerin verfolgen, – die trotz der gesenkten Blicke heimlich nach den Leistungen des »Ihrigen« ausspäht – und das Maß ihres Wohlgefallens ermessen. Und wenn der balzende Hahn dann seiner Sache sicher zu sein glaubt, dann schleicht er wieder zur Henne – wenn er ihr nicht mit übermütigen Sprüngen oder mit einem Purzelbaum nacheilt – und schlägt ihr im letzten Schritte mit der Fußspitze den Rock in die Höhe: das heißt man den Gridlfang, Herr Oberlehrer! Denn jetzt käm' eigentlich das, was der Spielhahn in der Balz tut, und weswegen er seine Kapriolen macht. Und da der Schuhplattlertänzer »es ähnlich macht« – Sie verstehen. Aber solche Ereignisse vollziehen sich natürlich auch beim »Sohn der Berge« nicht in aller Öffentlichkeit.

Außer den von Herrn Fiedler angeführten Schuhplattlertänzen (u. a. der Neubeurische, der Altbayrischn Landler, der Vogelwalder, der Spinnradltanz, der Dreisteyrer und der Leutascher) gibt es natürlich noch eine ganze Reihe von Schuhplattlerarten oder Tänzen, die mit Plattln gemischt sind, nachdem das Plattln eben die Tänze des Oberlandes – nicht der Älpler allein – charakterisiert.

Es ist geradezu wundervoll, daß ein Volksstamm seinen Tanz aus dem Liebesleben eines freien starken Vogels schöpfte; und wie uns das eine besondere Schärfe der Naturbeobachtung beweist, so gibt es Zeugnis ab für eine gesunde Auffassung erotischen Lebens, das eine eigentümliche dichterische Veranlagung in Tanzpoesien umformte.

Der billige Jakob unterhält die Bauern auf dem Jahrmarkt.

Die schönen Tiraden, in denen grobe Scherze recht häufig sind, lassen in dem »billigen Jakob«* unserer Bauernmärkte einen Nachkömmling der alten wandernden Charlatane erkennen. Nur bringt er an Stelle von Mithridat, Latwergen und zahlreichen Arcanis höchst reale Dinge, wie Hosen, Wäsche, Gebetbücher, Hosenträger und zweifelhafte Schmuckwaren. An Zungenfertigkeit und Lust am Humbug aber ist er seinen Vorgängern völlig gleich geblieben. Und gleich diesen genießt er eine große Popularität, die wohl für die kleinen mitkonkurrierenden Krämer des glatten Landes etwas Unbehagliches hat, die er aber weniger der Güte seiner Waren als dem ausgezeichneten Mundwerk zu verdanken hat, mit dem er vor dem bäuerlichen Publikum den kaufmännischen Hans Kasperle spielt.

Und diese seine Kasperliaden mögen mit stenographischer Treue hier wiedergegeben sein. (Es mag im Nachfolgenden wohl auffallen, daß der billige Jakob den Bauern ab und zu mit ausgesuchten Grobheiten entgegenkommt. Er bringt sie aber scherzweise und der Bauer kann im Spaß recht viel vertragen.)

Grüß Gott, meine Herrschaften! – Jetz hab ih schon gmoant, ös sagts aa grüaß Gott – aber bei enk gscheerte Hohnawachln is ja dees net der Brauch. Seids halt Rammi! Is aber oa Ding, ös sollts mei Sach ham, gschenkt sollts es ham, nachwerfa tua ih's enk, ih will nix mehr mit in d' Stadt mitnehma.

Warum sollt ih zum Beispiel so an schön Hosnträger (er streckt und dehnt ihn und zeigt ihn mit verliebten Gesten) wieder mit hoam nehma? Ih hab ja noh 10 Millionen solche dahoam! Und ih brauch ja gar koan: bei mir dahoam hat ja sie d' Hosn oh – und ausziahgn tuat sie's nia.

Für so einen Hosenträger – schaugts'n oh: den kann ma bis Paris hinteri ziahgn – für den taat an anderer 5 Mark verlanga. Dees is der berühmte Patenthosnträger Schastiquasti-Gummielasti, wo

---
* Die Herrschaften, die auf den Bauernmärkten den »billigen Jakob« mimen, entstammen größtenteils der Münchener Vorstadtsphäre. Ab und zu treten auch Hausierer aus dem bayrischen Wald in diesen Rollen recht wirksam auf.

das Patent alloa 20 000 Mark gekostet hat. An dem hat sich in München amal a Bäckermeister, der fünfstöckiger Hausbesitzer war, aufgehängt und es hat dem Hosnträger nix gmacht. Und wenn a Bauer a Kuah kauft und hat koan Strick bei eahm – er konn dee Kuah doch net am Schneiztüachl hoamführn, weil er nia oans hat – so kann er die Kuah an diesem Schastiquasti-Gummielasti-Patenthosnträger hoamführn.

Nur eine Mark dieser Hosnträger!

Kaffts, ös Gscheertn, es ist nimmer Mode, daß ma d' Hosn an an Spagatschnürl tragt. So a Hosnträger is besser, als wenn oaner sei Hosn an vier guat versilberte Beißzanga hänga hat!

Halt – ih hab mei guats Herz entdeckt: da hätt ih noch extrig ein Dutzend Patentknöpf zu dem Hosnträger dazua. Es kann ja doch vorkommen, daß einem an der Hosn amal a Knopf bricht und man kann die Hosn doch nicht in der Hand tragen. Da nimmt man also so einen Patentknopf vom billigen Jakob, den kann man ohne Nadel, ohne Faden und ohne Schwiegermuatter annähen.

Und das alles um eine Mark!

Meine Herrn Bauern und Ökonomen, ih brauch a Geld – mei Schwiegermuatter muaß zum Militär!

Und wie dieser Hosnträger elastisch is! Noch kein Jahr alt und kann schon hupfen (er läßt ihn schnellen) –!

Ja, meine Herrn Bauern und Ökonomen, wann ih eure Gsichter seh und mein leern Geldbeutl, dann falln mir alle meine Totsündn ein. Da muß ich gleich dieses Gebetbuch zur Hand nehmen, ein schönes Gebetbuch, ein sauberes Gebetbuch, ein heiliges Gebetbuch!

Jetzt will ich sehen, ob ihr noch eine Religion im Leibe habt! Oder ob ihr lauter Liberale oder Sozi seid! Mit diesem Gebetbuch kommt ihr nicht in die Hölle und nicht in's Fegfeuer, mit diesem Gebetbuch kommt ihr pfeilgräd in den Himmel.

Was, ihr könnt's nicht lesen; ja, wenn euer Schulmeister beim Metzger gestorben ist, dann kann ich auch nichts dafür. Aber dieses Gebetbuch braucht man ja gar nicht lesen. Da braucht man nur alle Wochen – ah, was! alle Quatember – zwischn Zwölf und Mittag ein bißl hineinschauen, dann kommt man schon pfeilgräd in den Himmel. Das wann man auf den Erdboden legt, dann stolpern alle Hexen und Truden drüber und der Gerichtsvollzieher bricht sich's Gnack.

Aber wer dieses Gebetbuch nicht kauft, den holt der ander mit die gspitzigen Hörndln. Da gibt's aber so arme Teufel, die haben kein

Geld, um ein solches Gebetbuch zu kaufen. Denn für ein solches Gebetbuch kann einer 10 Mark, 20 Mark, 100 Mark, 1000 Mark und 100 Millionen verlangen, das is's wert.

Das wär eine saubere Himmelfahrt für euch, wann so ein Gebetbuch soviel Geld kosten tät! Aber da schaugts mich an, ich gebs euch um eine Mark! Um ein ganzes Markl!

Ja, habts denn gar keine Religion in euerm Geldbeutl!

Müßts denn da sein, wo's schön warm is und wo dem Teufl sei Großmutter fleißig nachfeuert?

So, und jetz müßts mit Fleiß in den Himmel – jetz geb ich euch dieses Gebetbuch um ein Fufzgerl – daß ich mich nicht Sündn fürcht: um ein Zwanzgerl!

> Wann einer nicht den Beutl ziehgt,
> die Sell nicht in den Himmel fliegt!

Ah, der Herr Vetter! Gel, druckn dich d' Sündn und meinst, ein Zwanzgerl kannst riskiern. Was, gleich zwei? Mußt aber ein schöns Sündnpackl beisamm ham!

Jetz hab ich aber an dem sein Geldbeutl gesehn, daß ihr Herrn Bauern und Ökonomen gar nicht wißt, was ein richtiger Geldbeutl ist. Ja, da seid ihr wieder schön angeschmiert worn beim Geldbeuteleinkaufn! Da kommt so ein Hausierer mit einer krummen Nas, lügt das Blaue vom Himmel herunter und verkauft euch so einen Geldbeutl um 3 Mark. Dann sagt er, ob er nicht um Gottswilln eure Nudln mitessn darf – gut, ihr laßt ihn um eine Mark Nudln mitfressn. Dann bitt' er um Gottswilln um ein Nachtlager und macht euch um drei Mark Stroh kaput mit seine krummpn Füaß, bringt euch Läus in's Haus und haut euch die Bäurin zsamm und ihr könnt die Kinder aufziehn – da habt ihr ein sauberes Gschäft gemacht mit dem Geldbeutl.

Aber da schaugts meinen Geldbeutel an: der kostet nicht drei Mark, nicht zwei Mark, nicht eine Mark, der kostet blos fufzig Pfenning und ist ein Schloß dran, das nicht einmal ein Schlosser aufmachen kann, und das Geld drin ist so sicher, daß's nicht einmal ein Böhm stehlen kann.

Dieser Geldbeutl ist nicht aus Ochsnleder, nicht aus Schweinsleder, nicht aus Kuhleder, der ist aus 99jährigem Schwiegermutterleder.

In diesem Geldbeutl ist ein Patentzinszahler, der euer Geld in jeder Woch verdoppelt und verdreifacht. Und alles um ein Fufzgerl!

Eikauft! Ja, ich kann euch doch nicht auch noch drei Kronataler extra in den Geldbeutel hineinlegen. Ein Fufzgerl! Und wann ihr den Beutl nur zum 'neinscheißn braucht – gut geschissn ist auch ein Fufzgerl wert.

Eure Kinder sollt ihr versetzen, nur, um beim billigen Jakob einzukaufen! Aber ihr seid mutlos, verständnislos und geldlos! Vor 14 Tagen war ich auf dem Eiermarkt in Jerusalem, die haben mich auch nicht verstanden, weil sie nicht deutsch können.

Aufpaßt, ihr Rindvieh- und Pferdebesitzer! Hier hab ich ein Notizbuch, da könnt ihr eure Hypothekenschulden hineinschreiben. Und wenn ihr sie schön hineingeschrieben habt, dann müßt ihr sie schön zusammenrechnen und das Blatt herausreißen und in die Isar werfen – das ganze Glump ist bezahlt.

Und hier hab ich einen Brillantring, der ist in Amsterdam geschliffen worden, da haben 10 000 Weiber Tag und Nacht im Zuchthaus dran geschliffen, bis er so schön geworden ist. So einen Brillantring trägt nicht einmal ein König; den trägt nur ein Metzgermeister bei die heutigen Fleischpreis.

Und da hab ich noch eine Uhrkette, die sieht besser aus wie Gold, trägt sich besser wie Gold, die verkauf ich für Gold und ist doch kein Gold! Wer eine solche Uhrkette trägt, der wird in acht Tagen Bürgermeister, in vierzehn Tagen Landrat, in einem Monat ein Baron!

Und hier meine Herrschaften, da habe ich einen Operngucker, das ist das berühmte Patent »Umseckumi«, den kann man als Halsspiegel, als Augenspiegel, als Ohrenspiegel, als Nasenspiegel, als Gehirnspiegel brauchen. Wenn der Geheimrat Pettenkofer diesen Hirnspiegel nicht gehabt hätt, dann hätt er dem Kaiser von China die 60000 Maulwürf nicht aus dem Kopf schneiden können. Und wenn ihr diesen Ohrenspiegel nicht habt, dann kommt ihr niemals drauf, daß eure Ohrwaschl notwendig waschen brauchen. Und mit diesem Spiegel könnt ihr die bösen Absichten eurer Schwiegermutter durchschauen. Und mit diesem Nasnspiegel könnt ihr euch die Würmer aus der Nasn ziehn!

Eiei, eiei, eiei! Aber jetzt hab ich einen Meterstab, der ist gleich um einen halben Meter länger wie ein gewöhnlicher Meterstab. Mit dem kann man das Stroh schon abmessen, wenn man erst angesät hat.

Ja, so kaffts doch ein! Ich kann euch doch nicht noch ein halbes Dutzend seidene Bratwürst dreingeben!

Und jetzt – gel, da schaugts, was dees is! Dees is – was, dees soll a Löffl sein? Du nixnutziger Bub, wie willst du einem erfahrenen

Mann was erzählen, der im Burenkrieg die Filzläus zugeritten hat und dem General Botha seine Schwiegermutter gefangen genommen hat? Für was hab ich denn den ledernen Sankt Michael mit die Brüllaffn am Bandwurm?

Nein, das ist kein Löffel nicht, das ist eine Ernährungsmaschine. Da haben sich die Bauern früherszeit ein Loch in den Bauch gemacht und die Suppn hineingeschüttet – das alles brauchts jetzt nicht mehr. Jetzt braucht einer nur sein Vaterunserloch aufmachen und mit diesem Instrument die Suppn hineinzutun. Mit einer solchen Maschine kann man eine Familie von zwölf Köpfen in anderthalb Minuten satt machen.

Aber hier hab ich noch einen Kamm – den verkauf ich gar nicht gern. Denn wenn ich diesen Kamm verkauf und komm in hundert Jahren wieder zu euch, dann kann ich euch keinen mehr verkaufen, weil ihr diesen Kamm immer noch habt. Diesen Kamm kann man biegen wie man will, mit diesem Kamm kann man zuhauen, wie man mag (er schlägt einen Jungen auf den Kopf), meine Großmutter hat mit einem solchen Kamm im letzten Winter das ganze Holz gesägt und man merkt's ihm heut noch nicht an.

Dieser Kamm hat zwei Seiten, eine asiatische und eine europäische. Wenn ihr euch mit der asiatischen kämmt, so fangt ihr fufzig Läus auf einmal, mit der europäischen fünfundzwanzig.

Meine Herrn Rindvieh- und Pferdebesitzer, kaufts Kämme, es kommen lausige Zeiten! Stehts doch net immer da als wia der Ochs am Berg, ös Rammi! Wollts denn euer Geld einsalzn lassn, daß's net stinkat werd? Sollt ih net an jedn a Maß Bier zahln für's Zuhörn und's Maulaufsperrn?

Aber jetzt muß ich einmal eine schöne Geschichte erzählen: ich bin einmal in Niederbayern auf einem Bauernhof gewesen, der war so groß, daß der Bauer für die Roßdeckn eine eigne Remis gebraucht hat. In dieser Remis hab ich einmal geschlafen, sonst könnt ich euch die Roßdeckn, die ich jetzt in der Hand hab, nicht so billig verkaufen. Schaut euch einmal eine solche Roßdeck' an – da ist das Anschaun schon ein Zwanzgerl wert. Aber wann ihr sie kauft, dann kriegt ihr sie um eine Mark, und dann schaut ihr sie fünfmal an und dann habt ihr die schöne Decke umsonst. Eine Mark für eine solche schöne Roßdecke aus Niederbayern, da wo es am niedersten ist! Nur eine Mark eine rein wollene Roßdecke. Die ist so lang und breit, daß man ein Roß braucht, um drum herumzureiten. Da könnt ihr eine Wallfahrt drum rum machen vierzehn Täg lang, und dann noch drei Stund. Hinaus in die Welt um das billige Geld. Ja, Herr

Nachbar, da kann ich halt auch nix dafür, wann dir der Verstand eingefroren ist. Kauf dir eine solche Roßdecke, wickl dich schön damit ein, vielleicht kommst in's Schwitzn und er taut dir wieder auf. Kaufts nix? – Ja, ja, ich bin ja nur zu eurer Unterhaltung da, wie's Kraut beim Fleisch.

Wann ihr kein Geld nicht habt, warum gehts denn auf den Markt? Bleibts im Bett liegen, daß's euch nicht in d' Zehen friert. Und wann euch wieder warm wird, dann stehts auf, schlagts die Fenster ein und verkaufts das Glas – und kommts wieder zum billigen Jakob.

Sonne, Mond und Sterne kann ich euch nicht geben und keine Maß Bier auch nicht, weil selber fressn und sauffn fett macht. Aber ein Messer kann ich euch geben, daß ist so scharf, daß man einer Laus den nackatn Arsch rasieren kann. Dieses Messer is so scharf, daß einer, der am Sonntag damit derwischt wird, gleich um drei Monat mehr kriegt.

Und was nützt denn ein Messer, wenn keine Gabl nicht dabei ist? Eiei, eiei, eiei, so eine schöne Gabel – die hat ja gleich vier Spitz, jetzt seh ich's erst. Die muß ich gleich wieder einpacken, weil's mich zum Verkaufen reut. Ah, was! Ist ein Ding, hat der Bauer gsagt, und hat das Roß mit der Kuh geschlacht', jetzt geb ich die Gabel zu dem Messer um ein Fufzgerl. Ein Gabel mit vier Spitz: auf den einen tut man's Kraut, auf den andern das Fleisch, auf den drittn die Nudl und auf den viertn den Zwetschgentauch.

Wer da nicht kauft, der muß sich vom Zimmermann ein neues Brett vor's Hirn hinmachen lassen. Ich kann's euch ja ruhig sagen, warum ich alles so billig geb: morgen kommt der Gerichtsvollzieher zu mir, und der Gerichtsvollzieher muß sein ein Umeinsinstbemüher!

Der kriegt bei mir nix als wie einen Dreck an einem gespitzigen Hölzl – das ander kriegen alles meine Bauern.

Eiei, eiei, eiei, und was ich noch hab, das ist eine Bürste, keine Bürste, wie 's die Krattlermenscher haben und keine Bürste, wie die armen Leut haben, bei denen das Bett mit einer Kreiden an die Wand hingemalt ist, und müssen darin schlafen, und wenn der Gerichtsvollzieher zum Pfänden kommt, dann nimmt er einen Radiergummi mit. Nein, das ist eine Kavalierbürste, und wann einer sein Gewand damit ausbürstet, dann is es schöner als wie neu, und wann einer seiner Altn über's Maul damit fahrt, dann sind die Faltn weg und sie schaut aus wie ein Firmling.

Mit dieser Bürste kann man den Dreck von anno neun, wie der große Wind gegangen ist, wieder wegbringen! Damit kann man ein jedes Mensch bürstln, und sie kommt nicht in die Hoffnung!

(Und nun ist dem billigen Jakob glücklich die Kehle ausgedörrt. Er tritt einen notwendigen Gang in's Wirtshaus an und irgend ein sauerampfernes Weib vertritt ihn unterdessen. Wir wollen seine Wiederkehr nicht abwarten: er hat in den obigen Kraftsprüchen sein Repertoire erschöpft.)

Aufgezeichnet am Martinimarkt in Garmisch 1911, am Kefersloher Roßmarkt 1907, am Rogatemarkt in Starnberg 1905.

Der Lehrer

ist gleich dem Pfarrer Respektsperson. Aber gleich diesem hat er sein Teil an Bauernspott zu tragen, der sich – wohl in Erinnerung an die Zeit der armseligen weiland »Schulmeister« – hauptsächlich auf den »notigen« Lehrer* bezieht. Und leider bringt ja da und dort den Lehrer heute noch entweder die armselige Bezahlung oder der Bezahlungsmodus in Verhältnisse, die den wichtigen Stand schwer schädigen.
    Z. B. der Lehrer von X.-Dorf hat am Ersten eines jeden Monates folgende sieben Quittungen für seine Gesamtbezüge auszustellen:

---

* Übrigens mag sich der Lehrer trösten: die Angestellten der Post und der Eisenbahn werden vom Bauernspott schwerer getroffen:
Wer nix taugt und wer nix koh, / geht zur Post und Eisnboh.
    Auch die Gendarmen müssen sich das Zutrauen des Bauern erst erobern. Die unsanfte Habererverfolgung und verschiedene Wildereraffären ließen sie dem Bauern naturgemäß als Feinde erscheinen. War ihr Bemühen fruchtlos, so wurden sie verspottet:
Der Schandarm hat's Haus ausgsuacht, / der hat sih traut, / hat da Muadern sein Stallkittl / für a Gambshaut ohgschaut.
    Hatten sie Erfolg, so fanden sie Haß. Sie galten als die »Greana«, die Grünuniformierten; ein Mädchen, das mit ihnen zu tun hatte, war verrufen:
Weiß-blau is boarisch / und grea scheissn d'Gäns, / und a Deandl, wo an Schandarm liabt, / dees is a schlechts Mensch!
    Das bekannte Schnaderhüpferl hatte im Fasching 1909 ein Bergmann in Oberried zum Spottgedicht verarbeitet mit der Milderung:
A Deandl, das an Gendarm liebt, / dös is – ja nix für Enk!
    Da er aber, um in seinen Absichten ja nicht mißverstanden zu werden, unter den Text noch die Worte »Weißblau is boarisch« hingeschrieben hatte, verurteilte ihn das Schöffengericht in Viechtach zu einem vollen Monat Gefängnis.
    Es ist ganz merkwürdig, daß der Jude bei der katholischen Landbevölkerung keineswegs in Ungunsten steht. Ab und zu vielleicht ein Güterzertrümmerer; aber der »Viehjud« z.B. gilt zumeist sehr viel. Diese besonnenen, nüchternen und wirklich keine schwere Arbeit scheuenden Menschen treiben trotz tendenziöser Gegenbehauptungen einen reellen Handel. Und nicht allein »der in den Händen der Juden befindliche«, auch der schuldenfreie Bauer handelt gern mit den schwäbischen »Viehjuden«.

1.	Vom kgl. Rentamt erhalten	Mark	47,60
2.	Aus der gemeindlichen Schulkasse		44,87
3.	Vom Pachtvertrag aus Schulgrund		9,51
4.	Von der Kirchenstiftung		7,87
5.	Aus der Kirchenkasse		3,52
6.	Für abgelöste Naturalien		1,08
7.	Für den Gemeindeschreiberdienst		15,00
		Sa. Mark	129,45

Ohne Quittung erhält er:

4 Laib Brot
2 Schüsseln Mehl
6 Nudeln.

Es handelt sich hier nicht um einen Ausnahmefall, eher um eine Regel. Aber um eine Regel, die von den Klerikalen unter allen Umständen aufrecht erhalten sein will: sie schreibt die Anzahl der Buckerl vor, die man dem Lehrer der weltlichen und geistlichen Obrigkeit gegenüber zumutet. Sie betont die Abhängigkeit von einer Reihe von Instanzen und kennzeichnet die Ohnmacht des Lehrers in seinem sozialen Kampfe. Einer gegen Viele. Während er wider den Staat und den Pfarrer streitet, männlich seinen zweien Armen vertrauend, fällt ihm der gröbere Schmalznudelfeind in den Rücken. Und der mit dem Mehl und der mit den Brotlaiben!

Ich erinnere mich einer Gerichtsverhandlung, in der mein Freund, der Hilfslehrer A. N. von G. als Kläger in einer Privatklagesache (wegen Beleidigung) auftrat. Freund N. war im »Tutzingerhof« zu Starnberg gesessen; einer der Gäste, der anscheinend irgendeine Schwäche gegen die Lehrer hatte, erzählte nun die folgende Geschichte:

»Der Hilfslehrer von G., der hat auf oamal nimmer scheißn könna. Er geht zum Dokter, der Dokter giebt eahm ei, oamal, zwoamal, dreimal giebt er eahm ei – es rührt sih nix, der Hilfslehrer konn oafach net scheißn.

– Ja, hilft's denn net? sagt der Dokter.
– Na.
– Ja, was treibn denn Sie für a Gschäft? fragt der Dokter.
– Ja, ih bin da Hilfslehrer von G.
– Hm. Passn S' auf, da ham S' an Taler, na könna S' gleich wieder scheissn!«

So gut diese bittere Satyre auf die traurige Besoldung unserer

Landlehrer auch sein mag – der Spaß kostete dem Witzbold zwanzig Mark in die Armenkasse.

Ein altes Lied besingt folgendermaßen das Dorfschulmeisterlein:

> In einem Dorf im Schwabenland,
> Das is uns alli wohlbekannt,
> in diesem Dorfe klein und fein,
> da wohnt ein Dorfschulmeisterlein.
>
> Und wird im Dorf ein Schwein geschlacht',
> der arme Dorfschulmeister lacht;
> die größte Blunzn, die g'hört sein,
> dem armen Dorfschulmeisterlein.
>
> Und wird im Dorf ein Kind getauft,
> der arme Dorfschulmeister lauft;
> die fünfzehn Kreuzer, die g'hörn sein,
> dem armen Dorfschulmeisterlein.
>
> Und wann im Dorf a Hochzeit ist,
> der arme Dorfschulmeister frißt;
> was er nicht frißt, das schiebt er ein,
> das arme Dorfschulmeisterlein.
>
> Und is im Dorf a Leichnschmaus,
> der Dorfschulmeister kennt sich aus:
> er sitzt auf einem Steinelein
> und nagt an einem Beinelein.
>
> Und wann er einst gestorben ist,
> begräbt man ihn auf einem Mist,
> Der Hund setzt ihm den Leichenstein,
> dem armen Dorfschulmeisterlein.

Dasselbe drückt ein alter Vierzeiler aus:

> Schö is's doh wieder
> bei der Schulmoasterei,
> bald stirbt a kloas Kind
> und bald an alts Weih.

Und recht gemütvoll klingt auch der Bubenwitz:

> – Hans, 's Schulhaus brennt?
> »Is da Lehra schoh vobrennt?«

Die Witze über die Prügelpädagogen sind durch die wesentliche Beschränkung der körperlichen Züchtigung ziemlich erledigt. Um die Reihe der älteren Strafen anzuführen: das »Hirnbatzl« oder Hirnspeckerl: ein Schneller mit dem Finger an die Stirne. Die alten Lehrer üben noch hie und da diese milde Art der körperlichen Bestrafung. Die alten Schulstrafen erhöhen sich dann folgendermaßen: eine »Tachtl« = leichte Ohrfeige; »Watschn« oder »Bretschn« = eine stärkere Ohrfeige, auch »Schelln« genannt; »Tatzn« mit dem spanischen Stock auf die Finger (bis zu zwölf Stück auf beide Hände verteilt); ein »Ohrwaschlrennats« (siehe unter »Beuteln«); die »Hosenspanner«, Schläge mit dem Stock auf das Gesäß; das »Scheitlkniagln«: auf kantigen Holzstücken knien. Nach Absolvierung dieser Strafe mußte man sich meistens noch eine Weile gegen die Wand stellen und »sich schämen«.

Dr. C. Müller singt von seinen Schulerinnerungen (um 1810):

> Mei Wochnordnung, die war so,
> draus könnts es schon ermessn:
> Heut Tatzn, morgn an Spaniol
> und übermorgn nix z' Fressn.

Von erotischen Versen auf den Lehrer kenne ich nur das:

> 's Deandl lobt an Schulmoaster,
> weil er d' Orgl spieln koh,
> bald rupft er s',
> bald zupft er s',
> bald fingerlt er droh.

Pfarrergstanzln.

So sehr auch der Kleriker die Achtung des Bauern genießt, so ist er doch seinem Witze zur rechten Zeit verfallen. Nie – solange das Zölibat aufrecht gehalten wird – scheint der Bauer von der Mutmaßung abirren zu wollen, daß das Verhältnis zwischen Pfarrer und Pfarrersköchin ein ähnliches ist wie zwischen Mann und Frau. Er klagt beide darum eigentlich nicht an; »san halt aa Menschen, dee Pfarra«, sagt er und findet sich damit unter dem Vorbehalt ab, daß er ab und zu dieses angenommene Verhältnis bewitzeln darf. »Jaja«, sagt er, »so hat Gott die Welt geliebt und da Herr Pfarra sein Hausknecht, hat Annamirl ghoaßn ... «

Der Dicklbauer von Garching hörte einst der Sonntagspredigt seines Pfarrers mit großem Mißvergnügen zu, weil der geistliche Herr arg gegen das Zweikindersystem der Franzosen loszog – meines Erachtens sehr von der unrechten Kanzel und sehr vor dem unrechten Publikum. Und noch dazu war des Dickl's Weib kurz vorher von Zwillingen entbunden worden – so bezog der Bauer die Predigt auf sich. Auch sagten's die andern: »auf'n Dickl hat ›da Herr‹ umigredt!« In einer längeren Wirtshausrede machte dann der Dickl seinem Herzen Luft mit einer Schlußwendung, die den Pfarrer deutlich »zur Kirchweih« einlud.

Der Pfarrer weiß genau, daß seine Predigten wie sein Leben der Kritik der Gemeinde immer ausgesetzt sind, und daß der Bauer im Notfalle auch gegen die Kirche rebelliert – wie sehr große Haberfeldtreiben gegen Geistliche bewiesen, in denen selbst der Münchner Erzbischof in unverblümtester Form angegriffen wurde. Ich verweise zu diesem Thema auf meinen im Vorjahre erschienenen Privatdruck.

In einer humoristischen Predigt aus den 20er Jahren des 19. Jahrhunderts läßt der bekannte »Saumüller« den Pfarrer deutlich sagen, was er in den Köpfen seiner Bauern über sich urteilen fühlt:

»Was is denn a Pfarrer so nach enkerer Meinung, han? Net wahr, a Pfarrer is, der sih hihockt, enk Meß und Amt lest, enkri Wechslbalg tafft, in enkri stinkati Scheißlöcher neischmeckt, balts krank seids, enker dreckati Seel in Himmi neibetn soll, und im Beichtstuhl drin nacha enkri stinkatn Magngschmacha sih in's Gsicht neikoppn lassn muaß, wennts zuvor, wia's mir naacht begegnet is (aber da soll mir nohmal oaner kemma, den wirf ih beim Schüppi zum Beichtstuhl aussi) – wennts zuvor um an Kreuzer a sechs Radi gfressn habts und a Glasl a vier Branntwei dazua– net wahr, dees is nach enkerer Meinung a Pfarra!«

»Vaterunserhandler« nennt der Bauer den Kleriker, wenn er zum Beichtzettelsammeln kommt (das mit einer Art Kirchensteuer verbunden ist). Und daß heute noch das Bruststück eines gebratenen Geflügels »Pfaffenschnitzel« heißt, beweist, daß man den Kleriker um der schönen Bröckerl willen, die man ihm von allen Dingen reichen mußte, heute noch leise grollt.

Im Nachstehenden einige der bekanntesten »Pfarrergstanzln«:

Sauschneider bin ih,
aber d' Säu schneid ih gern,
und iatz geh ih auf Schweinau, Schweinau,
zum geistlinga Herrn.

s' Deandl hat beicht,
daß 's schwanger is leicht:
»Herr, verzeih mir dee Sünd,
vielleicht schenk ih dir's Kind!«

Pfarrer san große Herrn,
Pfarrer tean's selber gern,
warum sollt's ih net toa,
bin net voh Stoa!

Bei der Gigerlitzn,
bei der Gagerlatzn,
bei der Wirtin z' Traustoa,
bei der Pfarrerköchin
seiner Kuahbritschn
könna fünf und sechs toa.

Da Pfarra voh Roa,
der leidt so an dee Stoa,
daß der Köchin ihra Visavis
schoh ganz auspflastert is.

Da Pfarra von Anga
hat an saggrischn langa,
wann er'n eini will schiabn,
muaß an in der Mittn abbiagn.

Sechstns net unkeusch sei,
siebtns net stehln –
verbiatn tean's d' Pfarrer,
aber toa tean s' es selm.

Deandl, hat da Pfarra gsagt,
gehts, laßts enk liabn,
balts noh koane Duttln habts,
werds es schoh kriagn.*

An Pfarrer hon ih beicht:
ih g'rats Deandl net leicht!
Sagt da Pfarrer zu mir:
mir geht's aa so wia dir.

O mir arma Kapuzina,
daß mir sogar net groana (gedeihen) kinna!
Sogar in da Nacht müass' ma aufsteh
und in Chor zum Betn geh,
wer werd denn so groan?

Da Pfarra voh Würzburg,
dem genga alli Pfürz durch,
in seiner Seminarzeit,
ham s' eahm 's Arschloch ausgweit.

Da Pfarra voh Laaberwoanting,
der sagt, mir is's jetz oa Ding
mit dem Scheißzölibat,
ih stich jetz Spinat.

Wie bei diesen Pfarrergstanzln den Ortsbestimmungen absolut keine Bedeutung beizumessen ist, da sie lediglich das Resultat einer Suche nach einem Reim sind, so erweisen sich auch die sog. »spanischen

---

* Das Schnaderhüpferl spielt auf den Pfarrer Mosauer an, der sich an Schulmädchen verging.

Gstanzln,« die in den Exkneipen bayrischer und österreichischer Studenten entstanden sind und noch entstehen, lediglich als willkürliche Reimereien. Ich zitiere hier von 17 dieser Gstanzln- oder »Romanzen«, wie sie die Österreicher Studenten auch nennen – die Karl Reiskel in den »Anthropophyteia« (Bd. 11, 122) veröffentlicht, die beiden auch bei uns sehr bekannten nachfolgenden:

> Donna Clara, dieser Schlampn,
> hat a Filzlaus auf der Wampn,
> und Don Carlos in der Not
> schlagt s' mit seiner Nudl tot.

> Auf der Sierra de Murena
> tut ein Grande sakrisch flenna,
> 's hat ein Bravo ihn kastriert
> und das Arschloch zupetschiert.

Diesen beiden österreichischen sei hier eine Reihe von Münchener Gstanzln entgegengestellt, die im Schnaderhüpferlton gehalten sind:

> Der Pfarra von Salamanka,
> tuat's nur mehr in Gedanka,
> aber in der Wirklichkeit
> is eahm da Schwanz derfäuit.[1]

> Der Pfarra von Barcelona
> tuat im Hurnhaus wohna;
> er steht eahm so seltn,
> da konn er's gleich meldn.

> Da Pfarra von Granada
> is an alta Spinata,
> weil er's im Seminar
> aa schoh gwohnt war.

> Der Donna Dolores,
> dera lern ma jetz Mores,
> dee laß 'ma zuareitn
> zum Lochausweitn.

---

[1] verfault.

Und der Don Estobal
singt wia a Nachtigall,
steigt wia a Pfau, a Pfau,
stinkt wia a Sau.

Es sagt die Sennorita:
geht nix über d' Karmelita!
Ah, was! sagt d' Donna Anna,
über mih genga d' Franziskana!

Der Bischof von Valladolid,
dees is an alter Naglschmied,
wann er nix zum Nagln hat,
sticht er Spinat.

Der Bischof von Saragossa,
is dees net a grossa,
hat der net an kloan,
weil d' Weiber so woan?

Donna Laura de Braganza
muass'n ham als a ganza,[1]
da ganz is eahm noh net gnua,
da Beudl muaß aa dazua.

Donna Anna de Sevilla
hat an der Fud dort a Villa,
wohna zwanzg guate Mauser,[2]
wann sie s' braucht, müassn s' außa.

Und da drom in der Sierra,
da hört man an Plärra,[3]
weil d' Menscher gern plärrn,
wann s' abgstocha wern.

In der Sierra Nevada
schreit a Katz nach'n Kata,
waar s' in San Sebastian,
kaamat s' viel öfter dran.[4]

---

[1] den vollständigen Penis;   [2] zwanzig rüstige Koitierer;   [3] einen Schrei;   [4] würden sie öfter befriedigt werden.

Um mit Vorsicht auf das Thema »Schnaderhüpferl über religiöse Dinge« einzugehen, sei nur das nachfolgende genannt:

> Ei, Schatzerl Marie,
> der Herr ist mit dir,
> du bist voller Gnaden –
> geh, zahl a Maß Bier!

Die »Deutschen Gaue«, die dieses Schnaderhüpferl auch zitieren, meinen: »Der Sänger hat in seiner Dummheit nicht im mindesten an eine Verunehrung des Ave Marie gedacht« – dieser Auffassung kann ich mich nur schwer anschließen. Denn wie die bäuerlichen Flüche manchmal direkte Tiraden von Gotteslästerungen – besonders in Hinsicht auf den Gekreuzigten bringen – so findet man auch in verschiedenen Pfarrergstanzln, die ich hier nicht abdrucken will, auch ganz grobe Lästerungen von religiösen Dingen. Des Ferneren gibt es die bekannten Vaterunser- und Litanei-Travestien, die kirchliche Einrichtungen verhöhnen.

Vielleicht entstammen diese Travestien nicht den bäuerlichen Kreisen; aber sie leben auch im Volke, wie z. B. das studentische:

»Martin Luther wollt' mit seiner Kathi Vesper singen ...«

und mehr noch die Litanei:

> O du heu-, o du heu-,
> o du heiliger Sebastian!
> O du stroh-, o du stroh-,
> o du strotzest voller Gnaden!
> O du heu-, o du stroh-,
> o du strotzest voller Gnaden etc.

Dem vielleicht noch humoristischen Anfang folgen drei sehr derbe Strophen. (Siehe auch Blümml, »Erotische Volkslieder aus Deutsch-Österreich«.)

Breissn!

Zu dem Partikularismus, der sich gegen Preußen richtet, darf man heute ernsthafte politische Grundlagen nicht mehr suchen. Das Jahr 1866 und die Debatten 1871, die sich um bayrische Reservatrechte drehten, sind heute so ziemlich vergessen. Wenn der Dr. Sigl in seinem »Bayrischen Vaterland«, auch die Preußenfeindschaft ziemlich in die Länge zog, so vermochte er sie doch nicht zu einer ernsten Eigenschaft in unserem Stammescharakter zu erhärten. Sein Witz verdarb die grimmige Absicht. Um ein Beispiel anzuführen:
»Sagt man Odysseus oder Odysse-us?«
– Rindviech! Ma sagt doch aa net Saupre-uß, ma sagt Saupreiß!

Die reisenden Norddeutschen mußten infolge der Sigl'schen Derbheiten naturgemäß eine Abneigung gegen das Münchener Blättchen haben, umsomehr, als mancher Dutzendmünchener – angesteckt durch die Hetzerei des »Vaterland« – sich gegen akzentuiert Norddeutsch Sprechende unfreundlich benehmen zu müssen glaubte. Es ist in der Tat noch gar nicht lange her, daß der Norddeutsche in unseren Revieren höflich behandelt wird, und es gibt heute noch dann und wann Intermezzi, denen etwas Preußenhaß zugrunde liegt.

Vielleicht singt ein Bursche in einem Wirtshaus, in dem er norddeutsche Gäste sieht, ganz gerne wieder einmal das alte Schnaderhüpferl:

> Und drenterhalb der Donau
> is's Vaterland Breissn –
> der wo nix zum Fressn hat,
> hat nix zum Scheissn!

(In Anspielung auf die Mär, daß die »notigen« Preussen sich hauptsächlich von Kartoffeln nähren müssen.)

Einer Sigl'schen Anekdote sei hier noch Erwähnung getan: Kommt ein Preuß' in's Hofbräuhaus und läßt sich vom Kolporteur zwei Blätter geben: das Berliner Tagblatt und das Bayrische Vaterland. Das

Tagblatt liest er, das Vaterland legt er auf die Bank neben sich.

Frägt ein Münchner: »Warum lesn S' nachat 's Vaterland net?«

Der Preuß': »Das Tagblatt ist für den Geist, das Vaterland für hinterlistige Zwecke!«

»So?« sagt der Münchner; »wann S' dees a Wocha lang so treibn, na wern S' im Arsch bald gescheidter sei als wia im Kopf ... Sie Schnapsbreiss', Sie!«

Oder wie damals ein Berliner in die uralte Gruft eines Klosters kam, da hörte er aus der Tiefe ein dumpfes Flehen:

– Drahts mih rum! Drahts mih rum!

– Ja, warum denn? sagt der unerschrockene Berliner.

– Daß mih d' Preißn besser im Arsch lecka könna!

Dr. Sigl ist tot und hat seine Zeitung etwas weniger partikularistischen Händen überlassen. Seine zahlreichen Preußensprüche sind freilich noch im Volksmunde lebendig. Ab und zu zerren sie die Volkskomiker noch zur großen Freude eines Galeriepublikums vor die Rampe und manchmal taucht plötzlich der »Dr. Sigl im Himmel« in einem Einakterchen auf. »Röschwilly« hat ihn in seiner Koupletsammlung (München, Verlag Bauderer) auch im Himmel entdeckt:

> Der Sigl grüßt auf Münchner Art,
> im Arm sei blonde Schix:
> grüaß Gott, sagt er, bist gewiß koa Preuß?
> – Na, Freund, da fehlt dir nix!

Zum Schlusse des Kouplets eine saftige Anspielung:

> Dort hinten wo's »für Herren« heißt,
> geht öfter einer hin,
> das Loch, durch das man abisch ... augt,
> ist oberhalb Berlin ...

Aber »Breißn« hat sich anscheinend an Dr. Sigl zu rächen gewußt. Ein sehr verbreiteter Vierzeiler gilt seinem Blatte:

> Wer sich den Arsch wischt mit der Hand,
> der ist ein rechter Schweinigl;
> dazu nimmt man das »Vaterland«
> von dem Doktor Sigl.

Soldatenlieder.

Um den Soldaten, der in gewissem Sinne zwischen Stadt und Land vermittelt, zu Worte kommen zu lassen, seien einige Münchener Kasernenlieder wiedergegeben, hauptsächlich Lieder der Chevauxlegers. Das erste hat Dr. Carl Müller mutmaßlich zum Verfasser.

Der bayrische Walischerr.[1]

Nix schönres nicht auf Erden
als was ein Wallischerr; tralala!
Ein schwarzbrauns Pferd zu reiten,
ein Federbusch von Haar,
den Sabel an der Seiten –
ob wohl was schöners waar?[2] Tralala!

Kaum hat es achti[3] gschlagen,
sitzt Roß und Mann zu Pferd, tralala!
Spazieren wird geritten,
Trampeter reitn voran, den Fahner[4] in der Mittn,
und hint ein Flegelmann[5], tralala!

Wir reitn durch die Straßen,
das Pflaster möcht krepiern, tralala!
Das Mädchen schaut vom Fenster
und grüßt den Wallischerr
und denkt sich: ach, mein Schönster,
wenn ich dein Rößlein wär, tralala!

Wir kommen auf die Wiesen
und tun maneferiern[6], tralala!
Der Oberst kommandieret
der ganzen Frant[7] voran,
und gleich darauf präsentieret
die ganze Eskadran, tralala!

---
[1] Chevauxleger;   [2] wäre;   [3] 8 Uhr;   [4] die Fahne;   [5] Flügelmann;
[6] manövrieren;   [7] Fronte.

Drauf blast man auf Kammando
den Marsch zum afanschiern[1], tralala!
Da geht's als wie das Wetter
im stärksten Karrier,
bis als daß die Trampeter
nicht blasen nimmermehr, tralala!

Nun reitet man zurücke
wohl in die Garnisan, tralala!
Und putzt sein Pferd und Sattel
und Riemenwerk dazu
und eilt zu seiner Kathel[2]
und wünscht ihr gute Ruh, tralala!

Die schließt in ihre Arme
den schönsten Wallischer, tralala!
Kein Kurasier, kein Jäger
und auch kein Gardikor[3]
soll dir mein Herzlein rauben,
da steh ich dir davor, tralala!

Vom Fuhrwesen gar keiner,
und auch kein Pompertär[4], tralala!
Nicht einmal ein Halaner[5],
sein Lebtag kein Husar,
gar niemals ein Dragoner,
viel weniger ein Standar[6], tralala!

So bleiben sie zusammen,
bis zu dem Zapfenstreich, tralala!
Ade, mein Schatz, muß gehen,
muß gehen in Kusarm[7];
morng tu ich dich schon sehen
und schließen in die Arm, tralala!

---

[1] avancieren; [2] Katharina; [3] Garde du Corps; [4] Bombardier; [5] Ulan; [6] Gensdarm; [7] Kaserne.

Und geht jetzt in den Stalle
und schaut nach seinem Pferd, tralala!
Ob es kein Mangel habe,
ob alle Fenster zu.
Dann legt er sich und labet
sich durch die gute Ruh, tralala!

Drum kann's nichts schönres geben
als wie ein Wallischerr, tralala!
Denn wenn er in Paradi,
so glanzt er wie die Sonn,
und bei der Prumenadi
sieht man 'n von weitem schon, tralala!

In den 90er Jahren wurde ein Schwalangscherlied (vom Strassersepp und J. Pollak) bekannt:

Is net der bayrische Schwalangscher
weitaus der schönste Soldat?
Bringts mir an Kanonier
oder an Kürassier –
Keiner die Schönheit nicht hat etc.

Ludwig Thoma hat in dem nachfolgenden »Schwalanscher«-Gesang den bewußt kitschigen Ton des modernen Soldatenliedes angeschlagen:

Weißt du noch die schönen Maientage,
wo die Liebe uns beseligt hat?
Du gestandest mir auf meine Frage,
ja, das liebste ist mir ein Soldat,
 die Soldaten liebtest du so sehr,
 und am meisten einen Schwalanscher.

Wo du gingest, bin ich mitgegangen,
und am Himmel hat der Mond gescheint,
wenn wir leise Liebeslieder sangen
und die Herzen innig sich vereint.
 Und beim Abschied sagtest du: o kehr
 morgen wieder als mein Schwalanscher!

Ach, vorbei sind jene schönen Stunden,
wo die Liebe treue Liebe fand.
Aus dem Sinne bin ich dir entschwunden,
deine Falschheit hab ich wohl erkannt.
  Wo ich liebte, gingst du heimlich her,
  nahmst dir einen andern Schwalanscher.

Lebe wohl! Das macht mir keine Schmerzen,
deine Treue hat verweht der Wind,
und ich finde wohl noch andre Herzen,
wo die Freuden nicht geringer sind.
  Das wär traurig, gäb's kein Mädchen mehr
  für dem König seinen Schwalanscher!

Im Ton des alten Volksliedes, aber nicht ohne travestierende Zutaten:

Kürassierlied.

Kann es denn was Schönres geben
als den edelen Soldatenstand,
ihm geb ich's hin mein ganzes Leben
mit Gott für König und Vaterland.
Ihm bleib ich treu bis an das Grab.
Woran ich's meine,
woran ich's meine,
woran ich's meine Freude hab.

Und in der Früh um halber Viere
ertönet der Trompetenschall,
da heißt es: Auf ihr Kürassiere,
jetzt geht's hinunter in den Stall
und putzt das Rößlein sauber ab.
Woran ich's meine,
woran ich's meine,
woran ich's meine Freude hab.

Dann kommt die Reitschul an die Reihe,
die kommadiert der Herr Schaschant,
wennst net g'scheit drom sitzt, kannst di gfreuen,
er hat die Reitpeitsch in der Hand

und haut dir's eine gleich herab.
Woran ich's meine,
woran ich's meine,
woran ich's meine Freude hab.
Zu Oberwiesenfeld auf der Haide
in Achtung steht die Eskadron,
da lacht des Reiters Herz voll Freude,
es kommt daher der Leutnant schon
und kommadieret: Achtung! Trab!
Woran ich's meine,
woran ich's meine,
woran ich's meine Freude hab.

Und wann mir's wieder heimwärts reiten,
da kann man sehn in jedem Haus
die Fenster öffnen sich von weitem,
die feinsten Fräuleins schau'n heraus
und sehn verliebt auf uns herab.
Woran ich's meine,
woran ich's meine,
woran ich's meine Freude hab.

Am Sonntag gehen mir's spazieren
in's Tal hinab zum Sollerwirt;
da kann man sich's gut amüsieren,
es kann auch sein, daß grafft dort wird.
Na ziahgst halt oan a paar herab.
Woran ich's meine,
woran ich's meine,
woran ich's meine Freude hab.

Ein altes Volkslied mit einigen modernen Schnörkeln:

Mein Schatz willst du zum Tanze gehn.

Mein Schatz, willst Du zum Tanze gehn,
tanz auch einmal, einmal mit mir,
tanz mit den Kameradi-radigen,
tanz auch mit den Soldati-datigen,
sie haben's viel Pläsier, Juhe!
Sie haben's viel Pläsier.

Mein Schatz, was Du so traurig bist
und sprichst kein Wort, kein Wort mit mir?
Was tut Dir denn nicht taugi-taugigen,
ich seh's an deinen Augi-Augigen,
du weinest für und für, Juhe!
Du weinest für und für.

Was soll ich denn nicht weinigen
und auch nicht traurig, traurig sein,
bin ich doch voller Schmerzi-Schmerzigen,
ich trage unterm Herzi-Herzigen
ein zartes Kinderlein, Juhe!
Ein zartes Kinderlein.

Zwegn dem brauchst Du nicht weinigen
und auch nicht traurig, traurig sein.
Wirst Du das Kind gebäri-bärigen,
will ich es schon ernähri-nährigen
und auch der Vater sein, Juhe!
Und auch der Vater sein.

Was hilft mich das ernährigen
und auch das Vater-Vater sein?
Mein Ehr' hab ich verlori-lorigen,
o wär' ich doch gestori-storiben
und läg' im kühlen Grab, Juhe!
Und läg' im kühlen Grab.

Und wenn du wärst gestoriben
und lägst im kühlen Grab,
so müßt dein Zuckermauli-mauligen
und auch dein Herz verfauli-fauligen
bis an den jüngsten Tag, Juhe!
Bis an den jüngsten Tag.

Und wenn dein Herz verfauliget,
so fraget niemand, niemand nicht.
Ich geh zum Kirchhof abi-abigen
und pflanz auf deinem Grabi-grabigen
ein zart Vergißmeinnicht, Juhe!
Ein zart Vergißmeinnicht.

Darum hör' auf zu weinigen
und stell' dein Jammern, Jammern ein.
Ist erst dein Kind gebori-borigen,
will ich dafür schon sori-sorigen.
das letzte soll's nicht sein, Juhe!
Das letzte soll's nicht sein.

Bayerische Kriegspoesie von 1870/71.

Nach dem glorreichen Jahre versuchten einige Sammler das gewaltige Material an Lyrik, das der Krieg in Deutschland ausgelöst hatte, in einem Monumentalwerke zusammenzuhalten, das in den Jahren 1871–1874 sechsbändig bei Schneider in Mannheim erschien. Wenn die Sammlung in einer Zeit, die noch voll der Eindrücke des Kriegsjahres war, lebhaftes Interesse fand, so muß sie sich heute von der Kritik wohl manches absprechen lassen. Insbesondere ist zu rügen, daß das wirklich gesungene, wirklich am Lagerfeuer entstandene Lied aus dem Volksmunde recht spärlich berücksichtigt wurde. Außer dem wackeren Musketier Kutschke (dessen »Napolium« übrigens Karl May in's Arabische zu übertragen versuchte) haben noch viele brave Soldaten ihr Liedlein gesungen, das jedenfalls heute mit mehr Achtung gelesen würde als die hausgemachte Lyrik irgendeiner Thusnelda Soundso, die damals schon die Redaktionen in Verzweiflung gebracht hatte.

Und speziell die Bayern, die Meister des Vierzeilers, haben in dem Siebziger Konzert den kräftigen Baß gerne und oft mitbrummen lassen. Dann und wann besinnt sich einer unserer Veteranen noch auf Fragmente von Kriegsliedern – aber leider nur auf Fragmente. Ein wundervolles Lied ist erst in den letzten Jahren wieder allgemein bekannt geworden:

> Bei Sedan wohl auf den Höhen,
> Da stand nach blutiger Schlacht
> In später Abendstunde
> Ein Bayer auf der Wacht.

Der vollständige Text ist in der Sammlung »Die bunte Garbe« (München, bei Martin Möricke) zu finden. Von Gustl Gemmings (des Münchener Schmerzensleutnants) Kriegsliedern hat sich nur der Vierzeiler über den altbayerischen Spartaner im Volksmunde erhalten:

> Die Kugel riß ihm ab den Fuß,
> Da sprach er: dees macht nixn,
> Jetzt hab' ich halt in Zukunft nur
> An oanzigen Stiefi z'wichsn ...

Des Kitzinger Dr. Schad »Kriegsstanzeln« hört man auch noch ab und zu:

> Da Bismarck hat's gspunna,
> Da Moltke hat's g'richt,
> Dees werd für d' Franzosen
> A zwiderne G'schicht ...

Der Dorfkrämer Michael Thill besang die »Hacklerei«:

> Der Franzos hat den Deutsch'n
> 'as Hackln ohtragn ...

In der »Heidelberger Zeitung« dichtete »a ehemaliga Jaga«:

> Da Kini will's habn
> Und mir san dabei,
> Dee boarischn Jaaga
> Ferchtn koa Rafferei ...

Dann aber ist das ganz wundervolle »Lied vom tapfern Korporal Dettenhofer« nicht zu vergessen:

> »Frisch auf, seids lustig, ihr Schwalangschier,
> Mir seins kommandieret zum Ekelier!«*
> Korporal Dettenhofer reit aus mit zehn Mann,
> Die fürchtn koan Teixl, seins allzeit frisch dran.
>
> Er schaugt auf der Nacht was in der Fern,
> Reit frisch drauf zu: »Gotts Blitz und Stern,
> Das sein ja Französle!« – Die kemmen gezogen
> Mit etliche Bayern, die haben s' gefangen.

---

* Eklairieren.

Drei Offizier und an die zwölf Mann –
Schreit einer d' Schwalangschierer gleich an:
»Zaruck! Sonst seids ös gefangene Leut!
D' Franzosen, die stehen ja weit und breit!«

»Mir seins nix g'fangt! Schwalangschierer hauts ein!«
Schreit Dettenhofer, sprengt unter sie nein –
Hurra! Die tapfern Schwalangschier,
Die haun's frisch ein, ganz ohne Schenier.

Ein Teil haun's nieder, ein Teil jagen s' in d' Flucht;
Jetzt krieg'n die g'fangenen Bayern a Luft,
Schlag'ns mit gesalzene Faustknödl d'rauf.
Bis alle Französle sein kemmen in Lauf.

»Korporal Dettenhofer, du dunderschlächtiger Held,
Bist ja beim Teixl wie Simson im Feld!«
So red'n d' Offizier und reich'n eahm d' Händ –
Seins g'wes'n die Bravn vom Leibregiment.

Da schreien s': hoch auf! und Viktoria!
Und kehrens zum Regiment – hurra!
D' Französle, die laufens, schaugt keiner mehr um.
Korporal Dettenhofer, hast Ehr und groß'n Ruhm!

Aber das gelungenste aller Bayernlieder haben zwei Traunsteiner und zwei Miesbacher Chevauxlegers auf der Rückreise von Frankreich gedichtet. (Ich verdanke den nachfolgenden Text der Liebenswürdigkeit Ludwig Thoma's und bitte die Leser um eventuelle Ermittelung der wackeren Dichter. Vielleicht hilft ein freundlicher Findereifer auch zur Entdeckung anderer Bayernlieder aus dem glorreichen Jahre – jedenfalls würde sich der Verfasser für irgendwelche Aufspürungen sehr zu Dank verpflichten.)

Im Juli Siebzig sind wir abgereist
Und dort angekommen, wo man 's Lechfeld heißt;
Dort begeben wir uns auf den Lagerplatz
Wo gar mancher denkt an seinen Schatz.

Im Lechfeld sind wir schon den dritten Tag,
Da heißt es immer exerzier'n mit Sack und Pack,

Da hat a jeder g'scholt'n,
Es soll 's der Teuf'l hol'n –
Wann 's net weiter geht,
Da bleib' ma net!

Auf einmal komm Befehl,
Jetzt müass' ma weiter schnell
Auf die Eisenbahn
Bei vierzigtausend Mann.
Wir fahren Tag und Nacht,
Daß alle Wäg'n ham kracht,
In die Rheinpfalz zua,
Mei liaber Bua!

Als wir nach Stuttgart kommen,
Da sind wir aufgenommen,
Da brachten s' Brot und Wein
Bei die Wäg'n herein,
Da hat nun alles samt
In hohem Vivat g'lebt
Und die Kappen in die Luft gehebt.

Und von Stuttgart weg,
Da fahr'n mir noh a Streck,
A so a dreißig Stund –
Ja wann i ,'s nenna kunnt –
Is a schöni Stadt,
Ih woaß 's ja doh net g'rad,
Da hamma a Schweiners kriagt,
Daß neamd nix siahgt.

Jetzt fallt's ma ei, dees Nest,
Es is ja Bruchsal g'west,
Wo mir ausg'stiegen san
Von der Eisenbahn;
Dort ham s' uns weiter g'jagt:
Jetzt müass' ma marschier'n, ham s'g'sagt –
Da hamma G'sichta g'macht.
Wünsch guate Nacht!

Da san ma furtmarschiert
Bei der größt'n Hitz,
Und vor lauter Durst
Hat a jeder an Brunna g'spitzt;
Dee Gurgl is uns halbat z'sammapickt,

Daß beinah a jeder waar derstickt.
Von da nach Germersheim,
Da hamma biwackiert,
Und den andern Tag
San ma wieder abmarschiert
Nach Weißenburg, dees is a schwarzi Stadt,
Wo 's das ersti Mal gerappelt hat.

Und in Weißenburg,
Da san ma vorgeprellt,
Da siehgt 's gefährlich aus,
Ei, du schöne Welt!
Mir lauf'n viele Stund
Als wia dee Jaagahund,
In Froschweil geht 's zur Schlacht,
Dee ganze Nacht.

Als wir in Froschweil sind,
Da heißt's: jetz lauft's nur g'schwind!
Is alles aufmarschiert
Und geg'n den Feind spaziert
Da hätt'n s' uns bald verblitzt
Mit eahnare Kug'lspritz,
Auf z'letzt hat's doh noh glückt
Und ham ma g'siegt.

Um eins Uhr Nachmittag,
Da geht es Schlag auf Schlag,
Da fall'n auf beide Seit'
A große Menge Leut',
Und dee schwarz'n Türkos,
Was dee Wild'n san.
Dee müass'n uns g'schiecha ham,
Weil s' g'laffa san.

Gar viele tausend Mann
Hat der Napolean,
Und da Preiß'nkönig,
Der hat aa net z'wenig,
Bad'n und Württ'nberg
Ham sich auch gezeigt,
Daß s' den Franzos'n san
Net guat geneigt.

Aber Leut'ln, jetz paßt's auf auf mih,
Dees wißt's ja so, daß ih
Allerweil dümmer wir,
Ih konn aber nix dafür –
Net, daß ih enk ohlüag –
Mit dem Franzos'nkriag
Ham s' mih ganz damisch g'macht;
Wünsch guate Nacht!

Ja, es is g'wiß koa G'spoaß,
Wer dee G'schicht selber woaß:
Allaweil im Reg'n und Wind
Drauß auf dee Felder lieg'n:
Z' fress'n ham ma aa oft z' weng,
Da ham ma oft nachdenkt,
Und dees schwaar Trag'n dazua –
Elend g'rad gnua.

In Frankreich und Welschtyrol,
Da konnst as sehg'n jawohl,
Wia 's an Soldat'n geht,
Wann er gern was z' fress'n hätt!
D' Lag waar ja net so schlecht,
Wann wer was hergeb'n mecht,
All's ham s' in d' Erd vergrabn,
Nix konn ma ham.

Aber saugrob magst aa net sei',
Sie san aber schoh so fei',
Fress'n und sauffa recht,
Leb'n tean dee g'wiß net schlecht –

Wenn aber a Soldat was will,
Red'n s' a Wort in der Still,
Wennst es net selber siehgst,
Sag'n s' oan halt nix.

Ih hätt' mir schoh gnua derfahr'n,
Na hätt'n s' dih noh für'n Narr'n!
Oh meini liab'n Herrn,
Da könnt' ih giftih wer'n,
Wenn s' aso g'scheidt dischkriern
Und ham a so an Hirn
Als wia a Schweizer Stier –
Sepperl, adüa!

Kaiser Napolean
Is aa a g'scheidter Mann,
Mir ham an aber doh belauscht
Und ham eahm d' Leut umtauscht,
Da hat er g'schaugt so trüab
Als wia a Zwetschg'ndiab
D' Stief'l hat er aa verlor'n
Mitsamt die Spor'n.

Jetzt muaß der Kerl baarfuaß geh',
Dees is halt aa net schö',
Bal er in d' Schweiz neikimmt,
Und a paar z' leicha nimmt –
Was aber net unrecht waar:
Soll ma 'n gleih schnoat'n aa
Und mit a paar Eis'n b'schlag'n,
Waar aa a schön's Trag'n.

Wannst dees ehvor hätt'st g'wußt,
Na hätt' 's dih schwerlih g'lust,
Daß 's dir net besser geht,
Wann ma 's oft wiss'n tät!
Und mit dee schwarz'n Böck
Habt's uns ja lang net g'schreckt,
's Land hamma dir aa abg'schnihn,
Sei noh g'rad z'friehn!

Gel, Kaiser, jetz bist g'stellt,
Is dir a Karr'n aufg'schnellt
Und der Gaul aa umg'fall'n,
Wia a Franzos'nschnall'n!
Z' erscht hätt'st uns du blamiert,
Waarst nach Berlin marschiert
Und hätt'st gern z' Mittag g'speist,
Dees hamma g'neißt!

Ja, Brüaderl, da bist g'stimmt,
Wann oaner zu die Preuß'n kimmt,
Der is all'mal der Hirsch,
Weil dee Herrn selber dürscht –
In Frankreich giebt's Wein g'rad gnua
Mir helf'n aa dazua
Und macha kinnt's uns nix –
Dees is verflixt!

Jetzt muaß er 's doh bald glaab'n
Mit seini Es'lsdarm,
Und mit dein Schwanahirn
Muaßt a Trumm Land verlier'n,
Hätt'st eher Fried'n g'macht
Gleih nach der ersten Schlacht,
Hätt'st deini Stief'l noh –
Verstehst mih schoh.

Dees is a wahri Schand
Für 's ganz Franzos'nland,
Napoleon, du g'scheerter Tropf
Mit dein Pariserkopf,
D' Leut hast in 's Elend g'stürzt,
Viel'n hast 's Leb'n verkürzt
Mit dein verfluacht'n Kriag –
Daß ih net lüag!

Bauernhochzeit.

Die Reihe interessanter, oft uralter Bräuche, die eine altbayrische Bauernhochzeit zu einem ländlichen Feste stempeln, an dem zum mindesten der ganze Ort, in dem sich die Feierlichkeit abspielt, beteiligt ist, hat sich längst wesentlich verringert. Ich halte es für überflüssig, dem vielen, was über dieses Thema bereits geschrieben worden ist, noch etwas beizufügen, und begnüge mich lediglich mit der Schilderung einer der jüngsten Bauernhochzeiten, der ich selbst beiwohnte und die als ein Spiegelbild des heute noch Gebräuchlichen gelten mag.

Am 30. Januar 1912 ehelichte der Sohn des Schwaigerbauern Hollerith von Anzing die Tochter des Heimererbauern von Anzing. Der alte Hochzeitslader von Anzing, der – wie ich glaube – in seinem Hauptberuf Bäcker ist, besorgte die Einladungen; er trug an seiner Schulter außer dem Fichtenzweig ein weißblaues Band: die Hochzeiterin ist somit als dem jungfräulichen Stande angehörig von der Allgemeinheit anerkannt. Denn hätte der Lader ein rosafarbenes Bändchen getragen, so wär die Braut eine von denen gewesen, die ohne Myrthenkränzchen in die Kirche ziehen müssen. Und da spricht also der Hochzeitslader zu den Verwandten und Bekannten des Brautpaares: »Eine schöne Empfehlung des Herrn Hochzeiters, dem ehr- und tugendsamen Junggesellen Soundso, so sind Sie freundlichst eingeladen, kommenden Dienstag auf die Hochzeit zu kommen; würde uns also zum Vergnügen und Ehre gereichen, wenn sie also da kemma tätn!« Die zwei Schlußworte im Dialekt deuten schon an, daß der Mann nun in einer ihm geläufigeren Mundart weiter reden will. Aber für die Präliminarien ist ein – wenn auch im gegebenen Falle arges – Hochdeutsch nach alter Sitte notwendig. Der Bauer ist's aus der Zeit her gewöhnt, da der Schulmeister noch etliche kleine geschäftliche und merkwürdige Funktionen für den Bauern zu verrichten pflegte. Aber das ist schon ziemlich lange her. Beispielsweise untersagte das gräfliche Patrimonialgericht in Seefeld dem Schulmeister von Weßling im Jahre 1825 ausdrücklich diese Art des Nebenberufs. Der Graf Törring wollte eben den Lehrerstand heben – nur vergaß er dabei, dem armen Schulmeisterlein den Verdienstentgang gutzumachen. So haben die Schulmeister ihre Hochzeitsladeämter betrübten Herzens den Schneidern und Badern hauptsächlich überlassen müssen, in der Regel mit den Manuskripten ihrer zierlich gesetzten Reden, die den Bäuerinnen umsomehr Tränen entlockt hatten, je schwülstiger und je pastoraler sie im Ton gewesen waren.

Freilich erfuhr der Schulmeister alsbald, daß sein Nachfolger in dem gesellschaftlichen Amte krause Mißverständnisse aus der schönen Rede herauslas und daß ihm des öftern die Zunge in schweren Dialekt entgleiste. Auch pflegten die neuen Hochzeitslader, die doch etwas mehr mit Sitte und Brauch verwachsen waren, Schalkheiten in die ernste Tonart der Festreden zu verpflanzen, zum großen Vergnügen der Bauern, die wohl den triefenden Ernst aus Tradition nicht vermissen wollten, anderseits aber zu feierlichen Zeiten viel, viel Kurzweil haben wollen. Man wird aus der später folgenden Festrede des Hochzeitsladers unschwer diese Entwicklung der Dinge erkennen können.

Aber um zu unserer Hochzeit zurückzukehren: dreimal sind die Verlobten »von der Kanzel heruntergeschmissen«, d.h. »verkündigt« worden, um mit dem kirchlichen Sprachgebrauch zu reden. Am Dienstag nach dem letzten Aufgebotssonntag findet dann die Trauung statt. Der Kammer- oder Kuchelwagen mit der Ausstattung der Braut ist bereits am Samstag abends vor dem Haus des Bräutigams vorgefahren; und am Montag hat das Schreiben stattgefunden: der Bürgermeister hat die Ziviltrauung vorgenommen. Ziemlich formlos; fast möcht' ich's glauben, was die böse Welt von ihm erzählt: daß er einmal zu dieser Staatshandlung in Schlappschuhen erschien.

Der große Tag der kirchlichen Trauung – die für den Bauern allein in Frage kommt und der gegenüber die amtliche nur eine Formalität bedeutet, von deren Wichtigkeit er keine Ahnung hat – dieser große Tag hat sich schon am frühen Morgen durch das Krachen aller Büchsen des Ortes angekündigt. Der gestrenge aber gut altbayrische Forstmeister Strehle verschließt an solchen Tagen die Ohren so gut wie die anderen Obrigkeiten, die an dem allgemeinen Schießverbot legislativ oder exekutiv interessiert sind. Und dann darf man ja den jungen Schützen auch die Morgensuppe nicht versalzen, die vor der kirchlichen Trauung beim Wirt eingenommen wird: eingeschnittene Nudeln in der Fleischbrüh und Bratwürstl und hinterdrein eine Fleischspeise. Natürlich auch eine angemessene Ration Bier dazu, wie's das alte Schnadahüpferl verlangt:

> Und ih wer doh koan hoidara
> huidara Magn,
> und ih wer'n doh net nüachtern
> auf d' Hohzet hitragn!

Zum Frühstück sind auch die sog. »Suppnlalli« zugelassen, die jungen Burschen, die nach bäuerlichen Rangbegriffen bei dem ernsten und auch teuren Festmahle gesetzter Leute noch nicht dabei zu sein brauchen. Doch findet man unter den Suppnlalli auch alte Leute, die sich beim Hochzeitsmahle durch ihre erwachsenen Kinder vertreten lassen und in dem Morgenimbiß wenigstens etwas von den kulinarischen Genüssen des großen Tages haben wollen. Im übrigen pflegen die Herren Suppenlalli gleich nach dem Gottesdienst eine Kneiperei für den Lauf des ganzen Tages zu beginnen und sich ausgelassener Fröhlichkeit hinzugeben, bis die Zeit des »Abenddankes«, oder des »Abdankens« – die sechste Abendstunde ungefähr – ihnen den Zutritt zum Fest und zum Hochzeitstanz gestattet.

Kurz vor zehn Uhr trennte man sich von der Morgensuppe, um mit Musik zur Kirche zu ziehen, zur Trauung, die in dem allgemein für katholische Eheschließungen festgesetzten Programm verlief und nach deren Beschluß der Priester dem jungvermählten Paare geweihten Sankt-Johannis-Wein zu trinken gab.

Bei diesem »Johanniswein« möchte ich mir eine kleine ethymologische Abschweifung gestatten:

Dieser Wein wird in der Kirche am 27. Dezember, am Tage des Evangelisten, geweiht; denn da nach der Legende St. Johannes vergifteten Wein ohne Schaden zu sich nahm, soll der ihm zu Ehren geweihte Wein dem Menschen große Gnade bringen. Aber der kirchliche Ausdruck »*Benedictio super amorem Scti. Joannis*« wurde in »Skt. Johannis Minn« übersetzt und galt vordem als ein Trank der Liebe, der Zuneigung und wohl auch der Versöhnung. Der Scharfrichter trank mit dem Delinquenten vor dem Hinrichtungsakt die »Johannisminn« im Kerker. Im Pienzenauerlied – der tapfere Burgpfleger Hans von Pienzenau wurde auf Befehl des Kaisers Maximilian im Jahre 1504 während des Landshuter Erbfolgekrieges hingerichtet – tritt indessen schon das Wort »Johanneswein« auf:

30 000 fl. wollt geben mit Namen Füger von Schwatz
ließ man Pienzenauer leben: Kain Gnad doch findet Platz.
»Syt ich dann so muß sterben, got wölle meiner gewalten!
von aller Bairen wegen muß ich heut mich tapfer halten.«
Pienzenauer war der erste, man führet ihn hinein.
sein wammes was geschnüret, man pracht ihm
    sant Johannswein
»hab urlaub, liebe welte! gott gsegen dich, laub und gras,
nun hilft mich heint kain gelte und wird mir nimmer baß.«

Es sei mir der Umweg über den Pienzenauer und eines der schönsten aller deutschen Volkslieder verziehen – der St.-Johannis-Wein wird also den Brautleuten in der Kirche gereicht.

Nun kommen unterschiedliche Bräuche zur Geltung: beim Austreten aus der Kirche sperren schon die Ministrantenbuben den Brautleuten den Weg ab: es muß ihnen ein Zoll bezahlt werden. Der Weg wird nun nicht wie anderwärts weiterhin versperrt: aber da sich der Hochzeitszug dem nächsten Wirtshaus nähert, stehen Burschen da, die in härtester Arbeit sich anscheinend abmühen. Sie graben Wurzelstöcke aus der Erde, sie scheitern Holz, sie buttern, sie klopfen Wurstbrat usw. Daß sie auch leeres Stroh dreschen und eine Windmühle recht vernehmlich klappern lassen, scheint nicht ohne Bezug auf Vermutungen von Ereignissen im Ehestande zu sein, ebenso der Kinderwagen, der samt einer Kinderpuppe über der Tür zur Wirtschaft aufgehängt ist.

Aus dieser Tür tritt nun ein in Stroh gehüllter Mann und hält dem Brautpaar eine Pfanne hin, in die einige Markstücke gelegt sind, um den Bräutigam über die Höhe des jetzt für soviel Mühewaltung zu gebenden Trinkgeldes nicht im Unklaren zu lassen. Ein etwas entstellter Brauch wohl: vor Zeiten trat ein Strohmann auf, der nur gegen ein Lösegeld zu bewegen war, sich nicht an Stelle des Bräutigams in's Brautbett einzuschmuggeln.

Endlich ist der Weg zum Wirtshaus frei. Aber noch setzt man sich nicht zum eigentlichen Mahle nieder: des Gabelfrühstücks zweiter Teil beginnt erst, mit Bier wiederum. Aber um zwölf Uhr geht's zum Festessen, das nach dem alten Herkommen wiederum in einer andern Wirtschaft eingenommen wird – alle Wirte wollen an solchen Tagen eine Ehre einlegen und Geld verdienen.

Volle sechs Stunden nimmt dieses Mahl in Anspruch. Die Musik spielt ebenso fleißig wie vorzüglich die alten ländlichen Weisen – Tänze, da in den Zwischenpausen zwischen den einzelnen Gängen sehr viel getanzt wird. Zumeist Walzer, aber nach altbayrischen Melodien: dann der Vogellecker (mit neckischem Fingerwinken), Landler und der Sautanz mit seinem Polonaisemarsch. Auch das »Hüatermadl«:

> Rutsch hin, rutsch her,
> ih mag di nimmermehr!
> Rutsch hin, rutsch her,
> ih mag di nimmermehr!
> Koa Hüatermadl mag ih net,
> dees hat koa dicki Wadl net,
> juhe, juho,
> dees hat koa Wadl net.
> Ih heirat oani von der Stadt,
> dee wo recht dicki Wadl hat,
> juhe, juho,
> wo dicki Wadl hat!

Oder wenn man den obszönen Text unterlegt:

> Koa Bauernmadl mag ih net,
> dee woaß ja net, wia's Nagln geht,
> juhe, juho,
> woaß net, wia's Nagln geht.
> Ih heirat oani von der Stadt,
> dee wo a großi Rutschn hat,
> juhe, juho,
> a großi Rutschn hat!

Die Burschen haben beim Tanzen ihre Hüte auf dem Kopfe und so ziemlich alle eine Zigarre im Munde. Hin und wieder nimmt einer das Taschentuch, um die Bluse seiner Tänzerin vor seinen Fingerabdrücken zu schützen. Beim Tanzen geht es sehr anständig her; kleine Abstecher der Paare beachtet man nicht – ein Verschmähter vielleicht, der dann gelegentlich die nicht seltene Hochzeitsrauferei hervorruft.

(Ein solcher Stänker wurde indessen an dem denkwürdigen 30. Januar hinausgeworfen, ehe es zum Klappen kam.)

Das Hochzeitsmahl bringt ein erschreckliches Quantum von Speisen; die weiblichen Gäste treten darum von vorneherein mit Körbchen in den Saal, in denen das übliche »Bschoadessn« untergebracht wird. Hier die Speisekarte:

Pfannkuchensuppe mit zwei Paar sehr großen Bratwürsten.
Ein Pfund Rindfleisch gesotten mit Blaukraut, Sauerkraut und Kartoffelsalat. Dazu ein Pfund rohes Rindfleisch.
Ein sogen. Voressen (Lunge und Kuttelfleck etc.).
Kalbsbraten mit Salat.
Schweinsbraten mit Salat.
Geräuchertes Schweinefleisch (kalt).

Zur Suppe und zum Voressen wird auch Konfekt gereicht.
Pro Kopf zwei Brot, Bier nach Belieben. Jedes Stück Fleisch muß ein Pfund wiegen – natürlich werden solche Mengen nicht auf einmal verspeist; es ist eine alte Sitte, von der Hochzeit viel heimzubringen, daher giebt der Wirt auch rohes Fleisch.
Das gesamte Mahl kostet 7 Mark 50 Pfg.; ärmere Leute geben wohl nur ein kleineres. Das billigste Hochzeitsmahl setzt der Wirt mit 3 Mark 60 an: Suppe mit Bratwürsten, Rindslunge, Rindfleisch und Braten. Jeder Gast gibt die Mahlkosten für sich an den Hochzeitslader ab, der dem Bräutigam gegenüber für die Gesamtsumme haftbar ist.
Zum Beschluß des Festes hält der Hochzeitslader die (später folgende) Ansprache, nach der die Geladenen an den Tisch des Brautpaares gehen und dort in eine Schüssel ein Kouvert mit Geld einlegen. Der Hochzeitslader ruft die Gäste einzeln auf. Nach dem »Weisen« oder »Schenken« darf der Geber aus dem Weinglas des Bräutigams weißen, aus dem Glas der Braut roten Wein trinken. Der Hochzeitslader hat den Geber durch den stereotypen Spruch geehrt:

> Musiker, ihm (oder ihr) zu Ehren,
> laßt eine Musik hören!

worauf die Musik einen Tusch bläst.
Da die Geldspenden (ein Zehn- oder Zwanzigmarkstück zumeist) in einem den Namen des Gebers tragenden Umschlag sind, wissen die Brautleute genau die Liebenswürdigkeit ihrer Freunde und Bekannten zu taxieren. Sie werden sich bei Gelegenheit genau in derselben Weise revanchieren – so ist die Sitte des »Weisens« eigentlich eine Art bäuerlicher Heiratsversicherung. Im übrigen aber hat das Brautpaar von Nahestehenden bereits andere Geschenke erhalten, die sich allerdings in der Regel als Bazarware erweisen.
Es ist noch ein ganz netter Brauch zu erwähnen: während des Mahles gibt die erste Kranzljungfrau ihrem Kranzlherrn ein neues Bierseidel, einen Bund Zigarren und eine Flasche Weiß- und eine

Flasche Rotwein. Der Kranzlherr schenkt ihr dafür zunächst Süßigkeiten, die er bei dem solche Feste stets begleitenden »Nussnweible« – einer armen alten Haut, die mit Nüssen handelt – ersteht. Er hat sich aber bei Gelegenheit eines Marktes usw. gründlicher zu revanchieren.

Braut und Bräutigam haben im Verlauf des Festes ein gelindes mehr zu leisten als wohl die tanzlustigste Münchnerin in einer langen Redoutennacht. Während der Bräutigam die sämtlichen weiblichen Gäste um einen Tanz ersuchen muß, manche wiederholt, hat die Braut die gleiche Verpflichtung den männlichen Gästen gegenüber und muß nach dem »Weisen« mit jeder geladenen Jungfrau noch einen Separattanz wagen. An Stelle dieser Separattänze hat man dem Bräutigam eine andere Unbehaglichkeit zugedacht: er muß an seinem Hochzeitstage den Ehrenrock tragen, einen überzieherähnlichen sehr langen, sehr dicken und hoch hinauf zugeknöpften Rock, wie ihn kein Schneider beengender und schwerer ersinnen kann. So ist die Ausdauer bewundernswert, mit der er seine Pflichttänzerrolle zu Ende führt – oder führen muß, um nicht augenblickliche Feindschaften sich zuzuziehen.

Wir haben die Suppnlalli aus den Augen verloren.

Nach dem ausgiebigen Frühschoppen sind sie zum – Hühnerstehlen gegangen. Eigentlich zum »Gocklstehln«. Mit List und Schläue suchen sie im Hofe des Bräutigams Hühner zu entwenden, vielleicht auch ein junges Schwein, um die Beute dann öffentlich im nächsten Wirtshaus zubereiten zu lassen und zu verzehren. Es liegt hier wohl ein alter erotischer Brauch zugrunde: in dem Hahn das der Braut zukommende *membrum virile* zu entwenden.

Die Musiker, die während des Mahles schon sehr fleißig waren und von denen im Verlauf des Abends noch ganz besondere Leistungen verlangt werden, beginnen nach dem Weisen »über den Tisch zu blasen« d.h. durch Sonderdarbietungen an jedem einzelnen Tische pro Kopf eine halbe oder eine ganze Mark Trinkgeld einzutreiben:

Das »Abdanken«, das den Hochzeitslader in seiner ganzen Größe zeigt, ist wohl die Krone des Festes. Nachstehend der

Spruch des Hochzeitsladers von Anzing.

»Wie alles seinen Anfang und sein Ende hat, so hat auch dieses heutige Hochzeitsfest seinen Anfang gehabt und wird auch wiederum sein Ende nehmen. Denn diese Tage vergehen als wie der Rauch in der Luft.

Werte ehr- und tugendreiche zwei Brautpersonen, wirket mit der Gnade Gottes, welche ihr heute im heiligen Sakrament der Ehe erhaltet, fürchtet Gott und haltet seine Gebote, dann wird auch Gottes Segen immer mit euch sein und ganze Jahre werden euch wie Wochen vorüberfließen; und sollte auch manchmal eine trübe Wolke über euch kommen, gleich wie es heißt, die Rose mit Dörnern umgeben, dies ist das Sinnbild vom ehelichen Leben, so ertraget diese Bürde gemeinschaftlich, tröstet einander, teilet Leiden und Freuden und es werden euch die Leiden leichter, die Freuden süßer werden. Denn Gott ist der Geber alles Guten und der Leiter der menschlichen Schicksale, durch dessen weise Anordnung ihr dies eheliche Band geschlossen habt. Ihm sei daher von den ehr- und tugendsamen zwei Brautpersonen der schuldige Dank dargebracht, er sei von ihnen gelobt und gepriesen.

Nach Gott bedankt sich das wohlgezierte Brautpaar bei dem hochwürdigen Herr Pfarrer Josef Karl von Anzing, der die feierliche Einsegnung vollbracht hat; für diese wichtige und heilige Handlung werden sich diese Brautleute zeitlebens erinnern und sich immer dankbar erzeigen. Zu diesem Ehestand aber wünsch ich den ehr- und tugendsamen zwei Brautpersonen recht viel Glück und Segen und in diesem Ehestand sollen sie recht vergnügt und gesund miteinander leben.

Vivat ihnen zu Ehren,
Musiker laßt eure Musik hören!
Vielgeliebte und eingeladene Freund und Hochzeitsgäst!

> Ich hoff, es hat sich ein jeder gessn und trunka gnua,
> jetz kinnts enk aber denka,
> daß ma an Hochzeiter und seiner Hochzeiterin aa beispringa mua.
> Es is allhier eine Schüssl auf den Tisch gesetzt
> und die ghört zum Ehrn,
> und an dieser soll der Bodn hübsch versilbert wern!
> Da sollt's halt koan verdriassn,
> Ih woaß wohl, ih sollt mitn guatn Beispiel voroh geh,
> aber mei Hosn hat a Loch,
> wo sih überhaupts koa Geld net haltn koh.
> Ih setz aber koan koa Ziel:
> ehrt und schenkt a jeder, was er will;
> san's Zehnmarkstückl oder Zwanzger oder Fufzgerschei,

> noh grad koane zsammgrissne wurmstichige
> Hundertmarkschei
> solltn net dabei sei!

Jetzt lassen sich diese ehr- und tugendreichen zwei Brautpersonen noch einmal gar freundlich bedanken bei allen und jeden, die ihr durch meine Einladung hieher gekommen seid. Erstlich aber lassen sie sich gar freundlich bedanken bei den ehrengeachteten Herrn
> Karl Hohenleitner, Musik- und Uhrmachermeister von Anzing
> als des Hochzeiters sein werter Bruder –
> > vivat, ihm zu Ehren.
> > Musiker, laßt eine Musik hörn!

Diese gegenwärtigen zwei Brautpersonen lassen sich gar freundlich bedanken bei dem ehrengeachteten Johann Liebl, Restratärssohn von Hörlkofen als der Hochzeiterin sein werter Vetter und zugleich erster Kranzljungherr.
> Dee Jungfrau, sagt a, passat für mih ganz guat.
> aber ih moa halt, bis er auf Augsburg[1] aussi kimmt,
> verliert er den ganzen Muat!

Diese gegenwärtigen etc. etc. bei der ehr- und tugendreichen Jungfrau Theres Hohenleitner, Packmeisterstochter von Augsburg als des Hochzeiters sein werte Base und zugleich erste Kranzljungfrau.
> Ih moa, dees kunnt ih leicht darahn:[2]
> dee werd leicht a paar, a drei Monat seini Gedanka
> z'Hörlkof beim Jungherrn dunt ham!

Diese gegenwärtigen etc. bei dem ehrngeachteten Herrn Johann Gackstatter, Gasthofbesitzerssohn in Anzing, als der Hochzeiterin sein werter Bruder.
> Dees war a gschickta Metzger,
> dees taat ma voh dem net hoffa,
> der hat neulih a Schwein gschlacht,
> anstatt auf'n Kopf hat a's an Schwoaf auffitroffa.

Diese gegenwärtigen etc. bei der ehr- und tugendreichen Jungfrau Viktoria Heigl, Gasthofbesitzerstochter von Anzing.

---
[1] das Mädchen lebt in Augsburg;   [2] erraten.

> Dee is boshaft gnua für zwee,
> da Reipold Girgei oder da Lindner Simma
> werd eahm doh schoh auffigeh![1]

Diese gegenwärtigen etc. etc. Herrn Georg Huber, Speditärssohn von Anzing. (Die hier folgenden Verse, in denen der Besungene fischt und mit einer Resl in einem Landauer etwas erwischt, sind mir nicht ganz verständlich geworden.)

Diese gegenwärtigen etc. etc. Herrn Franz Kistler, Oekonomen- (*sic*!) -besitzerssohn.

> Dem is koa Hochzeiterin nia recht,
> dee ander is ehm z'kloa,
> dee ander z'groß,
> bei der andern is was anders los. –
> dees is halt a extriger Zolln,[2]
> gwiß muaß er noh nach Berchtesgadn nei,
> da konn er eahm a holzerni holn![3]

Diese gegenwärtigen etc. etc. Jungfrau Anna Heinerer, Oekonomenbesitzerstochter von Anzing.

> Ih konn's eahm[4] schoh ohschaugn,
> ih muaß's aa sagn:
> dee mecht heut aa schoh wieder an Schwimmer Franzl ham.[5]

Diese gegenwärtigen etc. etc. bei[6] E. K., Oekonomenbesitzerstochter in Anzing.

> Mit dera hab ih z'Parsdorf drom
> a da[7] Hochzeit glacht,
> dee hat vor lauter Eil
> mit sein Jungherrn über d' Stiagn
> an Purzlbaam abigmacht.

Diese gegenwärtigen etc. etc. Frau Barbara Oettl, Schuhmachermeistersgattin von Anzing.

> Dee, moan, ih, bringt sein Moh aa a bissl a Freud,
> der werd aber springa, bal da Steffei und da Martei[8]
> von Kinderwagl aussaschreit!

---

[1] wird ihr schon hinaufgehen (*scil*. in die Kammer); [2] ein besonderer Heiliger; [3] in Berchtesgaden gibt es eine bekannte Schnitzindustrie; [4] ihr; [5] obszön; [6] hier fehlen die Titulaturen für Jungfrauen; [7] in der; [8] aus ihrem Aussehen prophezeit er Zwillinge, einen Stefan und einen Martin.

Diese gegenwärtigen etc. etc. Frau Stredl, Viehhändlersgattin in Poing.
> Dees därf ih net vogessn:
> dee hat neulih sein Moh
> mitn Kochlöffi sein Schnurbart gmessn![1]

Diese gegenwärtigen etc. etc. Frau Herzog, Oekonomenbesitzersgattin (sic!) in Anzing.
> Dee hat gestern kocht a Muaß,
> is auffigstandn an Herd
> und hat umgrührt mit'n Fuaß!

Diese gegenwärtigen etc. etc. Frau Huber, Oekonomenbesitzersgattin (sic!) in Anzing.
> Ih, sagt s', hab an gschicktn Moh,
> der hebt gleih's Kaibi zum Sauffa
> beim Ochsn aa noh oh.[2]

Diese gegenwärtigen zwei Brautpersonen lassen sich gar freundlich bedanken bei dem ehrengeachteten Herrn Johann Gackstatter, Gasthofbesitzer von hier, sowie bei seiner werten Ehefrau für die von ihnen gegebene Mahlzeit, welche von Gott dem Allmächtigen ist geschickt und von ihren Aufwärtern ist uns zubereitet worden.
Vivat, ihnen zu Ehren,
Musiker, laßt eure Musik hörn!

Vielgeliebte und eingeladene Freund und Hochzeitsgäst!
> Ih hoff, ös werd's ma's net in Übl nehma,
> wenn ih's hab net recht gsagt,
> ih koh net an jedn bei sein richtign Nama nenna;
> denn mei Unverstand is hübsch groß
> und mei Verstand a bißl kloa,
> jetz konn ih's nimma andast toa.[3]
> Kenna werd's mih aa:
> ih bin hübsch nachat bei der Stadt,
> der viel gsehen
> und wenih ghört hat.
> Wenn aber jetz 's Ehrn is aus,
> dann soll nachat a jeder geh in Tanzsaal naus
> Soll's aber sei,

---

[1] sie hat ihm den Kochlöffel in's Gesicht geschlagen; [2] er läßt das Kalb beim Ochsen saufen; [3] jetzt kann ich's nicht mehr ändern;

daß voh dee Jungherrn an andan sollt d' Jungfrau weg nehma,
der muaß halt nacha gon mih[1] um an andane kema.
Für'n Schwimma Franzl wissat ih schoh oani,
dera geht aba d' Nasn bis an's Knia –
gon helfa waar eahm leicht,
aber ih hab heut den rechtn Zeug net bei mir.
Da Heimara Schorsch, der hat eahm selber oani gfrimt,[2]
aba dee hat'n leicht gar a bißl gstimmt,[3]
weil s'gar so lang net kimmt,
entweder, es is eahm schlecht worn oder krank,
oder es ham s'eahm an Zurageh[4] d' Schadarm aufgfangt.
Und da Liebl Johann, der woaß's aso,
daß dee sei net kemma koh,
dee arbat a da Pfalz drunt
a da Eisnboh.[5]

Zum Beschluß will ich noch ein kleines Beispiel anführen: ich sehe nämlich einmal einen Wagen fahren, wo zwei ungleiche Tiere eingespannt waren, ein Ochs und ein Esel. Diese beiden Tiere mußten ziehen die schwere Last des Wagens, sie zogen ihn aber sehr ungleich;
wenn das eine geht, so wollte das andere rasten,
wenn das eine frißt, so wollte das andere fasten.

Solche Beschaffenheit giebt es öfters bei den Ehleuten. Der Mann mecht a zehn Liter Bier, 's Wei a zehn Liter Kaffee, dawei z'kriagn sie sih, 's Wei nimmt an Moh her und wirft'n untern Tisch, da Moh reckt d'Füaß auf d'Höh, na moant's Wei: »Moh gehst heut doh wieder raus?«[6]

»Extra!« sagt der Moh, »mag ih net, daß ma woaß, wer bei uns Herr im Haus is!«

Sollte jetzt etwa einer vorhanden sein, der mit mir oder mit'n Wirt oder mit die Herrn Musiker nicht soll zufrieden sein, dem will ich das kleine Verslein beisetzen:
einen jeden Menschen recht getan
ist eine Kunst, die niemand kann.
Sollte jetz etwa einer vorhanden sein,

---

[1] zu mir; [2] bestell; [3] hält ihn zum Narren; [4] auf dem Herwege; [5] das wäre eigentlich eine schwere Beleidigung, denn die »Waidler Eisenbahnermenscher« gelten beim oberbayrischen Bauern recht arg wenig; [6] in's Wirtshaus.

den mei Red tät vodriaßn,
so will ich es bschliaßn
im Namen der allerheiligsten Dreifaltigkeit.
Dazu woll uns helfen Gott Vater, Gott Sohn und
   Gott Heiliger Geist, Amen.«

Bei einer zweiten Hochzeit zu Anzing, der ich beiwohnte, ließ der Hochzeitslader seine Dichtkunst weniger verschwenderisch leuchten. Immerhin brachte das Abdanken einige originelle Verse:

Frau Westermeyer, Ök. Gattin in Obelfing als der Hochzeiterin ihre Base:
   Dei Moh is a schlaucher Zolln,
   aber d'Suppnlalli
   ham eahm doh an Gockl gstohln.

Jungfrau Elis Heimerer etc.:
   Ih, sagt s', hab mit mein Jungherrn a Freud,
   bal er heut net bei mir bleibt,
   nacha werd eahm's Gsicht recht dakrait.[1]

Kaspar Heimerer:
   Der mecht's aa noh ganz darenna[2]
   neulih is er anstatt an der Gratz Resl sei Fenster
   an Saustall eikemma.

Balthasar Heimerer:
   Der hat heut in der Früah anderst aufbegehrt,
   der, sagt er, hat eahm heut früah an Schnurbart gfrärt.[3]

»Wohlgeboren Freilein Fiktor Heigl Köchin bei Herr Oberst Dauman in München« (wie ich nachträglich in seinem Manuskript las):
   Mit dera müassn sih d Leut heut anderst wundern,
   's Herz[4] – ist ihr gwachsn,
   d'Wadln san länger worn,[5]
   und an Wachstum, an ganz an bsundern.

---

[1] verkrallt;   [2] dem pressiert's;   [3] da der Bursche bartlos ist, behauptet der Hochzeitslader, der Bart sei ihm weggefroren;   [4,5] Brüste und Waden haben sich vervollkommt.

Johann Breittlberger »Flaschenbier- und Haftpflichtsekretär« in Obelfing:
> Dees is ganz gewiß,
> daß der neulih beim Schmid Neifn
> am Fensterstock mit'n Hemadzipfi hänga bliebn is.[1]

»Freilein Elis Gerner Brandmetzger Meisters Tochter« in Obelfing:
> Dees is ganz gwiß,
> daß dera heut da Hemadzipfi
> für'n Unterrock fürganga is.[2]

Xaver Neidecker, Ökon. Bes. Sohn in Reisen:
> Der sitzt aso hint,
> er is net gsund und net krank,
> z' Reisn hint hätt er oani, nach dera is eahm halt
> d' Zeit a bißl lang!

Fräulein Anna Schneider Ök. Tochter in Oberasbach:
> Dee is mit dee Mannsbilder hübsch fad,
> dee hat neulih amal oan in a Hundshüttn neigsparrt![3]

Frau Theres Holleriet, Ök. Gatt. in Unterasbach:
> Da bin ih gestan anderst dakemma:
> dee hat grad d' Stubnlampln[4] badt,
> dees hat halt hübsch umzapplt,
> na sagt s' zum Moh: konnst ma net helfa
> und konnst es bei dee Füaß a bißl nehma.

Frau Huber »Reiffeisensekretärsgattin« Obelfing:
> Mei Moh sagt s', der is keck,
> der hat sih gestern mit der Zipfelhaubn und dee Hausschuah
> in's Bett eiglegt.

Und einige andere Verse:
> Wann der wieder amal schiaßt, na muaß er sih schoh haln[5]
> der hat neulih amal gschossn,

---

[1] beim Fensterln erwischt worden; [2] ihre Toilette ist etwas eilig gemacht; [3] einen Liebhaber in die Hundshütte gesperrt; [4] Stubenlämmer: Kinder; [5] halten.

da is er mit sein Karabinerstutzn übern Scheiterhaufn
    nübergfalln.
Dei Moh hat sih heut beklagt,
daß er voh dem Gockl grad a tausad Zehcha¹ kriagt hat.

In einigen Fällen gaben ausgesungene Burschen dem Hochzeitslader
lustige Antwort:
    Und der alt Hochzeitslader
    hat uns's Haberfeld triebn,
    aber Manndl, paß auf,
    es hat dih gar schlimm!²

Aber der Hochzeitslader is a Manndl,
der Hochzeitslader is a Moh,
koh koa Loabi net bacha,³
aber fressn konn er's schoh!

Jetz hat oana gsunga,
der is kloa und recht nett,
im Summer hat er Gäns ghüat,
hätt'n bald oani peckt.⁴

Wia d' Windhosn kemma is,
aber da hat er zahnt,⁵
dee hat'n aufghebt und einigschmissn
in's Erdöpfiland.⁶

Dee Leut gibt er Titl,
dees is ja a Graus,
dahoam, wann er in Stall neigeht,
lacha'n d' Küah aus.

Ein Verliebter erwidert:

    Koa Baam ohne Laab
    und koa Berg ohne Stoa,
    und ih bleib halt net ledih,
    und ih bleib net alloa.

---

¹ tausend Hahnfüße.   ² wir kriegen dich schon!   ³ kann kein Laibl bachen (der H.-L. ist Bäcker);   ⁴ gepickt;   ⁵ geweint;   ⁶ in den Kartoffelacker.

Ein Unbegüterter:
> Und ih bin dersell Jung,
> von alli Leut veracht,
> und ih bin's schoh so gwohnt,
> daß ih's gar nimmer acht!

Jetzt ist die Zeit gekommen, in der die »Suppnlalli« zum abendlichen Fest erscheinen. Da unter den »Suppnlalli« auch die Hühnerdiebe sind, tritt einer von ihnen mit einem ausgestopften Hahn vor das Brautpaar:
> Grüaß dih Gott, Hochzeiterin,
> grüaß dih Gott, Braut,
> aber heut bist so sauber,
> daß a jeder Mensch schaut!

Er streichelt den Hahn mitleidig und singt dann gegen den Hochzeiter:
> Aber mei Gockl schau,
> und jetz wern ma dih fressn,
> und du waarst schoh viel liaber
> im Hennastall gsessn.[1]

> Und is dees für d' Hennan
> net hergricht zum Woan –
> bal s' koan Gockl nimmer ham,
> dee Putzerln, dee Kloan!

> Aber d' Hennan hat er tretn[2]
> als wia gar koana,
> aber jetz muaß er a Schiaber[3] sei,
> ganz a kloana.

Gegen die Braut gerichtet:
> Aber d' Federn konnst hernehma
> zum Bettnmacha,
> und da könna deini Kinder
> na einimacha.[4]

---

[1] die Anspielung auf den Bräutigam läßt die ursprüngliche erotische Tendenz des Gocklstehlens erkennen;   [2] *coïre*;   [3] einer, der mit dem Coitus lediglich seine Pflicht erfüllt;   [4] *cacare*.

Zur Brautmutter gewandt:
> Dei Moh hat den größtn Hund
> und is aa a gscheidter Zolln,
> aber heut hat eahm da Sepperl mitsamt seiner Gscheidheit
> an Gockl gstohln.

> Aber wegn dem Gocklstehln
> brauchst net derschrecka,
> und der werd uns auf die Nacht
> schoh saggrisch schmecka.

Zu den Musikanten:
> Aber mir Suppnlalli,
> mir könna's nimmer dersteign,[1]
> und ös müaßts unsere altn Haxn
> in neui umgeign.

> Und was soll ih noh singa,
> und da Gockl is putzt,
> hat krumpi Federn ghabt,
> dee ham ma gstutzt.

Nun wollen aber die Diebe zum Hühnerfleisch auch was zu trinken. So kommt denn ein als Dorfpolizist verkleideter Suppnlalli mit einem Amtsschreiber, der mit gestrengen Mienen die nachstehende Forderung für die beim Brautzug von den Burschen geleistete Arbeit erhebt (ich gebe das verlesene Manuskript ohne Korrektur wieder):

---

[1] unsere Füße sind schwach.

Anzing, den 30. Jänner 1912

Rechnung

An das Hochlöbliche Brautpaar!
Sie haben heute folgende Arbeiter beschäftigt und in Folge dessen verlangen die Leute ihren verdinten Lohn, widrigenfals, müßte gegen Euch Glage gestelt werden. Die Arbeiter haben sich dahin geeinigt wen die Arbeit nicht mit Geld entlohnt wird, das wenigstens der Hochzeiter so viel Bir abgeben soll, soweit die Rechnung lautet. Das kann sich jeder Mensch vorstellen wen sich die Leute so plagen und schinden das sie auch durst bekomen.

Rechnung folgt umstehender Seite.

für 2 Mann Stockroten[1] a 5 M.	10 M.
2 Mann Stöck Vierteln a 5 M.	10 "
dem Jud Höchinger[2] Fahrt per Auto von München nach Anzing	30 "
den Käser für Buttermachen	5 "
Ein Mann gesponen der spint jetzt noch so viel Zwirn	9 "
den Storch aufgefangen und den Hochzeiter Bestellung gemacht	11 "
Einen Renngaul in 10 Minuten fertig gemacht und eingeritten	925 "
Den Thorwart für Auffangen von Leute die den Eintritt nicht bezahlen wollen	20 "
vier Mann Brat geglopft das der Hochzeiter eine Wurst bekomen hat	45 "
Suma:	1065 M.

Damit ist die Reihe der Feierlichkeiten zu Ende. Es wird weitergetanzt und weitergetrunken – viele Räusche und einige Meinungsverschiedenheiten. Aber der Morgen findet die Leute wieder an der Arbeit; der Alltag hat begonnen, auch für Hochzeiter und Hochzeiterin.

---

[1] Wurzelstöcke aus dem Boden graben;   [2] einem fingierten Güterzertrümmerer.

ROTTHALER HOCHZEIT.

Spielleut, he! rührts enk doh,
daß ma r aa tanzn koh,
machts es nur gschwind,
nur gschwind,
frisch wia der Wind.
Urschl, jetz streck dih aus,
reck deini Stempferl[1] raus,
halt dih fest ei,
fest ei,
sunst fallst mir nei!

Hochzeitrin, da geh her,
kennst mih denn nimmermehr,
tanz ma doh in der Mitt,
in der Mitt,
haltn schö Schritt.
Heunt därfst dih allweil rührn,
heunt därfst noch alls probiern,
heidldidum,
didum,
schaug, so fliagst rum!

Aber d' Wabn is a Lalln,[2]
siegst, iatz is s'niedergfalln
und ihra Lackl mit,
Lackl mit,
der hat koan Schritt.
Schau, wia der Schuaster singt,
und der alt Schneider springt,
han, hast koan Zahn im Maul,
Zahn im Maul,
wia unser Gaul.

---
[1] Stamperl: Füße; [2] ein dummes Weib.

Siehgst durt an Vettern loahn,[1]
der hat schoh wieder oan,[2]
der konn schoh nimmer steh,
nimmer steh,
dees Ding geht schö.
Und der alt Kupferschmied,
der warglt[3] aa noh mit,
tuat eahm dees Speanzln[4] wohl,
Speanzln wohl,
und is sternvoll.

Kupferschmied alter Lump,
ih schlag dih heunt noch krump,
ih treib dir 's Speanzln aus,
Speanzln aus,
ih schmeiß dih naus!
Schaug wia er umischleicht,
an d' Madln onistreicht,[5]
möchst ja glei dappih wern,
dappi wern,
ham an halt gern.

Liaserl, du bist mei Lebn,
konn's denn was netters gebn,
Liaserl, mei oanzge Freud,
oanzge Freud,
heunt hätt ih a Schneid!
Heunt giebts noh Fransn oh,[6]
siehgst, den durt wirf ih noh,
hat auf dih umigspecht,[7]
umigspecht,
is mir net recht.

Jung is halt allweil jung,
heunt kriagt mei Seel an Schwung,
speanzln und Schmatzerln[8] gebn,
Schmatzerln gebn,
dees is mei Lebn.

---

[1] lehnen;   [2] hat schon wieder Rausch;   [3] wackelt;   [4] karessieren;   [5] hinstreicht;   [6] heut gibt's noch Fetzn;   [7] hingespäht;   [8] Küsse.

Du mit'n Baß¹ rühr dih doh,
mach koa so Nasn noh,
laß an Movelli² hörn,
Movelli hörn,
den tanz ih gern.

Siehgst, jetz geht's Raffa oh,
und an Schmied zwieflns'³ schoh,
Herrschaft, ham s' denn beim Kragn,
den beim Kragn,
werd wohl nix schadn.
D' Schneidergoaß will davoh,
druckts es an d' Bettstatt noh,
Schneider heunt hilfts dir nix,
hilfts dir nix,
heunt kriagst dei Wix.⁴

Jessas, dee Meßnerssih,⁵
arbatn aa schoh hi,
heunt kriagts ös enkern Teil,
enkern Teil
heunt san s' uns feil.⁶
Sieghst, den kloan beudln s' schoh,
durtn am Ofa droh,
hat iatz a Dachtl⁷ kriagt,
Dachtl kriagt,
daß er grad fliagt.

Han, schwarzer Schlossersgsöll,
werns dir halt aa schoh z' viel,
Bräuknecht voh Fäuslbach,
Fäuslbach,
lassts nur net nach.
Der Schmied liegt untern Tisch,
drobn geht der Wind alls z'frisch,
gwalcht⁸ is er aa und gnaaht,
aa und gnaaht,
drum is er staad.

---

¹ Baßgeiger! ² Tanzweise; ³ verzwiebeln; ⁴ Schläge; ⁵ die Söhne des Meßners; ⁶ *scil.* Schläge; ⁷ Ohrfeige; ⁸ durchgewalkt.

Und da brännt¹ Gartnersschnack
mit sein grean Spatznfrack
roast mit sein Schuaster aus
Schuaster aus
auf d' Stiagn naus.
An Wirt ham s' aa derwischt,
ham eahm oans auffitischt,
hörst, wia er schimpft und fluacht,
schimpft und fluacht,
d' Schleglhaubn² suacht.

An Bäck sein Rock schaug oh,
is wia r a Kirtahoh,
hint ausanandagschlagn,
nandagschlagn,
bis aufn Kragn.
D' Wirtin hat d' Haubn verlorn,
suachts jetza hint und vorn:
Hausknecht a Zwanzgerl kriagst,
Zwanzgerl kriagst,
balst es gleih siahgst.

Jatz kimmt der Schandarm rei,
druckt unter's Gwergl³ rei:
wollts ausandergeh,
nandergeh,
ös Sakrameh.
So, dös waar alls vorbei,
Deandl, geh, bleib mir treu,
mögst doh gleih dappih wern,
dappih wern,
ih hab dih gern.

Liaserl, wann ih dih seh,
hupft mir mei Herz a d' Höh,
Deandl, mei Herzzibebn,
Herzzibebn,
du bist mei Lebn!

---

¹ sonnenverbrannt;   ² Wirtsmütze;   ³ Getümmel.

Kellnarin, da gehst rei,
schenk uns a Maß noh ei,
Herrschaft, dees Bier macht Foam,[1]
Bier macht Foam,
Noh geh' ma net hoam!

---
[1] Schuam.

HOCHZEITSLIED.

Heut san d' Nachbarsleit
wieder all voll Freid
wia am Kirta z'nachst versammelt hier,
und der Steffl Bauer,
sunst a ganz a Fauler,
schleicht sih aa grad einer bei der Tür.
Noh, dees is mei Lebn,
tua ih soviel sehgn,
von dem Tag müaßt's ander Jahr noch redn,
denn ih sag's enk fröhlih,
seit'n Lenzl selih
is koa solcher Hochzetstag net gwen.

Blos der gschupfte Wenzl
mit der saubern Zenzl
und der gstroachte Girgl gengan ah,
aber d' Annatrudl
und dee Evadudl
und der binkat Hiasl waarn schoh da;
setzts enk lüftih zsamma,
was nutzt mehr dees Spanna,
d' Hochzetssuppn is schoh lang bereit,
bald wer ih mih ziern
und wer d' Brautleit führn
nei in d' Kircha, bal ma's Zoacha läut.

Spielleit, richts enk schö,
ös müaßt voroh geh,
mir ziahgn hinter enk schö sittsam drei,
und der Baamsteiger
als der erste Geiger
spielt voroh und d' Bratschn stimmt mit ei;
der mit der rotn Nasn
muaß Trumpetn blasn,
und an Dudlsack, den blast der Franz,
und den großen Brummer,
reißts uns den brav ummer,
auf 'm Hackbrett aber spielt der Hans.

In der Kircha drinna,
gschupfte Fraunzimmer,
rennts mir net in oan Trumm aus und ei;
untern Kopuliern
därfts mir net dischkriern,
ja, da wolln ma recht andächtih sei,
daß Gott Glück und Segn
möcht dem Brautpaar gebn,
daß s' recht friedlich lebn und recht schö;
nacha därfts meintwegn
mitanander redn,
wann ma ummer tean in's Wirtshaus geh.

Aber da werds schaugn,
wann enk kimmt vor d' Augn,
was der Wirt auf heunt alls zsammgricht hat:
z'erst kimmt Kraut und Fleisch
und a Fastenspeis
und a schweiners Bratl mit Salat,
und auf d' Knödl und d' Nudl
kimmt an Öpfistrudl
und a Eingmachts in der sauern Brüah,
und auf's Voressn
hätt ih bald vergessn
und a Bier so guat, woaß gar net wia.

Und an Tanz in Ehrn
siehg ih aa recht gern,
daß oan's Herz im Leib grad lacha soll,
a diam a Freid
zu der rechtn Zeit,
nacha schmeckt oan d' Arbat noh so wohl;
drum, so seids nur lustih,
und is oaner durstih,
nimmst an Kruag und machst an Deckl auf,
fifat, d' Brautleit lebn
und mir all danebn,
heissa, lustih, seids mir heut wohlauf!

(Kunstlied aus dem Anfang des 19. Jahrhunderts; später sehr populär geworden.)

Der Münchner vor dem Standesamt.

Diesem doch ländlich gehaltenen Kunstlied sei ein Münchener Poem entgegengesetzt, das sich in sehr kräftigen Tönen ergeht, aber jedenfalls die Resultate einer bitterbösen Beobachtungsgabe vor dem Standesamt mit sehr viel Humor schildert:

> Zum Standesamt hin geh ih gern,
> meine Herrn,
> da giebt's was z' hörn,
> wann d' Hochzetsleut durchghechlt wern,
> dees Ding, dees hat an Kern.
> Da pirsch ih mih, so staad ih koh,
> an alte Weiber oh,
> und bin am feinern droh,
> denn so an alte Tschumpi wann ma hört,
> wia dee da aufbegehrt,
> dees is was wert!
>
> Siehgst, dort kemma s' schoh im Wagn,
> oan hat's blos tragn,
> dees muaß ih sagn,
> d' Not hat s' iatza schoh am Kragn,
> da braucht ma gar net fragn.
> Zu sechster san sie eini keit,
> vor lauter Schundigkeit,
> weil's koa zwoats Waagerl leidt.
> Ja, heiratn tuat dir doch schoh heutzutag
> dees reinste Bettlpack,
> dees is koa Frag.
>
> Der Erst, wo aussteigt, dees is »Er«,
> du, da schaug her,
> der zittert sehr,
> der scheint mir schoh an alter Herr,
> ih glaab, der koh net mehr;

lang is er wia-r-a Lattn,
hat schoh a Plattn,
wirft kaam an Schattn,
mit dem werd »Sie« aa nimmer aufgricht sei,
der bringt'n kaam mehr nei –
oh mei, oh mei!

D' Braut, mei Liaber, dee is nett,
dee bal net geht,
dees is a Gfrett,
vorn is s' als wia a Nudlbrett,
wann s' nur a weng was hätt!
Wann die auf d' Nacht sich ausziahgn tuat,
und legt ihr Gewanderl furt,
mei Liaber, dees werd guat!
Der arme Moh werd sagn, so sag mir doch,
was bleibt von dir mir noch,
ausser an Loch?

Dees is mir schoh a saubers Paar,
a notige Waar,
dees is klar,
da dauert's koa Jahr,
so is's Vergnüagn gar;
er bringt in d' Eh aa gar nix gwiß's,
als wia dee kaltn Füß,
daß gar koa Rettung is.
Und sie hat aa nur bloß ihr müatterlichs
und ihra monatlichs
und weiter nix.

D' Schwiagermuatter wuzln s' raus,
es is a Graus,
dee kimmt net raus,
dee schaugt ja wia der Teifi aus,
dee mecht ih net im Haus.
Dees waar mir schoh dees Gschmaacha,
aso a Dracha,
was kannst da macha!
der arme Moh braucht net: Gott straf mih! sagn,

der is aso schoh gschlagn,
jetz kann er's tragn!

Kranzjungfern ham s', ei, ei,
a zwoa, a drei,
oh Viecherei!
dee oa hat glei ihr Kind dabei,
is schoh a stoaalts Wei;
dee ander, dee is aus an Buff,
dee laßt an jeden druff,
denn dees is ihr Beruf,
bei der braucht oana blos a Fufzgerl zahln,
dees Mensch, dees is a Schnalln,
dee tat mir gfalln!

So, Frau Bas, jetz hamma's gsehgn,
ih geh jetz zweng
dee andern Gäng
und wünsch dem Brautpaar meinetwegn
noch recht viel Heil und Segn.
Aus is der ganzi Rummi,
sie beißt schoh d' Fummi,
dee Gans, dee dummi,
sie kriagt'n heut ja doch noch früah gnua nei,
's werd so net's erstmal sei,
oh mei, oh mei!

Nach einer Idee von B. gedichtet von zwei Herren eines Münchner Klubs.

Nachwort

Michael Stephan

Unzucht oder Wissenschaft?
Der Prozeß um das Buch »Kraftbayrisch« von Georg Queri

Am 21. Dezember 1912, einem Samstag, fand vor der 3. Strafkammer des Landgerichts München I eine – wie die »Münchner Neuesten Nachrichten« unter der Rubrik »Gerichtssaal« noch am selben Tag berichteten – »interessante Verhandlung« statt. Es ging um das durch Beschluß eben dieser Strafkammer vom 26. Oktober 1912 beschlagnahmte Buch »Kraftbayrisch« des 33jährigen Schriftstellers Georg Queri, das im Spätsommer dieses Jahres beim Piper-Verlag in München erschienen war.

Nach Ansicht der Polizeidirektion München, die den Konfiskationsbeschluß am 18. Oktober 1912 beantragt hatte, verstieß diese Publikation gegen § 184 des auch im Königreich Bayern gültigen Reichsstrafgesetzbuchs von 1871. Dieser Paragraph hatte erst kurz zuvor seine damals gültige Fassung durch das Gesetz (betreffend Änderungen und Ergänzungen des Strafgesetzbuchs) vom 25. Juni 1900 erhalten.

Dieser Gesetzesnovellierung vorangegangen war eine jahrelange eigentümliche Sittlichkeitsdebatte. Ausgangspunkt war ein Mordprozeß in Berlin im Jahre 1891, in dem ein Zuhälter mit Namen Heinze und seine Frau, eine Prostituierte, angeklagt waren. Da die Presse ausführlich über das Dirnen- und Zuhältermilieu berichtete, wurden Rufe laut nach einer stärkeren Zensur von Wort und Bild. Auch Kaiser Wilhelm II. forderte in seinem berühmt gewordenen Erlaß vom 20. Oktober 1891 eine »Änderung oder Ergänzung des bestehenden Strafrechts«. Von 1892 bis 1900 beriet daraufhin der Reichstag eine umfangreiche Gesetzesvorlage, die inoffiziell »Lex Heinze« genannt wurde. In den parlamentarischen Auseinandersetzungen spielten jedoch Prostitution und Zuhälterei nur eine untergeordnete Rolle, da vor allem das katholische Zentrum – unterstützt von den überall in Deutschland entstehenden Sittlichkeitsvereinen – den Schwerpunkt der öffentlichen Diskussion schon bald auf die Zensur »unsittlicher« Kunst und Literatur verlagert hatte.

Die im Reichstag zur Diskussion stehenden Gesetzesentwürfe

zur Änderung von § 184 sahen nicht nur stärkere Sanktionen vor, sondern das strafbare Delikt wurde auch um eine eigenartige Formulierung erweitert: Es ging nun um Verbreitung von »Schriften, Abbildungen oder Darstellungen, welche, ohne unzüchtig zu sein, das Schamgefühl gröblich verletzen«. Ein zusätzlicher Paragraph (im Entwurf § 184b) richtete sich speziell gegen Ärgernis erregende Theateraufführungen, die ebenfalls eine Verletzung des Scham- und Sittlichkeitsgefühls bedeuteten.

Die bildenden Künstler und Schriftsteller fürchteten nun – und wenn man die Äußerungen mancher Landtags- und Reichstagsabgeordneter in den gedruckten Sitzungsprotokollen aus dieser Zeit nachliest – zu Recht, daß die Verschärfung des Sittlichkeitsparagraphen sich gegen alles Nackte und gegen jegliche Freiheit der Kunst richtete.

Der Künstlerprotest gegen die »Lex Heinze« nahm – unterstützt von liberalen und sozialdemokratischen Reichstagsabgeordneten (wie Georg von Vollmar) – organisierte Formen an. Und es war kein Zufall, dass der Protest seinen Anfang in München fand. Denn hier stand auf der einen Seite die vorwiegend liberal geprägte Öffentlichkeit der Haupt- und Residenzstadt, in deren Schutz sich die Kultur von vielen Tabus befreien konnte, auf der anderen Seite hatte sich das politische Gewicht des in kultureller Hinsicht konservativen Zentrums verstärkt, das mit seiner Landtagsmehrheit und seinem wachsenden Einfluß auf Hof und Bürokratie den Spielraum der »Modernen« zunehmend einzuschränken versuchte. Am 7. März 1900 fand in München eine Kundgebung gegen die »Lex Heinze« statt, den Vorsitz hatten der Verleger Georg Hirth und der Schriftsteller Max Halbe, Beisitzer waren der Rechtsanwalt Max Bernstein, der später Queri im Prozeß um das Buch »Kraftbayrisch« verteidigen sollte, und der Schriftsteller Josef Ruederer. In der dort beschlossenen Protestnote an den Reichstag hieß es: »Die Versammlung erwartet daher, daß der Reichstag wie der Bundesrat dieses volks- und kunstfeindliche, namentlich dem süddeutschen und bayerischen Wesen tief verhaßte Lügengesetz mit der ihr gebührenden Brandmarkung für immer von der Bildfläche der Reichsgesetzgebung verschwinden lassen werden.« Eine Woche später konstituierte sich der »Goethebund zum Schutze freier Kunst und Wissenschaft«, dem noch weitere Vereinsgründungen sowie zahlreiche Protestveranstaltungen und Kundgebungen folgten.

Diese Gegenbewegung gegen die »Lex Heinze« blieb – vorsichtig gesprochen – nicht ohne Wirkung. Als am 25. Juni 1900 das Gesetz vom Reichstag in dritter Lesung verabschiedet wurde, blieben von der ursprünglichen Entwurfsfassung im Grunde nur noch jene Formulierungen übrig, die den Jugendschutz betrafen. Der § 184b, der Ärgernis erregende Theaterstücke betreffen sollte, wurde ganz fallengelassen.

Die Ziffer 1 des § 184, der dann auch gegen das Buch »Kraftbayrisch« angewendet wurde, lautete in der Fassung von 1900:

»Mit Gefängnis bis zu einem Jahre und mit Geldstrafe bis zu eintausend Mark oder mit einer dieser Strafen wird bestraft, wer unzüchtige Schriften, Abbildungen oder Darstellungen feilhält, verkauft, verteilt, an Orten, welche dem Publikum zugänglich sind, ausstellt oder anschlägt oder sonst verbreitet, sie zum Zwecke der Verbreitung herstellt oder zu demselben Zwecke vorrätig hält, ankündigt oder anpreist; (...). Neben der Gefängnisstrafe kann auf Verlust der bürgerlichen Ehrenrechte sowie auf Zulässigkeit von Polizeiaufsicht erkannt werden.«

Auch wenn die gegen die Kunstfreiheit gerichtete Verschärfung von § 184 – ganz im Sinne der protestierenden Künstler – abgewendet werden konnte, war damit die Sittlichkeitsdebatte noch längst nicht am Ende. Im Grunde blieb alles beim Alten: weder wurde die allgemeine Prüderie gedämpft, noch stellten die Sittlichkeitsvereine ihre unselige Tätigkeit ein. Im Gegenteil: In München wurde sogar erst am 2. Mai 1906 ein örtlicher Ableger gegründet, der »Münchner Männerverein zur Bekämpfung der Unsittlichkeit« (ein Viertel der Gründungsmitglieder gehörten dem katholischen Klerus und der Zentrumspartei an). Dieser »pressure group« konnte sich die Polizeidirektion München, die mit Eingaben gegen Prostitution, gegen den Verkauf von Aktphotographien und »unsittliche« Theateraufführungen überschwemmt wurde, immer weniger entziehen. Von einer liberalen Praxis der Münchner Zensurbehörde gegenüber künstlerischer Behandlung sexueller Themen kann spätestens ab 1906 nicht mehr die Rede sein.

In Anbetracht dieses geistigen Klimas versteht man besser, warum auch ein Buch wie »Kraftbayrisch« in den Verdacht des Verstoßes gegen § 184 geraten konnte.

Was beinhaltete nun das als »unzüchtige Schrift« verdächtigte Buch »Kraftbayrisch«?

Georg Queri legte mit »Kraftbayrisch« den – zugegeben – deftigen Ertrag seiner langjährigen volkskundlichen Recherchen vor, wobei er den Leuten im wahrsten Sinn des Wortes »auf's Maul geschaut« hat. Auf seinen Wanderungen durchs Oberland hatte er sich in seinen Notizbüchern aufgeschrieben, was er auf Märkten und in Wirtshäusern hörte. Am 3. Februar 1907 hatte Queri sogar – wie wir genau durch den im Stadtarchiv München liegenden polizeilichen Meldebogen informiert sind – seinen Wohnsitz von München auf's Land in das nördlich gelegene Garching verlegt, wo er mehrere Monate im »Gasthof zur Post« logierte.

Die bäuerlichen Erzählungen und Volkslieder sowie (Kraft-)Ausdrücke, Redensarten und Witze, die Queri gesammelt hat, sind in dem Buch »Kraftbayrisch« erstmals veröffentlicht.

Das Buch ist allerdings nicht – wie der Untertitel »Ein Wörterbuch der erotischen und skatologischen Redensarten der Altbayern« vermeintlich verspricht – ein lexikalisch-alphabetisch gegliedertes Wörterbuch, sondern eher eine wahllose Ansammlung von 40 sachthematischen Abschnitten. Das Buch beginnt ganz harmlos mit den Kapiteln »Der Städter gegen den Bauern« und »Lieder über den Bauernstand«, kommt dann aber über die Abschnitte »Wider den Mann«, »Wider die Frau« und »Das Mensch« (also das junge Mädchen) sehr schnell zu den einzelnen Körperteilen (»Der Busen«, »Fud«, »Penis«, »Podex-Anus«) und den physiologischen Funktionen (»Pissen«). Die sexuellen Aktivitäten und die skatologischen (also übel riechenden) Stoffwechselvorgänge werden unter vornehm-lateinischen Kapitelüberschriften abgehandelt: »Coïre«, »Cacare« und »Crepitus« (besser zu verstehen als »Schoaß« oder »Pfurz«). Danach folgt noch ein Sammelsurium verschiedener Bereiche, darunter »König-Ludwig-Lieder«, »Pfarrergstanzl« (gegen diesen Berufsstand hegte Queri immer eine besondere Abneigung), »Soldatenlieder« sowie ein Kapitel über den »Lehrer«, das in einer Fußnote auch eine interessante und unvoreingenommene Anmerkung Queris über den »Viehjuden« enthält. Schließlich durften in einem Buch wie »Kraftbayrisch« auch die »Breissn!« nicht fehlen.

»Kraftbayrisch« stellte die Fortsetzung von Queris Buch über das Haberfeldtreiben dar, das ein Jahr zuvor – also 1911 – unter dem Titel »Bauernerotik und Bauernfehme in Oberbayern« ebenfalls im Piper-Verlag in gleicher prächtiger und bibliophiler Aufmachung (Quartformat, mit kräftig gemustertem alten Buntpapier überzogene Pappeinbände) erschienen war. In der Einführung zu diesem Buch (die letztendlich auch für »Kraftbayrisch« Gültigkeit besitzt) begründet Queri seine besondere Betonung der erotischen Komponente auf dem Gebiet der altbayrischen Folklore. Von volkstümlichen Liedersammlungen, besonders bei den Schnaderhüpferl, gebe es nämlich nur purifizierte Ausgaben. So schreibt Queri:

»Wenn nun das landläufige Volkslied heute schon dringend der erweiterten Aufzeichnung bedarf, so verlangt die erotische Volksdichtung umsomehr nach Festlegung, als sie bisher mit Peinlichkeit aus allen Sammelwerken ausgeschieden wurden. Umsomehr auch, als sie in der Charakteristik altbayrischen Lebens und altbayrischer Art einen markanten Zug bedeutet und der ungeheuren Anzahl blutloser Figuren, die uns der Bauernroman und die typische Bauernbühne zu schauen gaben, Kraft und Leben bringt, indem sie ihnen die fade Süßlichkeit raubt.«

Queris Einführung endet mit dem Hinweis:

»Leider verbot der heikle Stoff eine allgemeine Ausgabe und machte die mir weniger sympathische Form des Privatdrucks zur Notwendigkeit. Aber ich bitte über dieser Tatsache den Ernst der Arbeit nicht verkennen zu wollen.«

Queris Verleger Reinhard Piper war sich der inhaltlichen Brisanz und damit auch der möglichen strafrechtlichen Relevanz der beiden Bücher wohl bewußt. Darum bot er diese – um eine nur begrenzte Öffentlichkeit zu gewährleisten – als sogenannte Privatdrucke in einer einmaligen numerierten Auflagenhöhe von jeweils 900 Stück und zu einem prohibitiv hohen Subskriptionspreis von 18 Mark zum Verkauf an.

Doch schon der aufwendig gedruckte Prospekt, mit dem der Piper-Verlag im Februar 1911 zur Subskription des für den Sommer angekündigten Buches »Bauernerotik und Bauernfehme in Oberbayern« einlud, geriet ins Visier der Polizeidirektion München. Dort leitete damals Christian Roth, der spätere bayerische Justizminister (1920/21), das Referat VI (Politisches Referat sowie Kunst- und Theaterreferat), zu dessen Aufgaben auch die »Aufsicht auf die Presse« gehörte. In dem über dieses Buch angelegten Polizeiakt findet sich ein »Amtsexemplar« dieses Prospekts, in dem die anstößigen Reizwörter der Zeit dick und rot unterstrichen sind: »Erotik«, »Geschlechtsverkehr«, »Zote«, »unerhörte Schamlosigkeit«, »erotische Schnaderhüpferl« etc.

Die Polizeidirektion München bat deshalb am 31. März 1911 den Staatsanwalt beim Landgericht München I um »geflissentliche Würdigung gem. § 184 StGB«. Für den Staatsanwalt bestand allerdings nur wegen des Prospektes – wie er am 5. April 1911 antwortete – »keine ausreichende Veranlassung zur Einleitung eines strafrechtlichen Verfahrens«; man wolle zunächst das Erscheinen des Buches abwarten. Die 2. Strafkammer des Landgerichts München I erklärte dann in einem nicht mehr anfechtbaren Beschluß vom 13. November 1911 »das fragliche Werk nicht für unzüchtig im Sinne des § 184 Z(iffer) 1 RStGB«. Der I. Staatsanwalt informierte am 1. Dezember 1911 die Polizeidirektion München über die Einstellung des Beschlagnahmeverfahrens (Staatsarchiv München, Polizeidirektion München 7245).

Mit diesem für sie günstigen Urteil sahen Queri und sein Verleger Piper optimistisch dem baldigen Erscheinen von »Kraftbayrisch« entgegen. Da aber in diesem Buch Erotisches und Sexuelles schon in den Kapitelüberschriften so unverblümt zur Sprache kamen, konnte es nicht ausbleiben, daß die Polizeidirektion München – einmal aufmerksam geworden – auch hier wieder »Unzüchtiges« witterte.

Doch diesmal gingen die Polizeibeamten anders vor. Am 9. Oktober wurde das Buch und ein Verlagsprospekt an die »Herren Zensurbeiräte« geschickt »mit dem ergebensten Ersuchen, nach Prüfung sich gutachtlich zu äußern, ob Sie den Inhalt des Werkes für unzüchtig, d.h. in geschlechtlicher Beziehung für schamverletzend halten oder ob der kulturhistorische Wert dieser Publikation so überwiegt, daß der unzüchtige Charakter verloren geht.« (Staatsarchiv München, Polizeidirektion München 7246).

Dieser Zensurbeirat war eine in dieser Zeit einzigartige Einrichtung im ganzen deutschsprachigen Raum. Er war eine von der Polizeidirektion München bestellte Sachverständigenkommission, die seit dem 20. März 1908 bestand und der örtlichen Behörde in künstlerischer und literarischer Hinsicht beratend und begutachtend zur Seite stand. Deren Hauptaufgabe lag eigentlich in der Begutachtung neuer Theaterstücke vor ihrer Aufführung, denn die öffentliche Kritik an vielen, zum Teil willkürlichen und auch kuriosen Entscheidungen der Polizei bei der Theaterzensur war der Hauptgrund für die Einrichtung des Beirats. Die rechtliche Grundlage für die Theaterzensur in Bayern war in Art. 32 des Polizeistrafgesetzbuchs vom 26. Dezember 1871 festgelegt. Danach war für »öffentliche Lustbarkeiten« (dazu gehörten eben die Theater und seit 1906 – als Carl Gabriel in München zum ersten Mal das neue, bald boomende Medium Film öffentlich vorführte – auch die Kinos) eine polizeiliche Erlaubnis vorgeschrieben und damit auch eine Präventivzensur ermöglicht.

Der Zensurbeirat, eingeteilt in vier Kommissionen zu je sechs Mitgliedern, bestand aus 24 Männern des öffentlichen Lebens in München. Mit Ausnahme von vier Amtsniederlegungen und fünf Todesfällen, wobei nur drei neue Mitglieder berufen wurden, blieb der Zensurbeirat in seiner ursprünglichen Konstellation über zehn Jahre bis zur Aufhebung der Theaterzensur am 21. November 1918 bestehen. Der Zensurbeirat rekrutierte sich aus allen möglichen Berufsgruppen: Schriftsteller, Ärzte (z.B. Emil Kraepelin, Max von Gruber), Pädagogen, Philologen, Journalisten, bildende Künstler (z.B. der Bildhauer Adolf von Hildebrand) und Theaterfachleute (z.B. der Hoftheaterintendant Ernst von Possart). Nur auf die Berufung von Juristen hatte man – wohl bewußt – verzichtet. Sie waren alle angesehene Vertreter des Bildungsbürgertums und gehörten politisch wie kulturell eher einer konservativen Richtung an. Daß sich auch Schriftsteller wie Max Halbe oder Josef Ruederer nun mit dieser Behörde arrangierten, schuf natürlich böses Blut unter den Kollegen. Ruederer hatte 1905 selbst erleben müssen, daß seine Komödie »Morgenröthe« (im Mittelpunkt der im Jahr 1848 in München spielenden Handlung steht Lola Montez) wegen Verletzung monarchischer Gefühle polizeilich verboten worden war. Der seit 1902 in München wohnende Erfolgsautor Max Halbe (vor allem sein Liebesdrama »Jugend« hatte 1893 ziemlich Furore gemacht) war allerdings am 1. Dezember 1911 bereits wieder aus dem Zensurbeirat ausgetreten aus Protest gegen das kurz zuvor – entgegen dem positiven Mehrheitsvotum des Beirats – erlassene polizeiliche Verbot von Frank Wedekinds Stück »Schloß Wetterstein«. Als Halbes Nachfolger wurde am 15. März 1912 Thomas Mann berufen (d.h. theoretisch hätte auch er Queris »Kraftbayrisch« zur Begutachtung vorgelegt bekommen können); auch er glaubte – wie er in einem Brief an Frank Wedekind am 7. Dezember 1912 begründete –, »die Aufseher der öffentlichen Ordnung vor Eingriffen in Werke von Dichtungsrang warnen« zu müssen. Doch auch Thomas Mann scheiterte. Als Wedekinds »Lulu« trotz des positiven Gutachtens von Thomas Mann für eine Aufführung verboten wurde, trat er bereits am 26. Mai 1913 wieder aus dem Zensurbeirat aus. An Wedekind schrieb er drei Tage später: »Da nun meine Demission als ›Polizeiorgan‹ mir Ihre Sympathie zurückgewinnen konnte, so will ich vergnügt sein, sie gegeben zu haben. Das Verbot Ihres größten Werkes war jedenfalls eine passende Gelegenheit dazu. Und von dem Odium dieses besonderen Amtes abgesehen, – ganz ohne Amt ist mir schließlich am wohlsten.«

Frank Wedekind hatte zeitlebens mit der Zensur zu kämpfen. Im Jahr 1898 wurde die Zeitschrift »Simplicissimus« wegen der Veröffentlichung einer satirischen Ballade Wedekinds über die Palästina-Reise von Kaiser Wilhelm II. beschlagnahmt, Wedekind selbst mußte wegen Majestätsbeleidigung (§ 95 RStGB) eine siebenmonatige Festungshaft absitzen. In München war Wedekind dann einer der Hauptbetroffenen der Theaterzensur. Von insgesamt 109 Stükken, die der Zensurbeirat in München im Zeitraum seines Bestehens begutachtete, waren allein elf Werke von Wedekind darunter. Mit dem Gedicht »Münchner Zensurbeirat« (veröffentlicht am 22. März 1911 in der Zeitschrift »Der Komet«) machte sich Wedekind selbst seinen Reim darauf:

>Die Zensur wählt einen Beirat,
>Und der Beirat rät genau,
>Wie in einer Musterheirat
>Die normale Ehefrau.
>
>Dreimal »Ja« auf alle Fragen,
>Wie der Zensor sie bespricht,
>»Nein« darf nur der Zensor sagen,
>Für den Beirat gibt's das nicht.
>
>Sollte je ein Rat sich lohnen,
>Weil ihr Leid die Menschheit klagt,
>Dann, um sein Gehirn zu schonen,
>Wird der Beirat nicht gefragt.
>
>Und zu solchen Narrenpossen
>Aller Menschenwürde bar,
>Bieten heut sich unverdrossen
>Lauter Ehrenmänner dar.

Wie läßt sich die Hauptaufgabe des Zensurbeirats, die präventive Theaterzensur, mit der bei Queris Buch »Kraftbayrisch« geforderten möglichen Nachzensur verbinden?

Als die Polizeidirektion München im Vorfeld der Errichtung eines Zensurbeirats am 3. November 1907 an die Regierung von Oberbayern, Kammer des Innern, Vorschläge zur Organisation, Zusammensetzung und Aufgabenstellung unterbreitete, heißt es auch: »Es bleibt vorbehalten, den Zensurbeirat in der Folge durch Zuweisung von Fragen der Plakatzensur, von Angelegenheiten des § 184 R.Str.G. (Bücher und Bildwerke), von der Beurteilung choreographischer, kinematographischer und ähnlicher Darbietungen durch die kgl. Polizeidirektion weiterauszugestalten zu lassen.«

Diese weitere Ausgestaltung erfolgte jedoch nie, und die Einschaltung des Zensurbeirats beschränkte sich auf Einzelfälle. Laut »Bericht über die bisherige Tätigkeit des Zensurbeirates« vom 27. Februar 1912 hatte das Gremium seit 1908 nur folgende »im Handel zum Verkauf gestellte Bücher« begutachtet: »Venus und Thannhäuser« von Aubrey Beardsley, »Kyrie Eleison« von Waldemar Bonsels (beide im Juli 1909) sowie die Kriminalromane aus der Verlagsbuchhandlung Robert Lutz in Stuttgart (April 1910) (Staatsarchiv München, Polizeidirektion München 4342).

Zu dieser seltsamen Auswahl kam nun auch Georg Queris »Kraftbayrisch« hinzu. Folgende ausgewählten Zensurbeiräte bekamen am 9. Oktober 1912 das Buch von der Polizeidirektion München zugeschickt, um es hinsichtlich § 184 zu prüfen:

– der schon erwähnte Schriftsteller Josef Ruederer, der mit dem 1907 erschienenen Buch »München« ein wunderbar ironisch-sarkastisches Porträt seiner Heimatstadt abgeliefert hatte;

– Georg Kerschensteiner, seit 1895 Stadtschulrat in München und seit 1911 für die Fortschrittliche Volkspartei Mitglied des Deutschen Reichstags;

– Universitätsprofessor Otto Crusius, Ordinarius für Klassische Philologie an der Münchner Universität und (ab 1915) Präsident der Bayerischen Akademie der Wissenschaften;

– Gymnasialprofessor Ludwig Hofmiller, seit 1912 Lehrer am Ludwigsgymnasium in München und Herausgeber der »Süddeutschen Monatshefte«;

– schließlich Hans Schnorr von Carolsfeld, Direktor der Hof- und Staatsbibliothek in München.

Die geforderten Gutachten lagen nach einer Woche alle vor. Die Mitglieder des Zensurbeirats bemühten sich sicherlich mit bestem Wissen und Gewissen um eine objektive Geschmacksbildung, heraus konnte aber nur subjektive Kritik kommen. Das Fatale daran: Sie war präjudizierend, bevormundend und auch – wie im Falle Queri – existenzbedrohend.

Ruederers Urteil war zudem mit Sicherheit nicht unbefangen, denn seine persönliche Beziehung zu Queri war schon seit längerer Zeit getrübt; er konnte dem Buch nicht viel abgewinnen, das für ihn mehr ein »recht ordinäres« »Lexikon urmünchener Witze« war.

Für Kerschensteiner machte dagegen das Buch »schon den Eindruck einer ernsten Arbeit, aber eben auch einer recht dilettantischen.« Vor allem wegen der Aufnahme der »Pfarrergstanzln«,

Kunstprodukte aus Studentenkreisen und »weiter nichts als grobe Sauerei«, machten »das Buch für die Öffentlichkeit unmöglich«.

Für Crusius war das Werk einfach nur »eckelhaft«: »Liesse sich das Ganze unterdrücken, ginge dem Folkloristen nicht viel verloren.«

Und Hofmiller nannte in seinem Gutachten Queris Sammlung gar eine »pornographische Veröffentlichung«. Zu der seiner Meinung nach hohen Auflage des Privatdrucks meinte er: »Es ist nicht anzunehmen, dass sich 900 Leute aus Freude am oberbayerischen Volkstum ein Abtrittlexikon kaufen werden.«

Lediglich Schnorr von Carolsfeld urteilte als einziger nicht so ablehnend. Er berief sich auf den Bibliothekar Johann Andreas Schmeller, der in den Jahren 1827 bis 1837 sein berühmtes »Bayerisches Wörterbuch« in vier Bänden vorgelegt hatte, und auf die zahlreichen einschlägigen Publikationen der letzten Jahre, darunter die seit 1904 in Leipzig unter dem Titel »Anthropopyteia« erscheinenden »Jahrbücher für folkloristische Erhebungen und Forschungen zur Entwicklungsgeschichte der geschlechtlichen Moral«. Auch Queri hatte dort 1907 in Band IV erste Ergebnisse seiner Recherchen vorgelegt: »Erotik beim Haberfeldtreiben in Oberbayern«. Schnorr von Carolsfeld gestand nun in seinem Gutachten zwar zu, daß »diese Literatur sehr schmutzig« ist; »zur Frage, ob gegen sie vorgegangen werden soll, möchte ich aber bemerken, daß ihr eine große wissenschaftliche Bedeutung zugesprochen werden muß (...). In ihr steckt ein großes kulturhistorisches Moment – vor allem muß ihr Wert für die Sprachgeschichte stark betont werden.« Die Folge dieser positiven Aussage: dieses Gutachten wurde einfach unterdrückt und für den weiteren gerichtlichen Verlauf nicht mehr verwendet.

Christian Roth von der Polizeidirektion München schickte am 18. Oktober 1912 nur die vier negativen Gutachten an den 1. Staatsanwalt beim Landgericht München I und beantragte die Beschlagnahme des Buchs. Diesen Antrag leitete der Staatsanwalt Burkhardt noch am 20. Oktober, einem Sonntag, dem zunächst zuständigen Amtsgericht München per Boten zu. Doch das Amtsgericht lehnte am 24. Oktober eine Beschlagnahme ab, worauf der Staatsanwalt noch am selben Tag Beschwerde einlegte. Die 3. Strafkammer des Landgerichts München faßte dann am 26. Oktober – wie eingangs erwähnt – den von der Polizeidirektion München erwünschten Beschluß.

Zwei Tage später informierte darüber die Polizeidirektion München die »Polunbi«, wie die Telegrammadresse der »Zentralpolizeistelle zur Bekämpfung unzüchtiger Bilder und Schriften« lautete.

Diese zentrale Nachrichtenstelle war erst am 12. September 1911 auf der Grundlage eines am 4. Oktober 1910 in Paris getroffenen Abkommens zwischen Deutschland und anderen Staaten beim preußischen Polizeipräsidium in Berlin eingerichtet worden. In ganz Deutschland wurde nun nach diesem Buch gefahndet. Auch in Starnberg, wo Queri wohnte, wurde eine Hausdurchsuchung von den örtlichen »Schandarmen« durchgeführt, die sein Handexemplar und weitere Belegexemplare konfiszierten.

Die Gegenreaktion auf diese Beschlagnahmeaktion, die schnell publik wurde, ließ nicht lange auf sich warten. Michael Georg Conrad, der von 1894 bis 1902 mit Otto Julius Bierbaum in München die Zeitschrift »Die Gesellschaft« herausgegeben hatte, ein Sammelbekken für Literaten aller modernen, v.a. der naturalistischen Strömungen, veröffentlichte in den »Münchner Neuesten Nachrichten« vom 4. November einen euphorischen Artikel mit dem Titel »Altbayerische Schriften von Georg Queri«. Der Artikel ist zugleich eine Sammelrezension des seit 1910 erschienenen und bereits ziemlich umfangreichen Gesamtwerks Queris. Von den literarischen Werken nennt Conrad »Die weltlichen Gesänge des Egidius Pfanzelter von Polykarpszell«, »Die Schnurren des Rochus Mang«, »Der wöchentliche Beobachter von Polykarpszell« und »Der schöne Soldatengesang vom dapfern Kolumbus«; von den volkskundlichen Werken den gerade erschienenen »Bayerischen Kalender auf das Jahr 1913« sowie die beiden Hauptwerke »Bauernerotik und Bauernfehme in Oberbayern« und eben auch »Kraftbayrisch«: »Diese Schriften Georg Queris sind eine Offenbarung und Ehrenrettung, eine wahrhafte Auferstehung der Toten. In literarischen und fachwissenschaftlichen Blättern wird darüber weiter zu reden sein.«

Auch auf juristischem Weg fochten sowohl der Verleger Reinhard Piper als auch Georg Queri den Konfiskationsbeschluß an. Vertreten durch die Rechtsanwälte Ludwig Strauß III und Justizrat Max Bernstein forderten sie eine mündliche Verhandlung über die Beschlagnahme. Für den Erfolg einer solchen Verhandlung waren aber positive Gutachten nötig.

Prominente Unterstützung erhielt Queri zunächst nur von Ludwig Thoma, der selbst einmal sieben Jahre zuvor als Mitarbeiter der Zeitschrift »Simplicissimus« in Konflikt mit der Zensur und dem Strafgesetzbuch gekommen war, allerdings nicht wegen § 95 (Majestätsbeleidigung) wie Wedekind oder wegen § 184 (Verbreitung unzüchtiger Schriften) wie Queri, sondern wegen § 166 – Gotteslästerung. Er hatte in einem satirischen Gedicht die verlogene Moral von

Vertretern der protestantischen Geistlichkeit auf der »16. allgemeinen Konferenz der deutschen Sittlichkeitsvereine« und dem »Internationalen Kongress gegen die unsittliche Literatur« in Köln (beide Anfang Oktober 1904) aufs Korn genommen. Vom Landgericht in Stuttgart (wo mittlerweile der »Simplicissimus« erschien) wurde er deshalb am 26. Juni 1905 zu einer sechswöchigen Gefängnisstrafe verurteilt, die er – nach vergeblichen Revisionsbemühungen – im Herbst 1906 in Stadelheim verbüßen mußte. Thoma hatte diese Zeit produktiv genutzt und dort den Entwurf zu seiner Erfolgskomödie »Moral« geschrieben. (Thoma hatte noch Glück: Oskar Panizza saß wegen desselben Delikts – es ging um sein 1894 erschienenes Drama »Das Liebeskonzil« – für ein ganzes Jahr in Amberg hinter Gittern!).

In seinem Gutachten vom 4. November 1912 schrieb nun Thoma: »Aus Prüderie – denn die Sittlichkeit hat mit diesem ganzen Aufpasserthume nicht das mindeste zu thun, aus Prüderie eine Sammlung alter und neuer Kraftworte, die immer wieder im Volke erstehen, unterdrücken, heißt, wirkliche Volkskunde zu verbieten.« Queris »volkskundlich außerordentlich wertvolles Buch« hielt Thoma für eine »Bereicherung«.

Auch der erfolgreiche und populäre Schriftsteller Ludwig Ganghofer, immerhin der Lieblingsautor von Kaiser Wilhelm II. (Ruederer verpaßte ihm deshalb den Spottnamen »Hofganger«), der schon Ludwig Thoma im eben erwähnten Stuttgarter Prozeß – wenn auch vergeblich – mit einer Aussage als Sachverständiger unterstützt hatte, setzte sich für Georg Queri, den verfolgten Kollegen, ein. In seinem schriftlichen Gutachten scheute Ganghofer sogar einen Vergleich von »Kraftbayrisch« mit dem Kamasutra, der indischen Liebeslehre, nicht. Entscheidend für den Fortgang des Verfahrens war jedoch folgende Passage: »Doch völlig außerhalb jeder beschränkenden, von künstlerischen Erwägungen oder von Forderungen des Geschmacks gezogenen Grenze muß der Versuch liegen dürfen, die Kraftsprache eines solchen Volksstammes und seine erotische Terminologie mit wissenschaftlichem Bestreben zu registrieren, sie für Zwecke der Volkskunde zu sammeln und aufzubewahren. – Solch ein wissenschaftlicher Charakter ist dem von Georg Queri publizierten Werke ›Kraftbayrisch‹ unbedingt zuzusprechen.«

Queri wollte zu den beiden Gutachten seiner Schriftstellerkollegen noch unbedingt ein wissenschaftliches Gutachten erhalten. Da kam ihm die Verschiebung der zunächst für den 30. November angesetzten Verhandlung gerade recht – Kerschensteiner war durch seine Pflichten als Reichstagsabgeordneter in Berlin aufgehalten. Vom 17. Dezember 1912 datiert dieses dritte Gutachten. Der Autor war der erst 24 Jahre alte promovierte Sprachwissenschaftler Otto Maußer, ein Mitarbeiter der Kommission für die Herausgabe eines Bayerischen Wörterbuchs, der gerade im Herbst 1912 bei der Bayerischen Akademie der Wissenschaften seine Arbeit aufgenommen hatte.

In der Verhandlung am 21. Dezember 1912 vor dem Landgericht München I wurden alle Sachverständigen noch einmal persönlich vernommen: für die Anklagebehörde sprachen Josef Hofmiller, Josef Ruederer, Otto Crusius und Georg Kerschensteiner, für die Verteidigung Ludwig Thoma, Ludwig Ganghofer, Michael Georg Conrad und Otto Maußer. Maußers Aussage vor Gericht gipfelte in der Drohung: »Die Aufrechterhaltung der Konfiskation mit ihren Folgen wäre gleichbedeutend mit der Zerstörung wissenschaftlicher Werte.«

Nach den Plädoyers des Staatsanwalts und der beiden Verteidiger kam es noch zu folgender Szene, die der Verleger Reinhard Piper in seinen Erinnerungen – augenzwinkernd und gelassen, weil im Abstand von vielen Jahrzehnten verfaßt – wie folgt beschreibt:

»Queri selbst sprach zum Schluß auch ein paar Worte und zerdrückte dabei einige Krokodilstränen. Er beklagte sich bitter, daß man ihm anhängen wolle, er habe Unsittlichkeiten drucken lassen. Er wurde dann vom Richter beruhigt mit dem Hinweis, daß es sich hier um ein objektives Verfahren handle. Es stehe also lediglich das Buch zur Verhandlung, nicht seine Person als Schriftsteller.«

Das noch am selben Tag verkündete Urteil lautete:

»Der Antrag des Staatsanwalts auf Einziehung des beschlagnahmten Werkes wird zurückgewiesen. Die Kosten des Verfahrens werden der Staatskasse überbürdet; der Beschlagnahmebeschluß wird aufgehoben.«

In der Urteilsbegründung hieß es:

»Für das Gericht handelt es sich heute lediglich um die Frage, ob eine unzüchtige Schrift im Sinne des § 184 des Str.G.B. vorliegt. Unzüchtig im Sinne des Gesetzes ist eine Schrift dann, wenn ihr Inhalt das Scham- und Sittlichkeitsgefühl, wie es in weiten Schichten der Bevölkerung bei gesitteten Völkern besteht, verletzt. Nun kann es nicht zweifellos sein, daß eine Reihe von Stellen des Werks an und für sich betrachtet, als unzüchtig gelten müssen, allein diese Stellen stehen nicht für sich, sondern gehören zu einem Ganzen. Es frägt sich, ob in dem Zusammenhange, in dem diese Stellen verwertet sind, diese als gegen Zucht und gute Sitte verstoßend angesehen werden können. Das Werk ist seinem Zwecke und seiner Tendenz nach zweifellos als ein wissenschaftliches Werk auf dem Gebiet der Volkskunde, insbesondere in sprachlicher und sittengeschichtlicher Hinsicht anzusprechen; es ist ein Werk, das für einen begrenzten höheren Leserkreis bestimmt ist. Ob es einen größeren oder geringeren wissenschaftlichen Wert hat, worüber heute unter den Sachverständigen gestritten wurde, kann dahingestellt bleiben; für das Gericht handelt es sich nur darum, ob ein Werk wissenschaftlicher Tendenz vorliegt.«

Das Urteil schlug Wellen bis in den Reichstag in Berlin. In der Haushaltsdebatte um den Etat für die Reichsjustizverwaltung, in der auch heftig um den Sinn von Sachverständigen in Sittlichkeitsprozessen gestritten wurde, sprach der Zentrumsabgeordnete Belzer in der 107. Sitzung am 8. Februar 1913 dem Buch »Kraftbayrisch« noch einmal ganz explizit jeden wissenschaftlichen Wert ab.

In diesem Sinne argumentierte auch die Staatsanwaltschaft, die gegen das Urteil des Landgerichts München I vom 21. Dezember 1912 Revision beim Reichsgericht in Leipzig einlegte. Die Revision wurde jedoch am 22. Mai 1913 als unbegründet verworfen und die für Queri günstige Entscheidung des Landgerichts München I bestätigt.

Die Polizeidirektion München setzte schließlich am 14. Juli 1913 alle im Oktober 1912 angeschriebenen Polizeibehörden von der endgültigen Rechtslage in Kenntnis und forderte sie auf, beschlagnahmte Exemplare von »Kraftbayrisch« wieder an die Eigentümer zurückzugeben.

Auch in der Presse wurde das Urteil vom 21. Dezember 1912 noch lange kontrovers diskutiert. Die sozialdemokratische »Münchner Post« bemerkte schon am 26. Dezember 1912: »Wenn es [Queris Buch] demnächst vielleicht eine zweite, vermehrte Auflage erleben wird, dann hat dies Queri und sein Verleger dem Staatsanwalt zu verdanken, der, geschoben von einer hyper-sittlichen Kausenseele, die Reklametrommel in Bewegung setzte.«

Doch auch diese »Kausenseele« meldete sich zu Wort. Arnim Kausen, der zweite Vorsitzende des Münchner Sittlichkeitsvereins, verfaßte unter dem Pseudonym Otto von Erlbach in der »Allgemeinen Rundschau« vom 1. Februar 1913 »Glossen zum jüngsten Münchener ›literarischen‹ Schmutzprozeß und seiner ›Sachverständigen‹-Farce«, die er unter dem Titel zusammenfaßte: »Auch eine antiklerikale ›Kulturtat‹«. Im Hinblick auf Maußers ausschlaggebendes Gutachten empfahl er dem Bayerischen Landtag bei dem staatlich unterstützten Wörterbuch »gründlich nach dem Rechten zu sehen«. Und den katholischen Klerus, der kurz zuvor von der Wörterbuchkanzlei um Mithilfe gebeten worden war, forderte er zum Boykott der Mitarbeit an diesem Wörterbuch auf.

Der Vorsitzende der Wörterbuchkommission, der Indogermanist Ernst Kuhn, sah sich wegen der fortgesetzten Angriffe auf seinen Mitarbeiter Otto Maußer zu einer beschwichtigenden Erklärung veranlaßt, die in mehreren Zeitungen (u.a. in der »Münchner Post« vom 7. Februar 1913) veröffentlicht wurde.

Dennoch gingen in der Arbeitsstelle des Bayerischen Wörterbuchs zahlreiche erboste Briefe katholischer Geistlicher ein, die ihre Zusage zur Mitarbeit wieder aufkündigten.

Mit deftigen Worten kommentierte schließlich Ludwig Thoma in der Zeitschrift »März« vom 15. Februar 1913 unter dem Titel »Kleriker und Angeber« die Ereignisse:

»Die Bayerische Akademie der Wissenschaften ist zu einer Erklärung gezwungen, daß sie nur streng wissenschaftliche Gesichtspunkte bei der Sammlung des bayerischen Wortschatzes gelten lassen könne und wolle. Diese sonderbare Flucht in die Öffentlichkeit ist notwendig geworden durch die unglaublich gemeinen Angriffe, Verdächtigungen und Lügen der ultramontanen Presse, die das beabsichtigte große Werk der Akademie gefährden möchte, indem sie in den Schweineställen ihrer Phantasie Schmutz sammelt und mit ihm verdiente Gelehrte bewirft. Wie kommen die schwarzen Mistamseln dazu, ihr Geschrei gegen ein Werk zu erheben, dessen Bedeutung einem Ultramontanen niemals klar werden kann?«

Doch auch unter den Pfarrern wurden liberale Positionen vertreten. Ein »Geistlicher aus dem Bayerischen Wald« – den Namen gab die Redaktion nicht bekannt – ergriff in den »Münchener Neuesten Nachrichten« vom 1. Juni 1913 Partei für Maußer:

»Ist das Verbrechen Maußers wirklich so schrecklich? (...) Ich halte meine Standesgenossen doch noch für so vernünftig, daß sie einer nicht der Überlegung, sondern dem Haß entsprungenen Aufforderung, die Mitarbeit an dem genannten Werk abzulehnen, nicht entsprechen. (...) Durch kindisches Benehmen erringt man keine Achtung.«

Schließlich blieb es gleich, ob die Pfarrer am Wörterbuch mitarbeiteten oder nicht. Denn während des Weltkriegs und der folgenden Jahre kam die Wörterbucharbeit fast völlig zum Erliegen.

Als wieder Erhebungen von Mundartwortschatz aufgenommen wurden, bat der nun amtierende Kommissionsvorsitzende Carl von Kraus bei der Erzdiözese München und Freising um neuerliche Mitarbeit der Priesterschaft. Seinem Schreiben vom 14. Januar 1921 fügte er eine »Erklärung« bei, die »zur Klärung allenfalls noch bestehender Mißverständnisse und irrtümlicher Ansichten über die Zwecke des Unternehmens, die vor Jahren in den Kreisen des geistlichen Standes auftauchten« dienen sollte. In dieser Erklärung distanzierte sich Kraus explizit von Büchern wie Queris »Kraftbayrisch«, »dessen Tendenz mit den auf rein wissenschaftliche Ziele gerichteten künftigen Wörterbüchern nicht das mindeste gemein hat und das von dem weiten und schönen Gebiet der Sprache ganz einseitig nur die Niederungen kennen lehrt.« Das war natürlich wieder ein Rückschritt gegenüber dem Urteil vom 21. Dezember 1912, das die wissenschaftliche Tendenz von »Kraftbayrisch« bestätigt hatte.

Zum Glück konnte sich die Kommission für Mundartforschung – wie das wissenschaftliche Unternehmen heute heißt – im Lauf der Zeit von solchen geistigen Beschränkungen wieder frei machen. Als unter dem jetzigen Kommissionsvorsitzenden Klaus Strunk und dem Engländer Anthony R. Rowley, der – quasi als Nachfolger Otto Maußers – seit 1988 die Arbeitsstelle leitet, im Jahr 1995 endlich die erste Lieferung des Bayerischen Wörterbuchs erschien, wurde gleichzeitig als Beiheft ein eigenes Orts- und Quellenverzeichnis zum Bayerischen Wörterbuch publiziert, in dem Georg Queri allein mit zwölf Werken verzeichnet ist – darunter auch »Kraftbayrisch«. Und so finden sich in dem im Jahr 2002 vollendeten Band I des Bayerischen Wörterbuchs (A – Bazi), der die zuvor einzeln erschienenen Hefte 1 bis 8 enthält, beispielsweise bei dem Stichwort »Arsch« zwei Belege aus »Kraftbayrisch«: »ah mi leckst im Arsch, ich hab gar nix davoh ghört« (Sp. 594) und: »Ich bin dir aa net vom Arsch gfalln – ich bin auch jemand, so gut wie du« (Sp. 598).

Die vorstehenden Ausführungen über den Prozeß um das Buch »Kraftbayrisch« basieren im wesentlichen auf den verschiedenen Unterlagen der einschlägigen Polizeiakte (Staatsarchiv München, Polizeidirektion München 7246), die neben amtlichen Dokumenten und offiziellen Gutachten des Zensurbeirats auch Presseausschnitte und Reichstagsdrucksachen enthält. Daneben konnte auch der noch in Privatbesitz verwahrte Nachlaß von Georg Queri ausgewertet werden, in dem sich neben persönlichen Dokumen-

ten, Briefen, Manuskripten auch die drei Gutachten von Ludwig Thoma, Ludwig Ganghofer und Otto Maußer befinden.
Alle Gutachten sind abgedruckt in: Michael Stephan (Bearb.), Georg Queri (1879–1919). Journalist, Schriftsteller und Volkskundler aus Oberbayern. Ein Lesebuch, München 2002.
Dieses Lesebuch bietet daneben auch eine Auswahl an Liedern, Geschichten und Zeitungsartikeln von Georg Queri sowie Briefe von und an Queri. Neben seiner Auseinandersetzung mit Polizei und Staatsanwaltschaft wegen seiner volkskundlichen Werke »Bauernerotik und Bauernfehme in Oberbayern« (1911) und »Kraftbayrisch« (1912) werden dort weitere, unbekannte Seiten von Queris Lebensgeschichte aufgeblättert: seine Verwicklung als junger Journalist in die Homosexuellen-Affäre um den Fürsten Eulenburg; sein heftiger Literaturstreit mit Lion Feuchtwanger um Oberammergau im Passionsjahr 1910; sein großer Anteil an der ersten Anthologie der bayerischen Literatur (vgl. hierzu: Michael Stephan, Das »Bayernbuch«. Georg Queris und Ludwig Thomas Anthologie von 1913, in: Literatur in Bayern, Nr. 69, September 2002, S. 22–27); schließlich sein politisches Eintreten für Kurt Eisner und die Sozialdemokratie nach der Revolution von 1918 und seine enttäuschte Abkehr nach den Erfahrungen der Rätezeit im Frühjahr 1919.
Die Bedeutung von Queris »Kraftbayrisch« für das bayerische Wörterbuch hat ein Mitarbeiter der Kommission für Mundartforschung herausgearbeitet: Hans Ulrich Schmid, Von Mundart und Moral. Georg Queri, die Justiz, das bayerische Wörterbuch und Ludwig Thoma, in: Zwischen den Wissenschaften. Beiträge zur deutschen Literaturgeschichte (Festschrift Bernhard Gajek), hrsg. Von Gerhard Hahn und Ernst Weber, Regensburg 1994, S. 368–375.

Editorische Notiz

Das Buch »Kraftbayrisch« erschien erstmals 1912 im Verlag R. Piper & Co. als Privatdruck in einer numerierten Auflage von 900 Exemplaren. 1970 brachte der Verlag eine zweite Auflage als Faksimile-Nachdruck heraus. Auf dieser Ausgabe basierte die 1981 erschienene Taschenbuchausgabe des Deutschen Taschenbuch Verlags (dtv).

Der vorliegende Text folgt in Orthographie und Interpunktion der Ausgabe von 1912. Offensichtliche Druckfehler wurden stillschweigend korrigiert (etwa »gigt's« zu »gibt's«, »possen« zu »pissen«, »Monstruation« zu „Menstruation"). Die 1912 zu findende Differenzierung zwischen deutschem Text (in Fraktur) und fremdsprachlichen Begriffen (in Antiqua) wurde in der vorliegenden Ausgabe durch gerade bzw. kursive Schrift wiedergegeben. Bei Dialogen wurden nach heutiger Gewohnheit wechselnde Gesprächspartner nicht durch Anführungszeichen (erster Sprecher) und doppelte Anführungszeichen (zweiter Sprecher), sondern durch den heute üblichen Wechsel der Anführung gekennzeichnet.